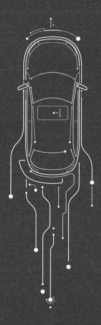

新 能 源 与 丛书
智 能 汽 车 技 术

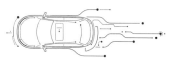

Multi-Sensor Data Fusion Technology
for Autonomous Vehicles

自动驾驶汽车
多传感器数据融合技术

韩 毅　林子湛　王碧瑶　编著

化学工业出版社
·北京·

内 容 简 介

本书从自动驾驶汽车多传感器数据融合技术的产生背景和发展过程开始，深入浅出地介绍了该技术的基本概念、数据融合经典算法、数据融合功能与结构模型、分布式检测与数据融合等内容，并着重阐述了自动驾驶汽车多传感器数据融合技术在不同应用场景下的工作原理与解决方案，如行人过街、斑马线、红绿灯、隧道等场景，引用了目前具有广泛应用前景的新技术及其推广范例，如多传感器数据融合的"鬼探头"、紧急让行等场景技术应用案例。

本书可作为高等院校汽车相关专业的教学参考书，亦可为从事自动驾驶方向的科研技术人员提供技术参考。

图书在版编目（CIP）数据

自动驾驶汽车多传感器数据融合技术/韩毅，林子湛，王碧瑶编著 . —北京：化学工业出版社，2024.2
（新能源与智能汽车技术丛书）
ISBN 978-7-122-44432-5

Ⅰ.①自… Ⅱ.①韩…②林…③王… Ⅲ.①汽车驾驶-自动驾驶系统-传感器-研究 Ⅳ.①U463.61

中国国家版本馆 CIP 数据核字（2023）第 215948 号

责任编辑：张海丽　　　　　　　　　　　文字编辑：袁　宁
责任校对：李雨晴　　　　　　　　　　　装帧设计：王晓宇

出版发行：化学工业出版社（北京市东城区青年湖南街 13 号　邮政编码 100011）
印　　装：大厂聚鑫印刷有限责任公司
787mm×1092mm　1/16　印张 13¼　字数 312 千字　2024 年 1 月北京第 1 版第 1 次印刷

购书咨询：010-64518888　　　　　　　　售后服务：010-64518899
网　　址：http://www.cip.com.cn
凡购买本书，如有缺损质量问题，本社销售中心负责调换。

定　　价：99.00 元

在电子信息技术与通信技术大跨步发展的时代，自动驾驶汽车早已进入到现实。传感器作为自动驾驶汽车的"感觉器官"，对整个自动驾驶系统的各项性能至关重要。鉴于单一传感器获得的信息非常有限，自动驾驶汽车通常配有数量众多且不同类型的传感器，以满足探测和数据采集的需求。多传感器融合又称多传感器数据融合，有时也称作多传感器信息融合。通过增加各个传感器之间的信息互通，增强整个系统的可靠性和稳定性，提高数据采样精度，改善系统的实时性和信息利用率。若对各传感器采集的信息进行单独、孤立的处理，不仅会导致信息处理工作量增加，而且还割断了各传感器信息间的内在联系，丢失了信息经有机组合后蕴含的隐式环境特征，进而导致信息资源浪费，甚至引发决策失误。为解决上述问题，多传感器数据融合技术应运而生。

本书着重对自动驾驶汽车多传感器数据融合的相关知识进行介绍，以期抛砖引玉，希望能为当前致力于研究多传感器数据融合技术的人员提供一点新的想法和思路。

本书共有 6 章，从第 1 章介绍自动驾驶汽车多传感器数据融合技术的产生背景和发展过程开始，第 2 章至第 5 章依次深入浅出地介绍了该技术的基本概念、数据融合经典算法、数据融合功能与结构模型、分布式检测与数据融合等内容，并在第 6 章着重阐述了自动驾驶汽车多传感器数据融合技术在不同应用场景下的工作原理与解决方案，如行人过街、斑马线、红绿灯、隧道等场景，引用了目前具有广泛应用前景的新技术及其推广范例，如多传感器数据融合的"鬼探头"、紧急让行等场景技术应用案例。本书在进行理论知识介绍的同时，采用了大量图片来进行辅助说明，或将两张图片以平行方式对照，以此将不同融合算法的优缺点进行直观的呈现。本书图文并茂，生动形象，具有较强的可读性。

本书由韩毅、林子湛、王碧瑶编写，参与编写工作的还有姚静彤、韩晋、田迪，在此向他们表示由衷的感谢。本书受到陕西省秦创原"科学家＋工程师"队伍建设（2022KXJ-021）项目的资助，在此深表谢意。

限于编著者水平有限，书中难免出现不妥之处，恳请批评指正。

编著者

目 录

第 1 章

绪论

1.1 自动驾驶汽车数据融合技术背景

随着技术的快速发展，传感器性能得到了很大的提升，面向更加复杂应用场景的多传感器系统大量涌现。特别是进入20世纪70年代以来，为了获得更精确的感知效果，单一传感器提供的信息已无法满足自动驾驶需要，包括微波雷达、毫米波雷达、摄像头、GPS（全球定位系统）、惯性导航系统、红外探测器、激光雷达等各种有源和无源探测器在内的多传感器集成系统陆续衍生出来（图1-1），通过提供多种观测数据，优化处理结果，实现目标实时检测、目标状态估计、目标属性识别、行为意图分析和态势评估。在多传感器系统中，由于信息表现形式的多样性，信息数量的巨大性，信息关系的复杂性，以及要求信息处理的及时性，从20世纪70年代起，多传感器数据融合（multi-sensor data fusion）作为一个新兴学科逐渐问世，并在现代许多军事、民用领域得到了广泛的应用。

图1-1　汽车多传感器布置

近20年来，多传感器信息融合技术越来越受到人们的普遍关注，"融合"一词的引用也变得十分频繁。数据融合是针对使用多个或多类传感器的系统而提出的一种信息处理的新方法，它又被称作多源关联、多源合成、传感器混合或多传感器融合，其中更广泛的叫法是多传感器数据融合。目前，要给出数据融合的一个统一的定义是非常困难的，这种困难是由所研究内容的广泛性和多样性带来的，但这门学科每年都在以大量的新成果不断丰富自己，从而获得越来越多的内容。

数据融合的一般定义可大致概括为：对按时序获得的若干传感器的观测信息，在一定准则下利用计算机技术进行自动分析、优化综合，以完成所需的决策和估计任务而进行的信息处理过程。按照这一定义，各种传感器是数据融合的基础，多源信息是数据融合的加工对象，协调优化和综合处理是数据融合的核心。数据融合的核心是指对来自多个传感器的数据进行多级别、多方面、多层次的处理，从而产生新的有意义的信息，而这种新信息是任何单一传感器无法获得的。

　　近年来，随着城市人口数量不断攀升，交通运输压力也随之增大，轨道交通因能够有效改善城市发展中的交通拥堵、环境污染等问题得到了飞速发展。全自动无人驾驶系统作为智慧城市轨道交通的核心技术装备之一，由于其较高的自动化程度和智能化水平而得到了广泛发展与应用。与传统轨道交通控制系统相比，全自动无人驾驶系统能够提高行车效率，减少或取消人工操作，系统运营场景涵盖了列车自动唤醒、自动正线运营、进站停车、自动折返以及故障情况下自动恢复等数十个正常运营场景和异常场景。作为前沿科技与汽车制造业、交通出行等融合发展的产物，自动驾驶已被各国上升到国家战略高度，各国纷纷抢占技术与产业制高点。2020年11月，《智能网联汽车技术路线图2.0》发布，它提出智能网联汽车发展呈现市场持有量逐年递加的趋势。根据相关发展规划，截止到2025年，L2、L3级的装机率超过50%，L4级逐步开始进入市场；截止到2030年，L2、L3级的功能设备装机率达70%，L4级占比达20%。乘用车典型应用场景包括城乡互连道路、快速公路以及贯穿城市、互连城市之间的城际公路，计划定于2035年，自动驾驶乘用最高级水平L5级无人驾驶汽车开始应用，自此，无人驾驶汽车开始大众化、普遍化（图1-2）。无人驾驶汽车能够有效地降低由于人为因素造成的交通事故，提高道路利用效率，其是实现碳中和、碳达峰的一个有力支持。

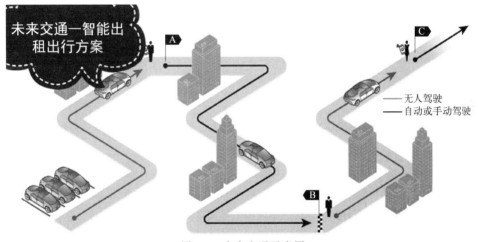

图1-2　未来交通示意图

　　从全球来看，智能无人驾驶汽车发展前景较好，中国无人驾驶汽车行业发展前景预测与投资战略规划分析报告显示，智能无人驾驶汽车的发展规模已经超出了市场预期。而且随着智能互联网联技术的发展以及5G网络的普及，各大互联网公司也纷纷加入无人驾驶汽车行业，这些都促使无人驾驶汽车产业步伐加快，并且有望在近年实现商业化。

　　在美国，无人驾驶汽车已经由谷歌公司推向了更多的地区，其以雄厚的资金作为前提基础，并且在无人驾驶汽车的建设过程中提供一些其他保障。而在中国，交通事故发生率较高，人们对于无人驾驶汽车的呼声十分强烈，而且随着中国汽车保有量的迅速增长，我国交通事故发生的概率会进一步增加。此外，中国的人口情况比较复杂，最显著的特点是人口密度大，无人驾驶汽车的优势显著，其可以适应更窄的道路，并且可以降低能源消耗。

无人驾驶汽车是汽车发展的必然趋势。随着时代的发展，无人驾驶汽车成为继新能源汽车之后，汽车行业的又一新宠。虽然当下无人驾驶技术不是非常成熟，但汽车企业与互联网企业已经纷纷开始研发，并且都认为无人驾驶汽车是未来汽车行业发展的必然趋势。无人驾驶技术一方面改变了人们的驾驶习惯，另一方面提高了交通的安全性，也为无人驾驶汽车发展起到了推动作用，我国无人驾驶汽车将朝着智能化、环保节能、个性化、舒适安全的方向发展。可以预见在不久的未来，城市交通拥堵问题能得到有效缓解，交通安全事故发生的概率大幅降低，并且通过大力发展无人驾驶汽车可以大大缩小我国与其他汽车强国在汽车工业上的差距。

早在 1939 年，美国的通用汽车就在纽约世博会上展示了第一款电动无人驾驶汽车，并首次阐述了无人驾驶汽车的概念和意义。在 20 世纪 70 年代，西方发达国家就已经开始了无人驾驶汽车的早期研究。近些年，无人驾驶汽车在各个方面都取得了突破性进展。

到了 20 世纪 80 年代，美国国防部高级研究计划局开始与陆军进行无人驾驶汽车方面的合作，开展了自主地面车辆项目。1995 年，由卡耐基梅隆大学师生所研制的智能车，进行了横穿美国的无人驾驶试验并获得成功。在 5000km 的路程中，有 96% 以上是车辆通过自主驾驶完成的，并且车速达到 50～60km/h。尽管这次试验中的智能车仅仅完成对方向的控制，不对油门、挡位进行控制，但这次试验已经让全世界的人们了解到科技的神奇力量与无人驾驶汽车的可能性。

德国、意大利等国家的无人驾驶汽车技术在世界上也处于比较领先的水平，开展了很多无人驾驶汽车方面的研究工作。

1994 年，奔驰汽车公司研制出两台全自动汽车 Vamp 和 Vita-2。这两辆无人驾驶汽车能自主完成变道、超车和跟踪行驶，并且在高速公路上进行了一千多公里的行驶试验，该汽车的行驶速度最高可以达到 130km/h。1995 年，奔驰对无人驾驶汽车进行了重新设计，该无人驾驶汽车的最高行驶速度超过了 175km/h。

意大利帕尔马大学研制的自动驾驶汽车也达到了很高的水平，1996 年，在"尤里卡"的资助下，意大利帕尔马大学团队启动开发一款名为 ARGO 的无人驾驶原型车。ARGO 以一辆 Lancia Thema 为基础，采用通用芯片、商用 MMX 奔腾 II 车载计算机系统，配备了一种相对简单且具有成本效益的视觉系统 GOLD。GOLD 采用商用低成本 CCD 摄像机，应用立体视觉检测和定位车辆前方的障碍物，通过单目图像获取车辆前方道路的几何参数，通过 I/O 板来获得车辆的速度及其他数据。车道检测算法是从单目灰度图像中提取出道路特征，采用直线道路模型进行匹配。ARGO 提供了三种驾驶模式：正常、辅助和自动。在正常模式下，汽车发现危险就会发出视觉和听觉警报。在辅助模式下，如果驾驶者没有做出反应，汽车会自行控制。在自动模式下，奔腾 200MMX 处理器会处理来自摄像头的信息，以控制汽车。1998 年，在意大利汽车百年行活动中，ARGO 试验车沿着意大利的高速公路网进行了 2000km 的道路试验，试验道路既有平坦区域，也有高架桥和隧道丘陵地区。ARGO试验车的无人驾驶里程达到了总里程的94％，最高车速为112km/h，取得了一定的成绩。2010年10月，ARGO从意大利罗马出发，最终成功抵达中国上海，共行驶了13000km，历时三个多月，实验过程中只用了极少次的人工干预。2011年，德国柏林自由大学研制的无人驾驶汽车，从自由大学出发行驶到柏林国际会议中心，然后又顺利返回，通过了46个交通灯，整个行程近20km，代表了当时全球无人驾驶汽车的最高水平。

与国外相比，我国无人驾驶汽车起步较晚，从20世纪80年代才逐步开始对无人驾驶技术展开研究，无人驾驶汽车技术的发展仍处于初期探索阶段。1980年，"遥控驾驶的防核化侦察车"项目立项，由国防科技大学、中国科学院沈阳自动化研究所和哈尔滨工业大学三家单位共同参与研制。1989年，在国防科技大学诞生了我国第一辆智能小车。这辆小车的长宽分别为100cm、60cm，重175kg，它具有很多自主研发的系统，包括自动驾驶仪、计算机体系结构、GPS系统、路径规划及运动控制系统，还有通信及配电系统。由于技术和其他因素限制，直到1992年，经过数次测试和技术完善，才称得上我国第一辆真正意义上的无人驾驶汽车。

2006年，我国第一汽车集团研制的新一代无人驾驶汽车在可靠性和小型化方面取得突破性进展。同年，同济大学研发了一辆最高速度为50km/h的无人驾驶清洁能源电动游览车，方便了人们观光旅游。

2015年8月29日，郑州宇通基于多传感器融合技术的无人驾驶大型客车（图1-3）在开放的道路交通条件下首次成功运行，全程无人工干预完成了道路测试，这也是我国乃至全球首台在全程无人干预的情况下成功运行的无人驾驶大客车，标志着我国的客车制造业取得了重大突破。客车在不同方位分别安装了2个摄像头、4部激光雷达、1部毫米波雷达和综合的导航系统，宇通所研制的全开放环境下的无人驾驶大客车在郑开大道上安全行驶了32.6km，最高速度是68km/h，沿途经过26个信号灯路口。试验客车完成了日常驾驶中遇到的跟车行驶、邻道超车、自主换道、自动辨别红绿灯通行、定点停靠等科目。2016年，阿里巴巴与上汽集团合作，联合打造了阿里首辆互联网无人驾驶汽车，进入无人驾驶汽车领域。2018年，百度和金龙客车合作共同开发了无人驾驶客车"阿波龙"，利用百度公司在图像处理和人工智能等方面的优势，这一车型为L4级别无人驾驶，未配置方向盘与驾驶座，充电时长120min，巡航100km。

图1-3 宇通无人驾驶大型客车

近年来，长安汽车推出了可量产 L3 级别车型 Uni-T，广汽集团推出了可量产 L3 级别车型 AionLX，上汽集团推出了 L3 级别量产车型 MarvelXPro，长城实现了 L2.9 级别智能驾驶应用，吉利实现了 G-Pilot3.0 应用，比亚迪实现了 L3＋级别自动驾驶。

2022 年，我国广州生物岛无人驾驶小巴开放运营（图 1-4），无人驾驶小巴无方向盘、制动踏板以及油门，速度为 40km/h。该车使用 L4 级别无人驾驶系统进行操控，2 个 64 线激光雷达分布于原后视镜位置，通过多传感器融合技术，能够精准感知 200m 左右的任何物体，得到三维信息，明晰距离、方位、运动状态，同时不会被光照情况所影响。

图 1-4　市民搭乘无人驾驶小巴

目前，国家大力提倡发展新能源，并且随着人工智能的迅速发展，北汽、广汽、上汽、长安、比亚迪等企业纷纷将无人驾驶作为长期发展目标。近些年，部分 IT 企业也开始涉足无人驾驶领域，如百度、腾讯、阿里巴巴、华为等。他们将为国内的无人驾驶汽车提供更加丰富的想法和先进的技术，为我国无人驾驶注入新鲜血液。根据各车企的智能驾驶规划，2020 年是国内 L3 级别车型推出元年，2025 年有望实现 L4 级别的高度智能驾驶。

2020 年以来，国家密集部署"新基建"政策，新基建迎来风口。根据国家发展和改革委员会对新基建的范围界定，新基建中的 5G、人工智能、云计算、数据中心、智能计算中心等信息基础设施，以及智能交通基础设施和自动驾驶汽车密切相关。5G 将加速车联网发展，与智能交通基础设施配合，实现车路协同；人工智能、云计算是自动驾驶系统的核心支撑技术，帮助自动驾驶系统实现感知、行为预测和规划等，从而可以代替司机执行全部动态驾驶任务。可以预见，在新基建的加持下，未来几年自动驾驶汽车在我国将迎来发展黄金期，助力实现国家智能网联汽车战略中到 2025 年实现市场化应用的要求。

近年来，制造业智能化转型升级进行得如火如荼，智能交通领域也正进行着一场深刻的变革。布置使用多传感器的产品在灵活性、高效性方面具有巨大优势，对于各行各业各领域来说是一个更新更强更优的选择，该技术将对交通行业、运输行业与人工智能行业产品的研发方向和技术突破起到很好的引领作用。

而智能驾驶汽车的发展，离不开智能感知系统，智能感知系统的根本又是多传感器融合技术。多传感器数据融合在解决探测、跟踪和目标识别等问题上具有许多性能裨益，主要有：

① 增强了系统的生存能力。在有若干传感器不能利用或受到干扰的情况下，或某个目标不在覆盖范围时，总还会有一部分传感器可以提供信息，使系统能够不受干扰继续运行，弱化故障，并增加探测概率。

② 扩展了空间覆盖范围。通过多个交叠覆盖的传感器作用区域，扩大了空间覆盖范围，一些传感器可以探测其他传感器无法探测的地方，进而增加了系统的监视能力和检测概率。

③ 扩展了时间覆盖范围。当某些传感器不能探测时，另一些传感器可以检测、测量目标或事件，多个传感器的协同作用可提高系统的时间监视范围和检测概率。

④ 增加了可信度。一部或多部传感器能确认同一目标或事件。

⑤ 减少了信息的模糊性。多传感器联合信息降低了目标或事件的不确定性。

⑥ 改善了探测性能。多传感器对目标的多种测量有效融合，提高了探测的有效性。

⑦ 提高了空间分辨力。多传感器可以获得比任何单一传感器更高的分辨力。

⑧ 增加了测量空间的维数。多传感器相互配合使用，使得获得信息具有内在的冗余度。

⑨ 改善了系统的可靠性。使用不同的传感器测量的系统，不易受到外界的干扰与破坏。

与单传感器系统相比，多传感器系统的复杂性大大增加，由此会产生一些不利因素，如成本提高，设备的尺寸、重量、功耗等物理因素增大等，因此，在布置多传感器时，必须将多传感器的性能裨益与由此带来的不利因素进行权衡。

1.2　多传感器数据融合技术应用现状

数据融合技术（Multiple Sensor Information Fusion，MSIF）又称信息融合技术，它的研究起源于对军事指挥智能通信系统建设的需求，早期研究也多来自军事方面的应用。而随着工业系统的复杂化和智能化，该技术已被推广到民用领域，如智能交通、智能制造、医疗诊断、机械故障诊断、空中交通管制、遥感及刑侦等。作为前沿领域技术，无论是军用系统还是民用系统，都倾向于采用数据融合技术来进行信息综合处理。在知识爆炸的信息时代，数据融合技术就显得尤其重要，它能避免数据富有但信息贫乏的情况发生。

1.2.1 军事领域

最初信息融合技术是为了满足战争的需求,目前军事领域仍是信息融合的最大应用领域,同时也是发展最快的领域,主要应用在预警系统、武器系统的指挥和控制、情报保障系统、军事力量的评估和指挥系统、天地一体化数据融合系统、海上监视、空-空防御和地-空防御、战场侦察、监视和目标捕获、战略防御与告警等领域。

例如,在海上防御领域,首先就是海上监视,主要对海上目标进行探测、跟踪和识别,以及对海上事件和敌人作战行动进行监视。海洋战场环境地理数据融合显示是海洋战场环境建设的基础,为指挥员认识、适应和控制海洋战场奠定了坚实的基础。通过多年的建设与发展,我国的海洋战场环境地理信息的数字化保障体系已取得了重大的技术进展。海洋测绘技术实现了数字化,地形图、海图、卫星影像等数据库工程基本完成,海洋测绘产品也在理论和实践上实现了由纸质海图到数字海图,再到海洋战场环境数据载体的转变。海洋战场环境地理数据融合就是要引入现代空间数据融合与表达技术,实现多源海洋战场环境地理数据的融合、驱动与显示,丰富海洋战场环境地理数据的保障方式,增强对指挥员的辅助决策能力。高新技术在军事领域的广泛应用,使军队的作战指挥、武器装备和作战样式都发生了深刻变化,作为部队战备工作重要组成部分的军事保障,其保障形式、保障领域、保障内容随之变化很大,整个保障过程正在从传统的手工方式向数字化方式转变。

过去,由于管理和技术上的原因,海、陆、空等空间地理信息源不一致,并没有形成一个完备的数字海洋战场环境建设必备的时空框架与数据载体,海洋战场环境地理数据的保障还未能达到完全数字化的水平,其存在两个问题。

首先是海洋战场环境数据的收集、使用不能满足武器装备的实际需求,除了军用海图(以纸质海图为主,数字海图为辅)外,水文气象资料陈旧匮乏,还未形成海洋战场环境数据的收集、管理和使用体系。在做航行计划时,只能依赖于潮汐表、潮流表等文字资料,已搜集到的温度、盐度、声速、密度、海浪、海流、海面风等水文气象数据得不到应用,而这些数据对于舰艇执行航行、隐蔽等任务十分重要。在做航行计划时不能获取航海区域的水文气象数据,导致信息资源得不到保障;航行本身测量的数据也不能通过技术平台来应用,造成信息资源极大浪费。而现在我们通过多传感器采集数据并对数据进行融合,将所收集到的温度、盐度、声速、密度、海浪、海流、海面风等水文气象数据录入海洋环境数据库中,并建立全面的数字信息化海图,帮助航行、索敌、武器装备以及精准打击。

其次是显示平台不能实时显示获取的目标信息,舰艇通过雷达、声呐等装备获取目标后,要通过电话、电台等人工方式向指挥部门汇报,指挥部门随后通告航海部门。航海部门首先通过相对定位确定目标的相对位置,然后通过人工计算,才能最终确定目标的实际定位信息,并输入到电子海图显示平台中。这个过程涉及部门较多,技术方式原始,效率低下,不能很好地为指挥员提供快速的辅助决策。而现在，海上监视的对象包括空中、水面和水下目标，如空中的各类飞机、水面的各种舰船及水下的各类潜艇等。这些平台上装有各种类型的传感器，最常见的是潜艇上的声呐、飞机和舰船上的雷达及 γ 射线探测仪等。通过这些探测器采集的数据，可以在信息化海图中快速建立敌人位置模型，进行精确追踪与打击。

1.2.2　智能交通领域

在智能交通领域，多传感器数据融合的作用则更广为人知，如在我们熟悉的智能驾驶、车路协同等方面，感知模块可以说是智能驾驶的眼睛，是后续决策和执行的基础，包含的传感器有摄像头、激光雷达、毫米波雷达等。感知的主要任务就是通过硬件传感器，对包含路面、静态物体和动态物体等在内的对象进行检测，涉及道路边界检测、障碍物检测、车辆检测、行人检测、交通信号检测等。实际上完成检测任务还远远不够，还需要追踪预测运动物体，预计其下一步的位置，这需要用到多传感器融合技术，获得的数据形式有图像、视频、点云等。

多传感器融合并不是什么新鲜事物，早在 20 世纪就已经出现了，传统上都是基于卡尔曼滤波等统计方法，而如今神经网络的发展，推动了自动驾驶的发展，凭借着海量的数据和丰富的网络结构创新，数据驱动下的 end to end 模式火热发展。神经网络与传统视觉技术相比，具有如下优点：①更容易迁移到新的目标上，只要获得足够数量的样本，就可以训练得到相应的网络（迁移）；②对于有遮挡物体的鲁棒性以及出色的特征提取能力；③对于光照等条件的鲁棒性。随着深度学习的发展，除了 NLP（自然语言处理）和视觉，还出现了对于不规则、非欧式数据的网络模型，如点云等。这些新技术使得将激光雷达、毫米波雷达等传感器代入感知领域而增强性能成为可能。但目前，自动驾驶感知领域仍然面临很大的挑战，现阶段很多大型网络模型能够取得好的感知效果，但是并不能实时处理数据，而不同国家地域的路面情况都有差异，甚至国内不同地区都有不小差异。路面情况复杂，对于视频任务处理的能力往往不能与仅单帧图像效果相比拟。传感器感知是一个软硬结合的产物，既包括硬件的选取方案，又包括软件算法的加持。像前面提到的，硬件包括相机、毫米波雷达、超声波雷达、红外探测器、惯性传感器（IMU）、全球定位系统（GPS）、激光雷达等。多传感器融合就是从不同尺度对于信息进行整合，相互补充，取长补短，提升系统的稳定性和容错能力。

先从视觉说起，计算机视觉到如今已经有了惊人的发展，和人类一样，视觉也是自动驾驶汽车的主要感知方式，在交通信号灯、交通标志识别等方面发挥重大作用。通过对采集到的图像进行处理，计算机视觉具有分类、分割、跟踪及交通参与者的分类等功能，具有很强的语义信息提取能力，但是在一些光照过弱或过强、视线遮挡的情况下性能退化较为严重，并且最为重要的是可见光摄像头无法全天候工作，从而现在有部分车辆加装了被动式红外传感器来对交通参与者进行分类，也取得了一定的效果。比较有名的就是著名红外厂商

FLIR，旗下的 BOSON 甚至可以达到 60Hz 的图像刷新率，他们也公布了红外的数据集。对于摄像头而言，常用的有鱼眼摄像头和针孔摄像头。当然对于立体视觉，随着微软的 Kinect 走入平常百姓家，双目甚至三目摄像头也出现在当今的产品中。

接下来介绍激光雷达（图 1-5），激光雷达最大的优点就是其分辨率高，表现在距离、速度、角分辨率上。稠密的点云可以实现对人、车辆、树木、建筑等的识别，但是在雨雪天气下可视距离会受到很大影响。激光雷达的分类有很多种，如根据波段分类、根据结构工作方式分类，等等。时间飞行法（Time of Flight，TOF）是主流激光雷达的原理。905nm 是最为常见的激光雷达波段，价格相较于 1550nm 便宜不少，两者都属于红外波段。结构上，目前最为常见的就是旋转机械式，其最显著的特点是 360°FOV（视角场），是最成熟的激光雷达类型，有较高的精度；缺点是机械式的旋转结构可能需要考虑寿命的问题，最重要的是它的价格，但是随着国产厂商的加入和技术的发展，价格已经下降不少。

图 1-5   16 线三维激光雷达 VLP-16

毫米波雷达是非常常见的雷达，其很好的速度分辨率可以对目标进行测速、测角，以完成安全预警，根据发出与收到的差频信号完成距离和角度的测量。同时，相比于激光雷达其具有很强的穿透性，对于金属材质相当明显，宽的频带带来了更远的测距范围，但是一般杂波较多，需要处理。传统雷达只有平面信息和速度信息而缺少了高度信息，目前 4D 雷达的出现弥补了这一问题，并且能产生较为稠密的点云，这是如今一个非常有前景的发展方向。

超声波雷达常用于避障，探测距离为 1～5m，精度为 1～3cm，穿透性强，结构简单，价格便宜，常安装在汽车的前后保险杠和侧面。其缺点是对温度敏感和方向性差，在自动驾驶的自主泊车、倒车辅助上发挥作用。

IMU，即组合惯性导航，核心部件是陀螺仪和加速度计，根据陀螺仪位置建立坐标，根据加速度计输出位置。GPS 和 IMU 结合，可以不断修订 IMU 长时间的位移漂移，并将 IMU 坐标系转化为 GPS 中目前准确的坐标系，不断更新当前位置和速度。RTK（载波相位差分技术）服务使得 GNSS（全球导航卫星系统）更加精确，但是一套 IMU＋GPS 再加上 RTK 服务价格十分昂贵。惯性导航系统是整个定位模块融合的核心。惯性导航系统融合卫星导航（支持 RTK）和车辆信息（轮速、挡位等）能满足车规级标准设计和制造的高性能组合导航定位。其具备在各种场景下（高速公路、地库、高架桥、隧道、城市街道、港口等）通过数据总线向车辆提供准确姿态、航向、位置、速度和传感器数据等信息的能力。可通过指示灯向用户指示供电状态、卫星信息接入状态、车辆信息接入状态、设备状态等信息。惯性导航系统接线示意见图1-6。

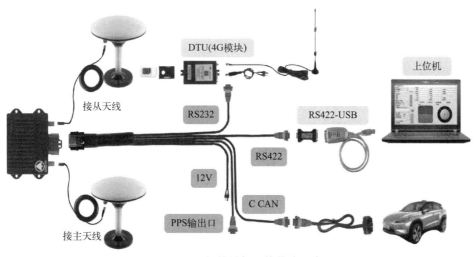

图1-6　惯性导航系统接线示意

智能驾驶汽车获取的信息一般为车内传感器的融合信息以及V2X车路协同信息，通过5G等通信方式实现信息交互和共享，基于这些信息，完成对汽车与车流的整体化控制。

1.2.3　智能制造工业生产

现代生产制造中，智能传感技术的作用越来越重要，尤其是在万物互联的趋势下，智能传感技术得到了前所未有的发展。如果说互联网连接的是计算机，那么物联网连接的就是世间万物，物联网利用局部网络或互联网通信技术，把传感器、控制器、机器、人和物等通过新的方式连接在一起，形成人与物、物与物相连，实现信息化、智能化和远程管理控制的网络，从而对物品进行智能化识别、定位、跟踪、监控和管理。物联网将我们带到一个新的数据时代，让我们的计算能力、云能力、人工智能都成为可能，万物互联世界将超乎我们的想象。

自传感器诞生以来，它帮助人们获取精准信息，已成为万物互联时代最为基础的设备，传感器已成为万物互联的纽带。在自动化生产过程中，要用不同的传感器来采集、控制和监视生产过程中设备的生产信息和参数，保证生产过程中设备工作在正常状态或最佳状态，从而使生产出来的产品达到最佳质量。从能源平台到工业设备，传感器自然而然地"化身"为人类连接机器、人类自身以及自然环境的外延器官，它帮助人类将曾经不可知、难判断的信息变成易获取、更精准的数据，传感器已经成为数字化社会最为重要的基础设施。

随着传感器以及与之相关的数据存储、储能、新材料、网络基础设备等软硬件技术的发展，加上成本的持续下降，传感器的应用场景将变得越来越丰富。

传感器是一种检测设备，能将检测到的信息，按一定规律转换为电信号或其他所需形式的信息输出，以满足信息的传输、处理、存储、显示、记录和控制等要求，它可以检测到温度、声音、压力、位移、亮度等信息，然后将它们转换为电流或电压等电信号，有了传感器，制造出来的设备才能实现智能化、网络化、数字化。传感器经历了从结构型传感器、固体型传感器到智能型传感器三个阶段的发展，实现了从电阻式传感器的简单结构参量变化到可以感知外界信息，从而适应环境的智能传感器。

数据融合在机器人研究领域中的应用技术是一门综合技术，集光机电液信于一体，多感觉传感器系统与机器人相结合，形成感觉机器人和智能机器人。工业机器人则成为典型的多传感器集成和数据融合系统，这里主要介绍数据融合技术在移动机器人和工业机器人方面的应用。

如何精准地获得自身的位置并由此规划运动路径，是自主式移动机器人研究领域中一直备受关注的问题。轮式移动机器人由于轮子打滑及测量模型噪声等因素，存在累积误差问题。为了进一步提高移动机器人的定位精度，采用扩展卡尔曼滤波对传感器数据进行融合，即通过激光扫描器提供的信息不断修正光电编码器的定位信息，提高定位精度。

现已有一些较为成熟的工业机器人数据融合技术的应用例子，如 Hitachi 公司研制的应用于电子产品装配线上的工业机器人将三维视觉传感器和力传感器测出的数据进行融合，Georgia 理工学院研制的机器人融合了视觉和触觉传感器的信息。

1.2.4　现代智能医疗

数据融合技术在医疗诊断领域中的应用是基于多传感器获取设备状态的特征信号，并进行多层关联组合、数据选择，从而对诊断对象信息有更可靠的认识和对潜在问题发展趋势进行态势评估。由于各种成像技术的成像原理与方法不同，医学图像可以分为解剖图像与功能图像两类。在疾病诊断中，不同的成像技术有着各自的优势与不足。计算机断层（CT）和核磁共振成像（MRI）具有较好的解剖分辨率，但对于代谢与功能的评价不足，而发射体层成像（ECT），如单光子发射体层成像（SPECT）与正电子发射体层成像（PET）等成像设备以显示脏器或组织血流、代谢和功能为优势，但解剖分辨率相对较差。在实际临床应用中，单一模态影像往往不能提供医生所需要的足够信息，需要将不同模态的影像资料结合起来作为医学诊断的基础，才能做出更为快速和精确的诊断结果。

研究不同模态图像的融合算法，将来自不同影像设备的图像通过计算机进行配准、融合等处理，已成为当今的研究热点，目前有多种多模态医学图像融合的方法。基于多小波变换的融合图像可以同时显示 PET 功能信息和 CT 解剖信息，而且有更多的细节和更为清晰的纹理。当低频部分的多小波系数采用平均梯度融合算法时，融合图像的质量优于采用加权融合算法的质量。这是因为它突出了源图像的细节。通过运用医学图像融合技术，可以得到具有更多细节和更全面的融合图像。这类图像可以为医生的诊断和治疗提供更为可靠的依据。PET-CT融合一体机见图1-7。

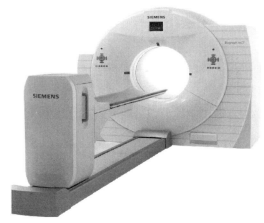

图1-7　PET-CT融合一体机

多传感器融合是指对多种来源和结构的原始数据进行综合分析和评判，实现数据内容和结构的规范化处理，而所谓的规范化处理是指对数据进行清洗、转换等处理后令其形成统一的数据结构。作为处理多源异构数据的技术基础，融合方法的合理性是从多源异构数据中挖掘关键和可靠的信息，实现数据有效处理和利用的重要体现。为了实现对多源异构数据的准确分析和有效利用，研究者们从数据融合的层次和结构两方面对数据融合技术进行了深入研究，提出了多种数据融合方法，主要包括概率统计、逻辑推理、人工智能等方法。

国内外学者对多传感器数据融合方法的研究主要根据数据的特点进行有针对性的分析，并结合特定研究问题确立对应的数据融合方法，针对多源异构数据不同的层次和结构，相应的数据融合方法也有所区别，各种方法不具备普遍适用性。有研究在对高速公路多源异构数据的结构和内容进行深入分析后，建立了其基本融合流程，并结合现有各类数据融合方法的特性，确立基于特征级融合层次的数据融合方法来对多源异构数据进行融合研究，为后续行车风险评估和预警指标的挖掘奠定基础。

综上所述，多传感器数据融合技术涉及多学科、多领域，且具有多信息量、多层次、多手段等特点，并在智能交通、机器人、故障诊断、图像处理等民用领域中，充分发挥了强大的数据处理优势，几乎一切需要数据处理的系统都可以应用数据融合技术，利用数据融合技术可得到比单一信息源更精确、更完全的判断。随着科学技术的发展，尤其是人工智能技术的进步，数据融合的基础理论将更加完善，兼有稳健性和准确性的融合算法和模型将不断推出，研究数据融合的数据库和知识库也会变得更加完善。

1.3　数据融合技术的优势及发展

近年来，5G技术发展迅猛，同时计算机科学也快速发展，许多领域的各项性能获得了极大的提升，随之而来的是传统方法的不合时宜。例如，在自动驾驶领域，传统的简单传感器方案性能有限，容错性较差，无法满足车辆在自动驾驶情况下对周遭环境和目标跟踪的实时性与准确性。因此，对于自动驾驶而言，多传感器融合作为该领域的核心技术，其发展和应用显得尤为重要。

多传感器数据融合技术目前已成为研究热点。它不同于一般信号处理，也不同于单个或多个传感器的监测和测量，而是在多个传感器测量结果基础上的更高层次的综合决策过程。把分布在不同位置的多个同类或不同类传感器所提供的局部数据资源加以综合分析，消除多传感器信息之间可能存在的冗余和矛盾，加以互补，降低不确定性，获得被测对象的一致性描述，从而提高系统决策、规划、反应的快速性和正确性，使系统获得更充分的信息，从而进行下一步的专家诊断和模式识别。多源数据融合是指将来自不同传感器、设备或算法等的多种数据进行集成和融合，从而得到更全面、更精确、更可靠的信息。

多源传感器数据融合在现代信息处理中具有重要作用，已经广泛应用于各个领域，如智能交通、智慧城市、军事作战、医学诊断等。数据融合技术主要包括传感器级别、特征级别和决策级别三个层次。传感器级别是指将来自不同传感器的原始数据进行集成和融合，在这一层次使用的方法包括加权平均法、可变权重法、模型预测和模糊推理等。特征级别是指将来自不同传感器的数据进行特征提取和描述，并将提取的特征进行融合，常用的方法包括主成分分析（PCA）、独立成分分析（ICA）、小波变换、神经网络等。决策级别是指将来自不同传感器的数据进行决策策略处理和集成，主要使用的方法包括贝叶斯理论、Dempster-Shafer证据理论、模糊逻辑等。它是一种重要的数据处理方式，将来自不同传感器的信息组合起来，从而增强可感知情况的能力。在未来的发展中，需要针对不同应用领域和不同级别的数据进行数据融合，不断优化和改进数据融合技术和方法，提高数据融合的效率和准确率。

1.3.1 多传感器数据融合技术的优缺点

多传感器数据融合的优点在于：

① 提高了数据的可靠性和准确性。多传感器数据融合可以同时处理多种类型的信息，生成与真实情况更加接近的结果。

② 降低了数据误差，并减少了遗漏情况。多传感器数据融合可以对数据进行分析和检查，发现并减少了数据中的错误和遗漏情况。

③ 节约了成本和时间。多传感器数据融合可以同时处理多种数据，减少了花费在处理数据上的成本和时间。

④ 提高了系统的可扩展性和可靠性。多传感器数据融合将各类数据集成到一起，保证了算法准确性和可靠性。

而多传感器数据融合同样有如下缺点：

① 处理流程复杂。多源数据融合涉及多领域的知识，融合流程相对复杂。

② 需要更多的计算资源。在数据融合的过程中需要大量的计算资源，并且采用复杂的算法，处理速度较慢。

③ 需要面临数据不一致和不标准问题。多传感器数据融合时面临数据不一致和不标准问题，如数据缺失和数据扭曲等，需要进行有效的数据清洗和处理。

多传感器数据融合与经典信号处理方法的区别，关键在于数据融合所处理的多传感器信息具有更加复杂的形式，而且在不同的信息层上出现，包括传感器、特征和决策层。多传感器数据融合是一个跨多门学科的综合理论和方法，这些理论和方法还处在不断变化和持续发展过程中，也仍有很多问题亟待解决，具体如下。

① 未形成基本理论框架和有效广义模型及算法。虽然数据融合的研究已经相当广泛，但是目前对信息融合的研究都是根据问题的种类，各自建立融合准则，并在此基础上形成所谓最佳融合方案，而且目前很多研究工作是基础研究、仿真性工作。

② 关联的二义性是数据融合中的主要障碍。在进行融合处理前，必须对信息进行关联，以保证所融合的信息是来自同一目标。所以，信息可融合性的判断准则及如何进一步降低关联的二义性已成为融合研究领域亟待解决的问题。

③ 数据融合方法与融合系统实施问题。数据融合系统的设计实施目前还存在许多实际的问题，如传感器动态测量、误差模型的建立、传感器系统优化、复杂动态环境下系统实时性、大型知识库的建立与管理、与其他领域的很多新技术的"嫁接与融合"（如人工智能技术、神经网络计算、遗传算法、进化计算、虚拟现实技术等），这些尚无成熟理论。

④ 融合系统的容错性和稳健性没有得到很好的解决。冲突（矛盾）信息或传感器故障所产生的错误信息等的有效处理，即系统的容错性或稳健性，也是信息融合理论研究中必须考虑的问题。

⑤ 随着各传感器硬件的快速迭代，多传感器信息融合有了更好的解决方法。在硬件方面，传感器的制造与研发是重点，如何将各个传感器更加完美地配合在一起，更好更快地得到车辆行驶过程中的海量数据是实现自动驾驶技术的关键，其中包括摄像头如何更好地克服环境因素的干扰，毫米波雷达的成熟生产制造工艺流程的设计，以及如何降低激光雷达的使用成本，这些都是产业化需要克服的问题。

⑥ 在数据采集方面，多传感器数据的收集主要集中在摄像头、激光雷达和毫米波雷达等搭载在地面车辆上的传感器，但目前缺少针对中国复杂交通环境建立起来的数据集。

⑦ 数据融合系统的设计还存在很多问题，包括还没有很好解决融合系统中的容错性和鲁棒性问题，各传感器如何克服恶劣交通环境下的信息融合也需要被关注，建立多传感器融合算法性能的评价标准是推动汽车行业多传感器融合发展的重要举措之一。

⑧ 解决不确定性因素的表达和推理演算，如引入灰数的概念。

1.3.2 研究方向展望

① 多传感器分布检测研究。分布式检测融合自提出至今已形成了比较完善

的理论体系，目前对该领域的研究主要有：在各检测器性能时变的条件下，如何自适应估计各检测器性能并进行分布式检测融合；在信号参数模糊下的分布式检测融合问题；在信号参数随机变化下的分布式检测融合问题；微弱信号的检测融合问题。

② 异类多传感器信息融合技术研究。异类多传感器信息融合由于具有时间不同步、数据率不一致及测量维数不匹配等特点，因而具有很大的不确定性。在异类多传感器信息融合中，如何利用各传感器信息进行航迹起始，如何综合利用位置、动态及特征和属性参数改善目标跟踪性，如何合理利用互补信息以改善对目标的识别及如何实现检测跟踪的联合优化，都是需要进一步研究和解决的问题。

③ 传感器资源分配与管理技术。研究多个传感器构成了多传感器系统的互补体系，因此必须按照某些工作准则适当地管理这些传感器，以便获得最优的数据采集性能。传感器管理的内容通常包括：空间管理、模式管理和时间管理。这一方面主要包括：传感器性能预测，传感器对目标的分配方法，传感器空间和时间作用范围控制准则，传感器配置和控制策略，传感器接口技术，传感器对目标分配的优先级技术，以及传感器指示和交接技术。

④ 研究数据融合用的数据库和知识库，高速并行检索和推理机制。利用大型空间数据库中数据和知识进行推理是融合系统过程中的关键任务，交通部门相关工作的推进完善会为数据采集提供更好的环境，为加快自动驾驶的发展提供基础支撑。解决数据配准、数据预处理、数据库构建、数据库管理、人机接口、通用软件包开发问题，利用成熟的辅助技术，建立面向具体应用需求的数据融合系统。因此，深入研究和探讨空间数据库的知识库，高速并行检索和推理机制应成为未来的研究重点之一。

⑤ 建立统一的融合理论、数据融合的体系结构和广义融合模型。

⑥ 将人工智能技术，如神经网络、遗传算法、模糊理论、专家理论等引入到数据融合领域；利用集成的计算智能方法，如模糊逻辑＋神经网络、遗传算法＋模糊＋神经网络等，提高多传感器融合的性能；利用有关的先验数据提高数据融合的性能，研究更加先进复杂的融合算法（未知和动态环境中，采用并行计算机结构多传感器集成与融合方法的研究等）；在多平台/单平台、异类/同类多传感器的应用背景下，建立计算复杂程度低，同时又能满足任务要求的数据处理模型和算法。

⑦ 构建数据融合测试评估平台和多传感器管理体系；将已有的融合方法工程化与商品化，开发能够提供多种复杂融合算法的处理硬件，以便在数据获取的同时就实时地完成融合。

第
2
章

自动驾驶汽车多传感器数据融合技术概述

2.1 车用传感器的类型与数据类型

自动驾驶车辆系统是集环境感知、规划决策和多级辅助驾驶功能于一体的综合系统。它是充分考虑车路一体化、协调规划的车辆系统，也是智能交通系统的重要组成部分。无人车系统工作流程图见图2-1。

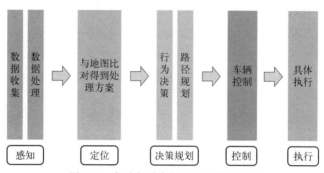

图 2-1　自动驾驶车辆系统工作流程图

自动驾驶领域涉及多学科知识，是交叉融合学科。根据功能不同可以划分为感知、定位、规划和控制四个基本模块。感知是指自动驾驶系统从环境中收集信息并从中提取相关知识的能力，其中环境感知特指对于环境的场景理解能力，例如障碍物的位置，道路标志、标记的检测，行人与车辆的检测等数据的语义分类。定位是指相对于环境的位置，车辆需要根据传感器得到的数据知道自己此时此刻位于地图的哪个位置，因此认为定位也是感知的一部分。规划是自动驾驶车辆为了某一目标而做出一些有目的性的决策的过程，对于自动驾驶车辆而言，这个目标通常是指从出发地到达目的地，同时避免障碍物，并且不断优化驾驶轨迹和行为以保证乘客的安全舒适。规划层通常又被细分为任务规划、行为规划和动作规划三层。控制则是控制理论的内容，包括如何控制自动驾驶车辆，给出精准的命令和指令使得车辆准确地按照规划好的路线行进的能力。

感知就像是人类的感官，了解世界，认知世界，而车辆感知环境需要不同类别的传感器，通过这些传感器的信息，获得障碍物的位置、速度以及可能的行为，获得可行驶区域、交通规则等。感知领域采用的传感器有激光雷达、单目摄像头、深度相机、毫米波雷达、超声波雷达、GPS全球定位系统等。根据各个传感器的特性，在实际应用中往往采用多种传感器功能互补的方式进行环境感知。

环境感知（图2-2）作为自动驾驶的第一环节，处于车辆与外界环境信息交互的关键位置，其关键在于使自动驾驶车辆更好地模拟人类驾驶员的感知能力，从而理解自身和周边的驾驶态势。激光雷达、毫米波雷达、超声波雷达、定位导航系统、视觉系统等为自动驾驶车辆提供了海量的周边环境及自身状态数据，这些以图像、点云等形式呈现的数据包含了大量与驾驶活动无关的信息。环感知需要遵照近目标优先、大尺度优先、动目标优先、差异性优先等原则，采用相关感知技术对环境信息进行选择性处理。如人类驾驶员受限于视野范围，存在诸多驾驶盲区，自动驾驶车辆上安装的传感器也都有自身的感知盲区。实际上，这些区域仅相对于特定时刻而言，随着车辆的行进在下一时刻即会产生新的盲区。自动驾驶过程中，通过组合使用多类传感器和运用时序关联的感知技术，可以缩小感知盲区的范围。利用传感器技术、信号处理技术、通信技术和计算机技术等，自动驾驶汽车可以通过集成摄像头、激光雷达、超声波传感器、毫米波雷达、GPS、里程表、磁罗盘等各种车载传感器来识别汽车所处的环境和状态，并根据获取的道路信息、交通信号信息、车辆位置和障碍物信息进行分析判断，向主控计算机发出所需的控制，控制汽车的转向和速度，从而实现自动驾驶汽车的自主导向。

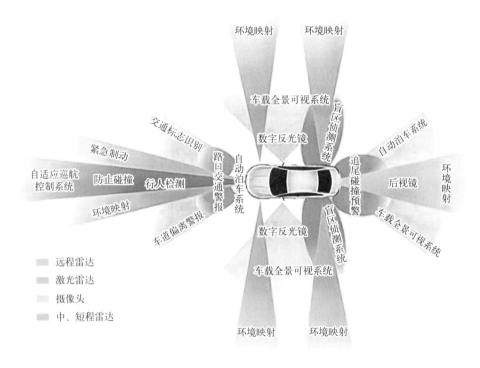

图 2-2　汽车环境感知

在感知环节中汽车又主要实现两个功能。一是确保车对环境的理解和把握，通常需要获取周围环境的大量信息，具体来说包括：障碍物的位置、速度以及可能的行为，可行驶的区域，交通规则，等等。二是定位，在自动驾驶车辆感知层面，定位的重要性不言而喻，自动驾驶车辆需要知道自己相对于环境的一个确切位置，这里的定位不能存在超过 5cm 的误差，如果无人车定位误差在 30cm，自动驾驶的规划和执行层并不知道它存在 30cm 的误差，它们仍然按照定位精准的前提来做出决策和控制，那么对某些情况做出的决策就是错误的，从而造成事故。由此可见，自动驾驶车辆需要极高精度的定位。

自动驾驶车辆获取和处理环境信息，主要用于状态感知和 V2X 网联通信（Vehicle to Everything）。状态感知主要通过车载传感器对周边及本车环境信息进行采集和处理，包括交通状态感知和车身状态感知。V2X 网联通信是利用现代通信与网络技术，实现自动驾驶车辆与外界设施和系统硬件配置方案之间的信息共享、互联互通和控制协同。

交通状态感知功能的实现依赖于环境感知传感器及相应的感知技术。按照获取交通环境信息的途径，可将这些传感器分为两类：

① 被动环境传感器，该类传感器自身不会发射信号，而是通过接收外部反射或辐射的信号获取环境信息，主要包括摄像头等视觉传感器；

② 主动环境传感器，该类传感器主动向外部环境发射信号进行环境感知，主要指激光雷达、毫米波雷达和超声波雷达等。

车身状态感知功能的实现主要基于 GPS 全球定位系统、北斗卫星导航系统、惯性导航系统等设备，来获取车辆的行驶速度、姿态、方位等信息，为自动驾驶车辆的定位和导航提供有效数据。

V2X 网联通信强调了车辆、道路、使用者三者之间的联系，主要利用射频识别 RFID、拍照设备、云服务器等获取实时路况、道路信息、行人信息等一系列交通信息，从而提高驾驶安全性和驾驶效率。

（1）激光雷达

激光雷达是一类使用激光进行探测和测距的设备，工作原理是向目标发射探测信号（激光束），然后将接收到的从目标反射回来的信号（目标回波）与发射信号进行比较，做适当处理后，就可获得目标的有关信息，如目标距离、方位、高度、速度、姿态，甚至形状等参数，从而对目标进行探测和识别。它由激光发射机、光学接收机、转台和信息处理系统等组成，激光发射机将电脉冲变成光脉冲发射出去，光学接收机再把从目标反射回来的光脉冲还原成电脉冲，送到显示器。它能够每秒向环境发送数百万光脉冲，它的内部是一种旋转的结构，根据激光测距原理计算，就能得到从激光雷达到目标点的距离，光脉冲不断地扫描目标物，就可以得到目标物上全部目标点的数据，用此数据进行成像处理后，能够实时地建立起周围环境的三维地图。车载激光雷达又称车载三维激光扫描仪，是一种移动型三维激光扫描系统。其工作原理就是通过不断向周围目标发射探测信号（激光束），并接收返回的信号（目标回波），来计算和描述被测量物体的有关信息，如目标距离、方位、高度、姿态、形状等参数，以达到动态三维扫描的目的。激光雷达线束越多，视线越密集，测量的精准度、分辨率和安全性也就越高。

通常来说，激光雷达以 10Hz 左右的速度对周围环境进行旋转扫描，其扫描一次的结果为密集的点构成的三维图，每个点具备 (x,y,z) 信息，这个图被称为点云图（图 2-3），激光雷达因其可靠性，目前仍是自动驾驶系统中最重要的传感器。然而，在现实使用中，激光雷达并不是完美的，往往存在点云过于稀疏，甚至丢失部分点的问题，对于不规则的物体表面，使用激光雷达很难辨别其模式，在诸如大雨天气这类情况下，激光雷达也无法使用。

图 2-3　点云图

为了理解点云信息，通常来说，我们对点云数据进行两步操作：分割和分类。其中，分割是为了将点云图中离散的点聚类成若干个整体，而分类则是区分出这些整体属于哪一个类别（如行人、车辆以及障碍物）。分割算法可以被分类如下：基于边的方法，如梯度过滤等；基于区域的方法，这类方法使用区域特征对邻近点进行聚类，聚类的依据是使用一些指定的标准（如欧几里得距离、表面法线等），这类方法通常是先在点云中选取若干种子点（seed points），然后使用指定的标准从这些种子点出发对邻近点进行聚类；参数方法，这类方法使用预先定义的模型去拟合点云，常见的方法包括随机样本一致性方法和霍夫变换；基于属性的方法，首先计算每个点的属性，然后对与属性相关联的点进行聚类的方法；基于图的方法以及基于机器学习的方法等。在完成了点云的目标分割以后，使用机器学习中的分类算法进行分类，近几年由于深度学习的发展，主流使用卷积神经网络（CNN）对三维的点云聚类进行分类。然而，不论是提取特征的方法还是原始点云的方法，由于激光雷达点云本身分辨率低的问题，对于反射点稀疏的目标（如行人），基于点云的分类并不可靠，所以在实践中，我们往往融合激光雷达和相机传感器，利用相机的高分辨率来对目标进行分类，利用雷达的可靠性对障碍物进行检测和测距，融合两者的优点完成环境感知。

（2）摄像头

摄像头属于被动环境传感器，被摄物体反射光线，传播到镜头，经镜头聚焦到 CCD/CMOS 芯片上，CCD/CMOS 根据光的强弱，积聚相应的电荷，经周期性放电，产生表示一幅幅画面的电信号，经过预中放电路放大、AGC 自动增益控制，经模数转换由图像处理芯片处理成数字信号。其中，感光元器件一般分为 CCD 和 CMOS 两种：CCD 的灵敏度高、噪声低、成像质量好、功耗低，但是制作工艺复杂，成本高，应用在工业相机中居多；CMOS 价格便宜，性价比很高，应用在消费电子中居多。摄像机视觉感知见图 2-4。为了满足不同功能的视觉需求，有很多不同种类的摄像机。

(a) 原图   (b) 真值图

图 2-4　摄像机视觉感知

摄像机根据镜头和布置方式的不同主要有以下四种：单目摄像机、双目摄像机、三目摄像机和环视摄像机。

单目摄像机模组只包含一个摄像机和一个镜头，传统的单目做前视感知一般 FOV 较小，景深会更远，能够探测远距离障碍物，如 Mobileye 早期产品采用 52°的镜头，单目摄像机距离物体越远，测距精度越低。

双目摄像机利用视差原理计算深度，通过两幅图像因为相机视角不同带来的差异构成视差。双目立体视觉在测距精度上要比单目做深度估计准确很多，能得到较精确的测距结果并提供图像分割能力，但是双目测距原理对两个摄像头的安装位置和距离要求较多，这会给相机标定带来麻烦。

三目摄像机采用三个不同焦距单目摄像机的组合，弥补了视野范围和景深不可兼得的问题，由宽视野的摄像头感知近距离范围，中视野的摄像头感知中距离范围，窄视野的摄像头感知远处目标。在自动驾驶系统 AutoPilot 2.0 的方案中，三个摄像头分别为前视窄视野摄像头（最远感知 250m）、前视主视野摄像头（最远感知 150m）及前视宽视野摄像头（最远感知 60m）。三目摄像机的缺点是需要同时标定三个摄像机，因而工作量更大；其次软件部分需要关联三个摄像机的数据，对算法要求也很高。

单目、双目和三目摄像机用的是非鱼眼镜头，环视摄像机用的则是鱼眼镜头，朝向地面安装。鱼眼镜头是由十几个不同的透镜组合而成，在成像的过程中，入射光线经过不同程度的折射，投影到尺寸有限的成像平面上，使得鱼眼镜头拥有更大的视野范围。鱼眼镜头的视场角一般能达到 190°，广阔的视野范围也带来严重的图像畸变。通过标定值，进行图像的投影变换，可将图像还原成俯视图的样子，之后对四个方向的图像进行拼接，再在四幅图像的中间放上车的俯视图。环视摄像机的感知范围不大，主要用于距车身 5～10m 内的障碍物检测、自主泊车时的库位线识别，通常应用在自动驾驶泊车功能中，安装在车辆前后保险杠处各一颗，左右后视镜下方各一颗，四颗鱼眼镜头拼接成全景图。

此外，还有红外相机、事件相机等。红外相机是利用普通 CCD 摄像机可以感受红外光的光谱特性，配合红外灯作为照明源达到夜视成像的效果，通常在芯片表面加滤光涂层或在镜头中加滤光片滤掉人眼不可见的光以恢复原来色彩，具有夜视效果。近红外线的绕射能力可以穿透烟雾、墨渍、涤纶丝绸之类的材料。事件相机又称为仿生视觉传感器，是一种受生物启发的视觉传感器，早期应用于无人机、机器人、航空航天等。如同人眼一般，事件相机对运动物体的感知非常灵敏，能够高效地处理动态和静态信息。事件相机是相对于传统的帧相机而言的，帧相机是以固定帧率输出一帧一帧的图片，并最终组成视频流；而事件相机只记录亮度变化的像素点，当对应像素点的光强变化量超过了预先设定的阈值时，事件相机就会以微秒级分辨率标记时间差，并输出异步事件流。事件相机相较于传统帧相机而言，主要具有响应速度较快、减少无效信息、降低算力和功耗、高动态范围的优势。下面分别介绍各个优势。

① 响应速度较快。帧相机始终输出的是一张张的帧图像，面对突然横穿的行人时，其响应速度不一定会及时，如第一帧图像显示行人在左边，第二帧图像显示在中间，第三帧图像显示在右边，结合三张图像才能判断出一个行人横穿的场景。而事件相机的识别频率非常高，相当于达到了 1000 帧的帧相机效果，能够更快地预判到行人横穿。

② 减少无效信息。帧相机会产生大量的无效信息，而事件相机是根据物体表面的光强变化而产生事件流。

事件相机显示的主要是前方运动物体的外边框，因为变化的部分主要是在物体边框，而其内部的区域大概率是没有变化的。相当于给图像做了一次压缩，减少了无效信息，只输出动态信息，可以以一个低带宽的线路给出一个高质量的信息。

③ 降低算力和功耗。帧相机需要对每一帧图像进行处理，如 30 帧的相机，在 10 秒内可以产生 300 张图像，如此庞大的数据量对芯片的算力要求也更高，产生的功耗也会更大。在自动驾驶领域，虽然帧相机也可以通过一种叫注意力机制的方法，把视觉信息集中在一些感兴趣的区域，但前提是仍需要将所有的图像数据进行一次预处理。事件相机在二维结构上显示出一定的稀疏性（如一个目标物只在 t_0 时刻动了，但之后一直保持着静止，那就只会在 t_0 时刻显示一个事件，之后则没有数据产生），它只会对变化的部分产生脉冲信号，可能 10 秒内只有几十 kB 数据量，它不需要处理过多的数据量。事件相机所需的算力只有传统 CIS 芯片的 1%，甚至更低，对应的功耗也会较低。

④ 高动态范围。高动态范围指的是相机在极端光强变化下也能保持图像的清晰度。帧相机的动态范围通常只能达到 60dB，而事件相机的动态范围能达到 120dB，甚至更高。高动态范围可以帮助事件相机在光线极暗、曝光过度、光线突变等情况下，依然能够保持有效的工作，为自动驾驶增添了一份安全冗余。

除了上述几种摄像机，还有结构光摄像机、全景摄像机等，但是目前在自动驾驶的感知中涉及较少。

分辨率是用于度量位图图像内数据量多少的一个参数，通常表示成 dpi（dot per inch，每英寸❶点）。简单地说，摄像头的分辨率是指摄像头解析图像的能力，也即摄像头的影像传感器的像素数。摄像头的工作原理大致为景物通过镜头生成的光学图像投射到图像传感器表面上，然后转为电信号，经过 A/D 转

---

❶ 1 英寸＝2.54 厘米。

换（模数转换）后变为数字图像信号，再送到数字信号处理芯片中加工处理，最后通过 USB 接口传输到电脑中处理，通过显示器则可以看到图像。图像以 RGB 格式为主，R、G、B 分别表示红、绿、蓝三个通道的值。以 RGB24 为例，RGB24 的每个元素在计算机内存中占用 1 个字节，1 个字节等于 8bit，所以 RGB 每个元素的取值范围为 $0\sim255$。那么三色组合起来有 $256\times256\times256=16777216$ 种颜色。RGB32 表示除了每个颜色通道分量占 8 位外，还有 8 位用于表示透明通道，又称 RGBA 或 ARGB 等。一般相机所收集到的数据为 RGB 关于时间的矩阵，读出电路是行列扫描的方式，是一种矩阵数据整体读出的形式，而事件相机则是将相对应事件以时间差和坐标数据的形式，按事件产生的顺序异步传出。

（3）毫米波雷达

毫米波雷达通过发射无线电波，接收反射回来的信号，通过电磁波返回的飞行时间计算目标的相对距离；根据多普勒原理，当发射的无线电波和被探测目标有相对移动，回波的频率会和发射波的频率不同，通过检测频率差可以计算目标的相对速度。毫米波雷达是工作在毫米波波段的雷达，通常毫米波是指 $30\sim300$GHz 频域（波长为 $1\sim10$mm）的电磁波。毫米波的波长介于微波和厘米波之间，因此毫米波雷达兼有微波雷达和光电雷达的一些优点。根据测距原理可以将毫米波雷达分成脉冲测距雷达和连续波测距雷达，由于调频连续波技术成本低廉、技术成熟并且信号处理复杂度低，所以 FWCW 调制方式的毫米波雷达成为主流。内部结构主要包括收发天线、射频前端、调制信号、信号处理模块等。毫米波相比于激光穿透性更强，可以轻松穿透保险杠上的塑料，因此被安装在保险杠内，毫米波无法穿透金属，因此遇到金属就会返回。

同厘米波导引头相比，毫米波导引头具有体积小、质量小和空间分辨率高的特点。与红外、激光、电视等光学导引头相比，毫米波导引头穿透雾、烟、灰尘的能力强，具有全天候（大雨天除外）、全天时的特点。另外，毫米波导引头的抗干扰能力也优于其他微波导引头。

毫米波雷达能分辨识别很小的目标，而且能同时识别多个目标，具有成像能力强、体积小、隐蔽性好等优点。毫米波与光波相比传播时的衰减小，受自然光和热辐射源影响小。

毫米波雷达的测距和测速都是基于多普勒效应，因此与激光雷达的笛卡儿（XYZ）坐标系不同，毫米波雷达的原始数据是基于距离＋角度的极坐标系。两种坐标系可以根据三角函数相互转换。毫米波获取的主要信息为距离、角速度和速度。与激光雷达相似，毫米波雷达返回的数据是由点云组成的，每个点包含 2D/3D 位置、反射率和径向相对速度，不同的毫米波雷达型号之间会有一定的差异，主要是由设备是否支持 3D、速度测量等因素导致。但是毫米波雷达还存在对于沙尘天气等环境状况敏感性较低、数据不稳定、对金属敏感、高度信息缺失（仅毫米波雷达阵列可以测高度）等缺点。

自动驾驶中常用的车载毫米波雷达按照频率分为 24GHz、77GHz 和 79GHz，也有少数地区研究其他频率的毫米波雷达，如日本主要采用 60GHz。

频率越低，绕射能力越强，所以信号损失越小。通常24GHz毫米波雷达用于近距离探测，77GHz的毫米波雷达用于远距离探测，79GHz的毫米波在带宽、分辨率等方面均优于前者，将成为未来的发展方向。

近距离雷达（SRR）一般是车辆四周的角雷达（图2-5）和安装于车辆后方的雷达，常用24GHz的毫米波探测40m以内的目标。24GHz频段雷达测距有限，常用于近处障碍物检测，如倒车时盲点检测、变道辅助等。

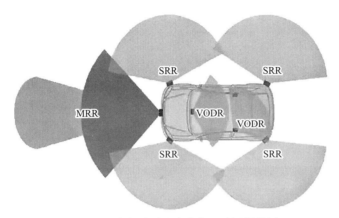

图2-5　毫米波雷达安装位置及视野范围

中远距离雷达（MRR）则一般是安装于车辆前保险杠上的前雷达（图2-5），常用77GHz的毫米波探测200m以内的目标并和摄像头的目标输出做后融合。77GHz频段用于长距离测量，有更高的距离、速度和角度检测精度。

车内人员检测毫米波雷达（VODR）一般安装于车内B柱顶端或后视镜下方（图2-5），目的在于当驾驶人员离开并锁车后，能够对车内环境进行自动检测，若检测出车内有人员遗留，可以通过声光报警或远程报警等方式及时发出警告以提示车主，以防将儿童遗留在车内而造成惨剧。一般也使用24GHz毫米波雷达。

79GHz的毫米波雷达频率更高，波长更短，分辨率更高，所以在远距离测距、测速上性能优于77GHz，并且由于体积较小，是将来中远距离毫米波雷达发展的大方向。

与激光雷达相比，毫米波雷达体积小，安装之后对汽车外观的影响不大；对于纵向目标探测距离与速度的能力强；对于静态和动态目标均能做出高精度测量；全天候、全天时工作，不论昼夜，穿透能力强，不受天气状况限制。但同时它无法成像，无法进行图像颜色识别；行人反射波较弱，对行人分辨率不高；探测距离近，垂直角度受限，对高处物体以及小物体检测效果不佳；距离多普勒耦合以及收发隔离难；在有体积要求的毫米波雷达上，垂直与水平方向天线紧密排布，会相互产生严重的信号干扰；信号处理算法的可靠性、实时性需要保证，传统的毫米波雷达电子控制单元（ECU）可能无法胜任大规模点云的处理；数据存储需求将会加大，需要额外添置存储单元。

（4）超声波雷达

超声波雷达工作在机械波波段，工作频率在 20kHz 以上。超声波雷达多用于测距，其基本原理是由超声波发射器发出超声波，根据接收器接收到超声波时的时间差测算距离，与雷达测距原理相似。超声波发射器向某一方向发射超声波，在发射时刻的同时开始计时，超声波在空气中传播，途中碰到障碍物就立即返回来，超声波接收器收到反射波就立即停止计时。超声波测距的优势主要有四点：对恶劣天气不敏感，穿透性强，衰减小；对光照和色彩不敏感，可用于识别透明和漫反射性差的物体；对外界电磁场不敏感，适用于存在电磁干扰的环境；原理简单、制作方便、成本较低，容易进行市场推广。自动驾驶感知过程中，毫米波雷达和超声波雷达的主要作用即为测距和测速，目前在盲点探测、自适应巡航、前/后方碰撞预警等技术中应用较为广泛。除了距离和速度，激光雷达还能够较为准确地获取目标的形状、深度等信息。随着激光雷达性能的提高，相应的激光雷达感知技术也在不断发展。目前常用的感知技术主要有：障碍物检测与跟踪、路面检测、三维重建等。雷达传感器对目标信息的感知来源于自身发送的电磁波。相对被动环境传感器而言，雷达受外界环境影响小，获取的深度信息可靠性高，测距范围和视角大、准确度高。另外，雷达每帧接收的点云数据量远小于摄像头记录的图像信息，更能满足自动驾驶对实时性的要求。

超声波雷达通过声音在空气中传输的时间来判断障碍物的距离，在 5m 以内的精度能达到厘米级范围。其原理是利用超声波在空气中的传播速度，测量声波在发射后遇到障碍物反射回来的时间，根据发射和接收的时间差计算其到障碍物的距离。主流的工作频率有 40kHz、48kHz、58kHz 三种。超声波发生器可以分为两大类：一类是用电气方式产生超声波，另一类是用机械方式产生超声波。其获得的数据类型依旧为点云。

超声波雷达最常用的应用就是倒车雷达。其安装方式有两种：前后保险杠上的倒车雷达（UPA）、安装在汽车侧面用于测量障碍物距离的雷达（APA）。UPA 的探测距离一般为 15～250cm，用于测量汽车前后障碍物。APA 的探测距离一般在 30～500cm。APA 的探测范围更远，因此相比于 UPA 成本更高，功率也更大。APA 的探测距离优势让它不仅能够检测左右侧的障碍物，而且还能根据超声波雷达返回的数据判断停车库位是否存在。

超声波雷达的状态描述需要四个参数：

① 探测角 α；

② β；

③ 影响检测宽度 R；

④ 最大量程 D。

但是超声波雷达也存在不足，超声波雷达在工作时会返回一个探测距离的值，如图 2-6 所示。处于 A 处和处于 B 处的障碍物都会返回相同的探测距离 d。所以在仅知道探测距离 d 的情况下，通过单个雷达的信息是无法确定障碍物是在 A 处还是在 B 处的，无法测量方位，应用领域受限。

此外，超声波雷达的测距速度无法与光电测距和毫米波雷达测距相比，且

图 2-6　超声波雷达无法精确测量障碍物方位

对温度敏感。例如，温度在 0℃时，超声波的传播速度为 332m/s；温度在 30℃时，超声波的传播速度为 350m/s。相同相对位置的障碍物，在不同温度的情况下，测量的距离不同。对于对传感器精度要求极高的自动驾驶系统来说，要么选择将超声波雷达的测距进行保守计算，要么将温度信息引入自动驾驶系统，提升测量精度。

目前，自动泊车系统基本采用 12 颗超声波雷达的 APA 方案，由前后各 4颗 UPA 超声波雷达加左右共 4 颗 APA 超声波雷达组成。也有部分主机厂开始采用超声波＋环视摄像头融合方案，以提高车辆自动泊车系统的泊入/泊出成功率。

（5）GPS 全球定位系统

自动驾驶的基础是自主导航，不仅需要获取车辆与外界环境的相对位置关系，还需要通过车身状态感知确定车辆的绝对位置，因此定位与导航也是环境感知的关键技术之一。自动驾驶车辆的位置数据不可能脱离感知态势的基准（常说的坐标系）而独立存在，不同的基准对应的车辆定位表现结果有很大差异。目前在自动驾驶中常用的基准包括：大地坐标系（WGS-84/CGCS2000）、摄像机坐标系、图像坐标系、雷达坐标系、驾驶员认知坐标系等。选定基准之后，将车身姿态、周边环境和地图等信息都进行映射并标注，生成基于这些坐标系的一张或多张图。在这些图中，基于驾驶员认知坐标系的驾驶态势图能够更好地体现选择注意性，可以与车辆实现同步移动。

卫星导航系统都由空间段（导航卫星）、地面段（地面观测站）和用户段（信号接收机）三个独立部分组成（图 2-7）。卫星导航的基本原理是测量已知位置的卫星到用户接收机之间的距离，并综合多颗卫星的数据计算出用户所在地理位置信息。

目前主要有 GPS、北斗卫星导航系统、GLONASS 和 GALILEO 四大全球卫星导航系统，我国常用的为 GPS 和北斗卫星导航系统。

GPS 系统包含三个部分：空间部分、地面监控部分、用户部分。空间部分主要是卫星群，向用户部分发送位置、时间等信息；地面监控部分监视控制空间部分；用户部分接收空间部分发送的信息，根据信息计算本身的三维位置、

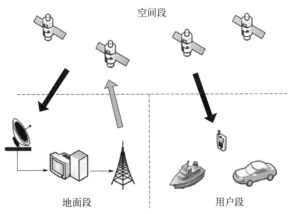

空间段

地面段　　　　　　　　　用户段

图 2-7　卫星导航系统工作示意图

速度和时间等。

　　GPS 是由美国国防部研制的全球首个定位导航服务系统，空间段由平均分布在 6 个轨道面上的 24 颗导航卫星组成，采用 WGS-84 坐标系，其原点为地球质心，Z 轴为国际时间局（BIH）1984.0 定义的协议地极（CTP）方向，X 轴指向 BIH1984.0 的协议子午面和 CTP 赤道的交点，Y 轴与 Z 轴、X 轴垂直构成右手坐标系，其数据主要包含经纬度和高度。

　　北斗卫星导航系统是中国自主研发、独立运行的全球卫星定位与通信系统，是继美国的 GPS、俄罗斯的 GLONASS 之后第三个成熟的卫星导航系统，空间段包括 5 颗静止轨道卫星和 30 颗非静止轨道卫星，采用我国独自建立使用的 CGCS2000 坐标系。

　　这两种导航系统都可在全球范围内全天候、全天时为用户提供高精度、高可靠的定位、导航和授时服务，北斗卫星导航系统拥有更多的地球同步轨道卫星，还兼具短报文通信能力。

　　卫星导航定位技术按照定位方式分为单点定位技术和相对定位技术。单点定位是根据单独一台信号接收机的观测数据确定用户绝对位置的方式，容易受到系统性偏差的影响；相对定位是利用两台以上接收机的观测数据来计算观测点相对位置的方法，定位精度较高。相对定位又分为静态定位和动态定位两种类型，其中实时动态定位 RTK 技术是一种常用的卫星定位测量方法。

　　RTK 是一种基于载波相位观测值的定位技术，利用了参考站和移动站之间观测误差的空间相关性。与以前的静态定位和动态定位不同，RTK 无需事后结算，即可在野外实时得到厘米级的定位精度，成为卫星定位应用的重大里程碑。RTK 属于广域定位技术，对天气状况和周边障碍物不敏感，但还是存在几点问题：

　　① 初始化时间较长，主要受到卫星数、电离层、多路径等综合影响；

　　② 工作距离短，基站覆盖范围一般不超过 15km；

　　③ 对卫星数量需求较高，有 6 颗以上卫星作业时较为可靠；

④ 存在信号失锁，卫星信号常常在隧道、高楼等严重遮挡的环境下失效。

这些技术缺陷限制了 RTK 技术的应用，网络 RTK（又称 COS）应运而生。网络 RTK 是由多个基站组成的网络，通过将数据统一传送至网络服务器，并由服务器根据移动站和网络中基站的位置关系从最近的基站发送数据，或者在移动站附近虚拟出基站信息进行差分解算，从而提高移动站与基站的误差相关性，获得高精度的定位结果。

惯性导航系统（INS）简称惯导，由陀螺仪和加速度计构成，通过测量运动载体的加速度和角速度数据，并将这些数据对时间进行积分运算，从而得到速度、位置、姿态和航向。惯导以牛顿力学定律为基础，工作原理是根据陀螺仪的输出建立导航坐标系并给出航向和姿态角，再根据加速度计的输出解算运动载体，实现惯性参考系到导航坐标系的转换。惯导属于推算导航方式，即在已知基准点位置的前提下根据连续观测推算出下一点的位置，因而可连续测出运动载体的当前位置。自动驾驶车辆环境感知系统对车体的感知包括两部分：车身姿态感知和车身状态感知。姿态感知和状态感知对应的车辆信息不同，信息来源也有所差异。惯性导航系统能够提供包括水平姿态、方位、速度、位置、角速度和加速度等的全面的导航信息，而且数据更新率高、连续性好、噪点低、短期精度和稳定性高。由于惯导是一种不依赖于外部信息，也不向外辐射能量的自主式导航系统，它不受外界电磁干扰的影响，具有全天候、全时段、全地域的工作特性。

由于导航信息是根据积分计算所得，惯导也存在其固有缺陷：定位误差会随时间而增大，数据的长期精度较低，而且无法获取时间信息。另外，惯导在每次使用之前需要较长时间的初始化，在自动驾驶过程中如果出现断电等突发状况，往往需要重新初始化。交通环境复杂多变，单一的导航系统往往会受限于自身的不足而无法确保精准定位和导航，因此当前的自动驾驶车辆大多采用 GPS/BDS＋INS 的组合导航方式，将 GPS 得到的经纬度信息作为输入信号传入 IMU，IMU 再通过串口线与控制器相连接，以此获取更高频率的定位结果。以牛顿力学定律为基础，通过测量载体在惯性参考系中的加速度，将它对时间进行积分，且把它变换到导航坐标系中，就能够得到在导航坐标系中的速度、偏航角和位置等信息。在自动驾驶中，GPS 的更新频率一般为 10Hz，IMU 的更新频率一般为 100Hz。目前使用最广泛的自动驾驶车辆定位方法当属融合全球定位系统（GPS）和惯性导航系统（INS）的定位方法，其中，GPS 的定位精度在数十米到厘米级别之间，高精度的 GPS 传感器价格也就相对昂贵。融合 GPS/IMU 的定位方法在 GPS 信号缺失、微弱的情况下无法做到高精度定位，如地下停车场、周围均为高楼的市区等，因此只能适用于部分场景的自动驾驶任务。

自动驾驶对定位导航系统的性能有一定的要求，需要通过测试得到性能指标数值作为衡量依据。测试指标一般包括：

① 首次定位时间，用于测试接收终端搜索信号的速度；

② 定位测速精度，一般包括水平和高程定位精度；

③ 失锁重捕时间，能够反映接收终端在信号失锁后恢复定位的快慢；

④ 跟踪灵敏度，主要评估定位状态下接收终端维持定位精度所需的最小信号功率；

⑤ 捕获灵敏度，代表了失锁状态下接收终端捕获弱信号的能力。

实际驾驶时，车辆在不同场景下对导航系统的定位性能需求不同，例如，正常环境下需要关注的指标为跟踪灵敏度，但是在隧道等信号遮挡严重的环境中更需要关注捕获灵敏度。因此，导航系统的性能测试一般会有针对性地设置特定场景。

在定位过程中地图辅助类定位是另一类广泛使用的自动驾驶车辆定位方法，核心是建立高精度数字地图（HD map），数字地图是以数字形式将纸质地图的要素存储在计算机上，并可以显示在电子屏幕上的地图。数字地图能够表示远大于纸质地图的信息量，可以进行任意比例、任意范围的绘图输出，而且地图上的内容易于修改、组合和拼接。数字地图主要有六个特点：

① 快速存取和显示；

② 可以动画形式呈现；

③ 地图要素可分层显示；

④ 图上的长度、角度、面积等要素可自动测量；

⑤ 可进行传输；

⑥ 利用 VR（虚拟现实）技术可将地图立体化、动态化。

同步定位与地图构建（SLAM）是这类算法的代表，SLAM 的目标即构建地图的同时使用该地图进行定位，SLAM 通过利用已经观测到的环境特征确定当前车辆的位置以及当前观测特征的位置。

这是一个利用先验信息和当前的观测来估计当前位置的过程，实践上我们通常使用贝叶斯滤波器来完成，具体来说包括卡尔曼滤波、扩展卡尔曼滤波以及粒子滤波。SLAM 虽然是机器人定位领域的研究热点，但是在实际自动驾驶车辆开发过程中使用 SLAM 定位却存在问题，不同于机器人，自动驾驶车辆的运动是长距离的，大开放环境的。在长距离的运动中，随着距离的增大，SLAM 定位的偏差也会逐渐增大，从而造成定位失败。

在实践中，一种有效的自动驾驶车辆定位方法是改变原来 SLAM 中的扫描匹配类算法，具体来说，我们不再在定位的同时制图，而是事先使用传感器（如激光雷达）对区域构建点云地图，通过程序和人工的处理将一部分"语义"添加到地图中（如车道线的具体标注、路网、红绿灯的位置、当前路段的交通规则等），这个包含了语义的地图就是自动驾驶车辆的高精度数字地图（HD map）。在实际定位的时候，使用当前激光雷达的扫描和事先构建的高精度地图进行点云匹配，确定自动驾驶车辆在地图中的具体位置，这类方法被统称为扫描匹配方法（scan matching），扫描匹配方法最常见的是迭代最近点法（Iterative Closest Point，ICP），该方法基于当前扫描和目标扫描的距离度量来完成点云配准。

除此以外，正态分布变换（Normal Distributions Transform，NDT）也是进行点云配准的常用方法，它基于点云特征直方图来实现配准。基于点云配准的定位方法也能实现 10cm 以内的定位精度。

虽然点云配准能够给出自动驾驶车辆相对于地图的全局定位，但是这类方法过于依赖事先构建的高精度地图，并且在开放的路段下仍然需要配合 GPS 定位使用，在场景相对单一的路段（如高速公路），使用 GPS 加点云匹配的方法相对来说成本过高。

一般来讲，感知设备种类越多、价格越贵，精度相对越高、识别范围相对越大。但是每种感知设备都有其局限性。

无论是单目摄像头、双目摄像头，还是多目摄像头、深度摄像头，无论像素再清晰、采样速率再高，也无法解决所有图像采集和处理的难题。由于道路环境、天气环境的多样性、复杂性以及自动驾驶车辆本身的运动特性，摄像头容易受到光照、视角、尺度、阴影、污损、背景干扰和目标遮挡等诸多不确定因素的影响。而在驾驶过程中，车道线、交通灯等交通要素存在一定程度的磨损、反光是常态，因此不存在完全理想的摄像头。

雷达对光照、色彩等干扰因素具有很强的鲁棒性，激光雷达、毫米波雷达和超声波雷达也都有各自的优势。但是安装多少数量/种类的雷达、选取多高的采样速率，都不可能彻底解决凹坑反射、烟尘干扰和雨、雪、雾等恶劣天气条件下的探测难题，也难以实现真正的全天候、全天时、全三维，因此雷达不可能完美。

定位导航系统为自动驾驶提供了高精度、高可靠性的定位、导航和授时服务，RTK（Real-Time Kinematic，载波相位差分技术）＋INS 组合更是为实时精准定位和位置精度保持奠定了重要基础。但是无论位置服务公共平台多好、陀螺仪精度多高，还是存在采样频率不够、地理环境过于复杂、初始化时间过长、卫星信号失效等问题，因此定位导航系统总是存在缺陷。

由此可见，没有完美的感知设备，设备不理想是常态，也不存在完美无缺的设备组合方案。然而对于不同的驾驶任务而言，需要不同的感知设备类型，并非要配置最全、最多、最贵的感知设备才能完成驾驶任务，而是要以任务需求为导向，有针对性地选取合适的感知设备、组合实现优化配置。自动驾驶感知中的传感器，不是舍此即彼的关系，而是需要多种传感器共同感知环境，获得更加可靠的数据，因此多传感器融合在自动驾驶当中必不可少，在多传感器融合下进行自动驾驶感知，可以有效结合各个传感器的优势，获得更加可靠的数据，得到更加广泛的使用环境。视觉配合毫米波雷达、视觉配合激光雷达、深度相机配合毫米波雷达、激光雷达配合毫米波雷达等等，都成为研究人员尝试的方案。同时经过研究人员的验证，结合好的融合算法，多传感器的融合结果往往都强于某一类传感器的单探测结果。因此，自动驾驶感知中的多传感器融合方法是值得探寻和研究的。

2.2　多传感器数据融合技术的基本原理

数据融合技术最初被广泛应用于军工领域，最初的概念为：通过对来源于多个传感器（信息源）的数据和相关信息进行检测、结合、关联、估计和组合等操作，进而产生比单一传感器（信息源）更准确、更完整、更可信的预测与决策，以便对战争状况和风险及其关键程度进行全面评估。随着现代互联网、物联网等技术的发展，产生了海量的多源异构数据，原有的较为单一的数据融合技术已经不能满足从现有数据中挖掘对研究问题有帮助的关键信息的需求，为了合理、高效地处理这些数据，高速、低成本及高可靠性的多源异构数据融合技术也因此被应用到更为广泛的场景中来。

多源异构数据融合就是指对来自多个数据源的描述目标对象的多种不同层次的数据进行综合分析与处理后，得到对目标对象的准确、完善和可靠的描述，融合后的数据具有互补性、冗余性和实时性三大特点。数据的冗余性和互补性能够保证从多方面对目标信息进行互补性描述，从多源异构数据中提取出更为精确详尽的目标特征，以保证结论的准确性；数据融合的实时性能够从多个数据源同时采集数据，弥补各单源数据采集和发送速度不变的缺陷，从而获取更为实时的目标数据，满足对实时性的需求。通过数据融合，可以对数据源进行多种不同层次的综合分析与处理，得到对目标对象的准确完善和可靠描述，为智能驾驶行车风险分析与评估提供更为准确的判断和决策支持。一般地，数据融合的基本流程包含以下步骤：

① 数据采集。数据采集指首先要从多方数据源采集与目标对象有关的数据，包括视频、文本、语音等多种数据形式。

② 数据预处理。原始数据往往存在着不规则项、错误和冗余等问题，为了提高数据的质量，在进行数据融合之前对数据进行预处理，将其转换为可靠的、易于量化分析的数据，进而为分析车辆的运行状态提供更准确和更高质量的数据。

数据预处理的流程分为数据清洗、集成、变换和规约四步，下面进行详细介绍。

a. 数据清洗。数据清洗是为了识别和修复原数据中的错误和不完整项，如重复和缺失值等，并进行填补和删除操作，以保证数据的质量。在对数据清洗的过程中，存在着数据错误、缺失和重复三类问题。

b. 数据集成。数据集成是指将采集的多源异构数据有机地集中在同一个数据库中，以便进行后续的数据处理。

c. 数据变换。数据变换即针对数据格式的要求，将其转换成特殊的、易于使用的表现形式。

d. 数据规约。数据规约是指通过删除数据冗余特征或聚类来降低数据的规模，从而产生数据规模更小但原始特性保持不变的新数据集。

由于数据量较大，为了便于分析与讨论，可以截取一部分数据。对原始数据进行去噪、填补与删除等处理后将其集成在一起，再经过数据变换与规约，将其变换成规模更小、特征更明显的预处理数据。

③ 特征提取。特征提取就是从预处理后的数据中提取出需要进行数据融合的特征属性。

④ 融合计算。融合计算就是利用提取的数据特征通过估算、统计等数据融合方法计算出数据融合的结果。

依据上述数据融合基本流程，多源异构数据融合的实现流程为：首先由各种数据采集系统收集多源异构数据，导出数据后，为数据建立统一的接口标准，经过数据清洗、集成、变换、规约等处理后整合到本地数据库中，再进行数据特征信息的提取，最后将特征信息通过融合计算处理后输出融合结果。

多源异构数据融合过程中的一个关键阶段是数据结构融合，选取合适的融合算法对数据特征进行融合才能得到准确的融合结果，从而制定最优决策。数据融合算法有多种，例如加权平均、逻辑推理、神经网络等方法，不同融合算法的依据也有所不同。本书从数据融合的层次角度进行考虑，基于一种经典的融合技术，即 Dasarathy 提出的三层面数据融合，对多源异构数据融合方法进行探讨。这三个融合层面分别为：

（1）像素级融合

像素级融合又称数据级融合，是最低层次的融合方法。数据级融合通常将未经处理的多源异构原始数据直接融合到共同的框架中，之后再进行特征提取。此方法能够最大程度地保留原始数据的特征，具有最高精度。局限性在于对原始数据的准确度要求高，并且处理的数据量大，所需时间较长，因而也具有抗干扰能力差、融合计算代价高、处理实时性差等缺陷。

（2）特征级融合

特征级融合是一种中等层次的融合，它通常先是对采集到的多源异构数据进行充分的特征提取，然后按照数据特征进行分类、聚类等处理，获得对应的特征矢量，而后采用基于特征级的融合算法获得最优的特征组合和数据源的转换方式，做出基于融合特征矢量的属性说明。

（3）决策级融合

决策级融合是一种最高层次的融合，它首先对每一数据进行属性说明，然后在决策端对其输出的结果进行融合，从而得到目标对象的融合属性说明。决策级融合的优势在于所需的数据量少、数据质量要求不高、鲁棒性和实时性好，但缺陷是需要较高的预处理及特征提取质量，因而决策级融合对初始决策的操作代价较高。

多个传感器采集的数据有各自的结构特点，并且每个数据也包含不同的数据类型，每种类型下的数据又主要包含人、车、路、环境四大方面特征，导致原始数据质量参差不齐。在对多源异构数据进行融合处理时，首先需要对数据进行预处理，进而得到质量较高的原始数据，再依据数据特征对数据进行分类处理，之后才能进一步对数据特征进行融合计算。结合上述三种数据融合层次各自的特点，不难发现，特征级融合最符合高速公路多源异构数据融合的特点，特征级融合的一般过程如图 2-8 所示。

图 2-8 数据所包含的特征不同，特征级融合的融合算法思路也有所区别，一些常用的数据融合算法如图 2-9 所示。不同的融合算法有各自的适用情景和范围，任何融合算法都不具备绝对的普遍适用性，在实际的数据融合应用中，

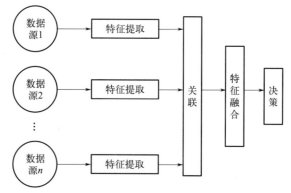

图 2-8　特征级融合的一般过程

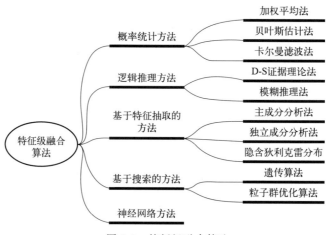

图 2-9　特征级融合算法

应根据研究问题的特点选取合适的算法来解决实际问题。

下面选取几种方法对其特点和适用性进行介绍。

（1）加权平均法

加权平均法在数据融合处理上是一种简单易行的方法，该方法是对数据源在某一维度上的一组特征值赋予权重后进行加权平均处理，将所得结果作为此维度融合结果的特征值，即数据融合的结果。该方法的优势在于简单直观，不足之处在于不同特征维度上由于数据采集设备的差异性，导致原始数据的精度参差不齐，所以用该方法时必须事先对不同数据分别赋予权重，以保证计算结果的准确性。

（2）模糊推理法

模糊理论应用到数据融合中就是利用模糊映射将待融合的数据源作为输入，将映射出的融合结果作为输出，其基本思想就是将原本非 0 即 1 的隶属关系扩展为［0，1］上的连续取值，以区间内的一个值来表示元素对某个模糊集的隶属程度，技术关键是建立准确的隶属函数。模糊推理法的基本流程如图 2-10所示。

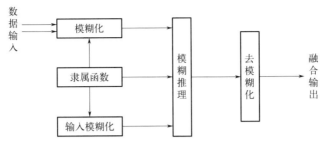

图 2-10　模糊推理法在数据融合中的基本流程

模糊推理法的优势在于能够克服概率统计方法必须求取确切概率的缺陷，从而很好地描述和表示事件的不确定性。

（3）神经网络方法

神经网络是一个模拟动物神经网络行为特性，实现分布式并行数据处理的算法。神经网络内部结构复杂，它通过调节系统内节点与节点之间的连接关系来实现对信息的处理。基本的神经网络架构包括输入层、隐藏层和输出层三部分，隐藏层数目也可以按照实际信息处理的需要而进行增加或减少。一种最简单的四层神经网络系统结构模式如图 2-11 所示。

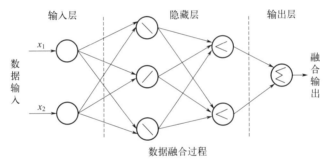

图 2-11　神经网络数据融合中的应用示意图

神经网络在数据融合中的应用优势在于它能够利用外部环境的特征信息实现知识的自我学习与获取，能够对复杂的非线性关系进行模拟，从而得到更高层次的融合特征。神经网络信息存储也具备分布式特点并且具有并行大规模处理能力，因此神经网络能够很好地适应多源异构数据融合的处理要求。神经网络方法的难点在于神经网络模型的建立，如隐藏层数目以及每层节点个数的选择、学习率、权重的确定等。

2.3　自动驾驶中数据融合需要解决的问题

众所周知，在感知问题上单一的传感器总是有一定的不足，就像人类一样，需要用耳、鼻、眼、四肢等多"传感器"协作（融合）来探索和感知世界，这就是最通俗的"多元融合"解释。而在路侧或者车载感知中，需要多种传感器共同感知路面环境，而多源信息融合的目的，就是将各单一信号源的感知结果进行组合优化，从而输出更有效的道路安全信息。

常见的信号源主要有毫米波雷达、超声波雷达、摄像头、激光雷达、GPS、里程计、惯导等。这些传感器可以感知车身周围的安全信息、行驶道路的环境信息，也可以进行定位。

多源数据融合面临的问题有很多，包括数据缺陷、数据关联、数据不一致等，其中又可细分为数据的模糊与不完整，数据的联合匹配校准，数据的频率、维度、形式不一致等各种问题。最根本的问题是：数据自身的缺陷。目前已有的数学理论可以有效地描述有缺陷的数据，如：

a. 概率论，包括 Bayes、EKF、Monte Carlo、MCMC 等；

b. 模糊集理论；

c. 可能性理论；

d. 粗糙集理论，能够处理数据粒度；

e. D-S 理论，它允许每个数据源在不同程度的细节上提供信息。

处理虚假数据的研究主要集中在融合过程中识别或者预测以及后续清除异常值。处理混乱数据的方法是：忽略、再处理或用向前/向后预测；用增大状态框架去具体化延迟估计。处理冲突数据的方法是：众多替代的融合规则，使用Demspter 规则时，用修正后的策略。

数据关联前要做许多准备工作，如数据的预处理与二次处理。以雷达为例，在二次处理之前，对一次处理给出的点云要做进一步的处理，即预处理，以提高信号的质量，其中主要包括点云过滤、点云合并和去野值。除了有用的目标点云之外，还包含有大量的固定目标点云和慢速目标点云，即使采用高性能的设备，也会由于各种问题的存在，使其输出存在大量的杂波剩余。在系统点云激光数较少、给定的虚警数较大时，噪声和干扰也可能产生假目标，这就使检测系统所给出的点云中，不仅包含目标点云，而且包含大量的固定目标点云和假目标点云，如此多的杂波剩余进入数据处理计算机，增加了计算机负担，甚至可能导致计算机过载。因此，在对一次处理给出的点云进行二次处理之前，必须进行再加工或过滤，争取将非目标点云减至最少，这就是所谓的"点云过滤"。点云过滤可消除大部分由杂波剩余或干扰产生的假点云或孤立点云，除了减轻计算机负担和防止计算机饱和之外，还可改善数据融合系统的状态估计精度，提高系统的性能。在数据处理之前，还应该做的一项工作便是去野值，去掉那些在录取、传输的过程中，由于受到干扰等原因所产生的一些不合理或具有粗大误差的数据，通常这些数据被称作野值。

许多数据融合算法，包括流行的卡尔曼滤波（KF）方法，需要独立性或数据的交叉协方差的先验知识以产生一致的结果。不幸的是，在许多应用中融合数据与潜在未知的交叉协方差相关，这会造成集中式融合中的公共观测噪声问题，或者分布式融合中"谣言传播"问题（rumor propagation），也称为双重计数问题。如果没有正确解决，数据相关可能导致偏差估计，如人为的高置信度值，甚至融合算法的发散。大多数相关数据融合解决方案是消除相关的原因或解决融合过程中相关的影响。

关联时还有一大难点就是各传感器的坐标变换与空间对准，这也为数据的维度不一致提供了解决方案。例如，对处于不同位置的各个激光雷达送来的点云进行数据关联，必须对坐标系进行统一，即把它们都转换到信息处理的公共坐标系上来。

通常，信息处理中心采用笛卡儿坐标系，即直角坐标系，对两坐标雷达来说为 x、y 坐标，对三坐标雷达来说为 x、y、z。但多数传感器的坐标数据是以极坐标的形式给出的，即给出的是目标的斜距、方位角和仰角，在进行数据处理时，需要将其变成直角坐标的形式。假定以 r、θ 和 φ 分别表示目标的斜距、方位角和仰角，则直角坐标系的三个分量为：

$$\begin{cases} x = r\cos\theta\cos\varphi \\ y = r\sin\theta\cos\varphi \\ z = r\sin\varphi \end{cases} \tag{2-1}$$

利用笛卡儿坐标系时，状态方程是线性的，而测量方程是非线性的；利用极坐标系时，状态方程是非线性的，而测量方程是线性的。这就意味着，在利用笛卡儿坐标系进行跟踪时，具有允许利用线性目标动态模型进行外推滤波的优点。

前面已经指出，多传感器工作时在时间上是不同步的，主要是由以下几个方面的因素造成：每个传感器的开机时间不一样；它们可能有不同的脉冲重复周期和扫描周期，即有不同的采样频率；在扫描过程中，来自不同雷达或不同传感器的观测数据通常不是在同一时刻得到的，存在着观测数据的时间差。

这样在融合之前必须将这些观测数据进行同步，或者称作时间对准，即统一"时基"。通常利用一个雷达或传感器的时间作为公共处理时间，把来自其他雷达或传感器的时间都统一到该传感器的时间上。假定，我们想把第 2 个传感器在时间 t_j 的观测状态数据同步到某个公共处理时间上，有：

$$Z_k(t_i) = Z_k(t_j) + V \times (t_i - t_j) \tag{2-2}$$

式中，V 为目标运动速度，可从所用的 α-β 滤波器或卡尔曼滤波器在初始化中得到；$Z_k(t_j)$ 为在时间 t_j 来自传感器 k 的观测状态数据；$V \times (t_i - t_j)$ 为修正项。

该式的意义是将第 k 个传感器在时间 t_j 的状态数据同步到公共处理时间上来，还要进行传感器的量纲对准，历史上就曾出现过因为传感器量纲没有对准而发生的"登月事故"。

多源数据关联问题是多传感器数据融合的关键技术之一，没有数据关联，就谈不上对目标的跟踪与识别。由前面所述，我们可以这样给数据关联下定义：所谓数据关联就是把来自一个或多个传感器的观测或点迹 $Z_i = 1, 2, \cdots, N$ 与已知或已经确认的事件归并到一起，使它们分别属于几个事件的集合，即保证每个事件集合所包含的观测以较大的概率或接近于 1 的概率均来自同一个实体。对没有归并到事件中的点迹，其中可能包括新的来自目标的点迹或由噪声或杂波剩余产生的点迹，保留到下个时刻继续处理。实际上，关联是通过一个 m 维的判定处理来实现的，它对观测与预测的目标状态之间的空间或属性关系进行量化，以确定 m 个假设中哪一个能最佳地描述该观测。该判定可分为两类，即硬判定和软判定。硬判定是指将一个观测赋给唯一的一个集合；软判定则允许将一个观测赋给多个集合，但它们具有一个不确定值。软判定可导致多个假设，当通过附加数据使不确定性减小时，多假设可以合并为一个单一的假设或服从以后的硬判定。

还需要对非一致性的数据进行处理，非一致性数据包括异常数据、乱序数据、冲突数据与分散数据。首先是处理异常数据，传感器向融合系统提供的异常数据可能是由意外情况（如永久性故障、短时间突发的故障或缓慢发展的故障）造成的。如果与正确的数据融合，这样的异常数据可能导致严重的不准确估计。例如，如果暴露于异常值，KF 将很容易发生故障。处理异常数据的大部分工作集中在识别、预测和随后从融合过程中剔除异常值。事实上，关于传感器验证的工作，尤其是针对一些相同的目标，大多数技术问题需要先验信息，通常以特定故障模型的形式给出。因此，在先验信息不可用或者发生建模失败的情况下，它们的性能很差，目前已经提出的用于检测异常数据的一般框架，其依赖于传感器的随机自适应建模，这是任何先前的传感器故障模型没有的。广泛的实验模拟表明，这种技术在处理异常数据方面拥有良好的性能。

对于乱序数据而言，融合系统的输入数据通常被组织成离散片，每个片被标记有指定其起始时间的时间点。不同数据源的可变传播时间以及具有多种操作速率的异质传感器等几种因素，可能导致数据在融合系统处不按顺序到达，这种无序量测（OOSM）可以表现为与融合算法数据不一致。主要问题是如何使用旧的数据来更新当前估计值，并且同时兼顾当前时间和延迟测量时间之间的相关过程噪声。

大多数早期的 OOSM 工作仅假设单滞后数据。例如，称为算法 B 的 OOSM 的近似次优解以及它著名的最佳对应算法 A 都假定单延迟数据，一些研究人员提出了算法来支持任意滞后处理 OOSM。尽管如此，这种方法，连同许多其他多标签 OOSM 方法，在计算复杂性和存储方面通常是非常昂贵的。这些算法拥有类似于它们的单延迟对应的要求，因此被推荐用于实际情况；算法 B 尤为优秀，因为它几乎是最优的和非常有效的。研究工作还研究了在具有单滞后和多滞后数据的情况下的 OOSM 问题，也称为混合滞后 OOSM 问题。

对于冲突数据，就像几个专家对相同现象产生了不同的意见，冲突数据的融合，长期以来一直被认为是数据融合领域的一项具有挑战性的任务。特别是，这个问题已经充分研究了 Dempster-Shafer 证据理论框架内的融合。如 Zadeh 著名的反例所示，Dempster 的组合规则的简单应用与高度冲突的数据的融合导致不直观的结果。从那时起，Dempster 的组合规则受到了相当多的关于违反直觉行为的批判。大多数解决方案提出了 Dempster 组合规则的替代方案。另外，一些作者为这一规则辩护，认为违反直觉的结果是这一规则的不适当应用造成的。例如，马勒表明，Dempster 组合规则假设的非直觉结果可以使用简单的校正策略来解决，即将任意小但非零的信任质量分配给被认为极不可能的假设。

分散数据也需要处理，进入融合系统的输入数据可以来自各种各样的传感器、人类甚至是存档中的传感器数据，融合这些不同的数据以建立相关和准确的全局视图或观察到的现象是非常困难的任务。尽管如此，在诸如人机交互

（HCI）的一些融合应用中，这种传感器的多样性对于实现与人类的自然交互是必要的。我们的讨论焦点是对人类生成的数据（软数据）的融合以及软和硬数据的融合，因为这个方向的研究近年来已经引起注意。这是由于电子（硬）传感器的固有限制以及最近可用的通信基础设施，允许人类作为软传感器。此外，尽管已经对使用常规传感器的数据融合进行了大量的研究，但是研究人类和非人类传感器产生数据融合的工作还十分有限。这方面初步研究的一个例子为硬/软数据融合生成数据集的工作，旨在作为未来研究的基础和验证（确认）资源。

　　特征提取与身份融合也是多源异构数据融合的一大难点，对观测实体身份的识别与判断是多传感器数据融合系统的一个非常重要的任务，也是我们采用多传感器的意图之一。在我们利用多传感器完成目标检测和定位之后，更感兴趣的是这些目标都是哪一类目标、具体是个什么样的目标。

　　一个通用传感器所包含的身份信息是有限的。如激光雷达，尽管在很远的距离上就能够发现目标，但它只能够说明目标的有无，而不能告诉人们所发现的是一个什么样的目标。但这并不等于在它的点云中没有包含任何与身份有关的信息，而是所给出的信息可能是粗糙的、模糊的。实际上，这就是我们所说的身份融合，确切地说，所谓身份融合就是根据各个传感器给出的带有不确定性的身份报告或说明，进一步进行信息融合处理，对所观测的实体给出联合的身份判断。这个过程实际上是对已知信息进行分类与识别处理，最后给出观测实体的类别与属性。

　　从理论上讲，组合身份报告要比单个传感器给出的身份报告更准确、更具体、更完备。由于变量比较多，身份融合要比位置融合更复杂，所涉及的领域更广泛。身份融合按融合的层次可以分为三类，即分别在原始数据级、特征向量级和决策级进行融合。图 2-12 中给出了在不同级别进行身份融合的基本思想。

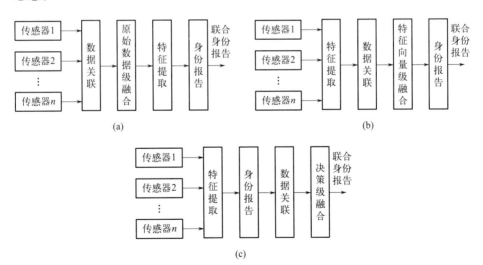

图 2-12　（a）原始数据级身份报告　（b）特征向量级身份报告　（c）决策级身份报告

　　图中的 n 个不同传感器可以是有源传感器，也可以是无源传感器，它们被用来搜集各类观测实体的数据。它们的输出可能是作为时间函数的离散或连续数据、图像数据或直接的身份报告，这些数据可以通过各种变换进行处理，提取出能表示目标实体的特征向量。这些变换包括不同向量空间的变换、从时间域到频率域的变换和图像边缘检测等，然后通过模式识别技术，如后面将要介绍的各种聚类算法、神经网络方法或其他统计方法等进行处理，以获得观测实体的身份报告。与位置融合一样，不同传感器给出的这些身份报告可能是不同实体的身份报告，所以也要对它们进行关联，以确定确实属于同一实体的身份报告。最后通过身份融合算法对多传感器的身份报告进行组合，以获得多传感器的联合身份报告。前面已经指出，身份融合分三级，可以在原始数据级、特征向量级和决策级进行，这主要取决于各传感器的类型和它们所完成的任务。之所以身份融合比位置融合更困难，是因为通常不存在身份报告的物理模型，并且它是分层的，使问题变得更复杂。在实际应用中，位置融合和身份融合不存在一个固定的时间顺序，可能同时进行，也可能交替进行。身份融合算法的准确分类方法实际上是不存在的，也是不可能存在的，但我们还是粗略地给出了一个分类表，大致将其分成三类，即基于物理模型的方法、基于特征推理的方法和基于认识模型的方法。

物理模型力求精确地构造传感器观测数据，并通过将实测数据与模型数据匹配来进行身份估计。这类方法中包括模拟技术和估计技术，如卡尔曼滤波技术等。尽管利用经典估计技术实现目标的身份估计是可能的，但身份的物理模型的构造是困难的。基于特征推理的方法的目的是根据身份数据构造身份报告，它不采用物理模型，而是直接在身份数据和身份报告之间进行映射。我们又把它分成两大类，即有参技术和无参技术。有参技术需要身份数据的先验知识，如它的分布和各个阶矩等；无参技术则不需要这些先验知识。有参技术包括基于统计原理的经典推理、Bayes推理、D-S证据推理以及各种聚类方法；无参技术包括神经网络技术、模板技术和表决法等。基于认知模型的方法是身份融合的第三类方法，它力求模仿人类在识别实体身份时的思维和推理过程，这类技术包括逻辑模板技术、基于知识或专家系统的技术和模糊集理论等。

在身份融合过程中，不管在哪个级别上进行融合，均要从原始数据集合中抽取出观测对象的特征信息，它是编制身份报告的基本要素。这里所说的特征实际上就是对原始数据的一种抽象，其目的是提供一个简化的集合，使该集合能够确切、简化地表示原始信息所描述的对象。把原始数据从高维空间经过某种映射或变换后，用低维空间来表示其特征，这个低维空间的数据集合称为特征向量。获取特征向量的过程称作特征提取。从广义角度来说，特征提取实际上是将原始数据从数据空间到特征向量的一种变换。在实际应用的过程中，如果特征向量的维数较大，仍然可以通过选择那些最能描述观测对象的特征，即有效特征，进一步降低特征向量的维数，以利于向量运算，这个过程称之为特征选择。我们知道，识别过程并不是把一幅原始图像拿来与预存的图像直接进行比较，这样不仅耗费很多计算时间，而且代价相当昂贵。例如，在一个大停车场识别一辆汽车，对汽车来说可能有许多特征，首先我们想到的是颜色、形状、尺寸、车门数等，但实际上最好的特征是车牌号码，尽管有很多同一年生产的同一型号的汽车，但车牌号是唯一的。因此，特征选择是身份识别的重要步骤。

特征提取和特征选择是模式识别领域中的一个重要内容，有一系列方法解决这一问题。特征提取的方法有：距离度量特征提取法、概率度量特征提取法、散度准则特征提取法以及最小特征提取法。特征选择的方法有：最优搜索法、次优搜索法、模拟退火算法和遗传算法。

以上这些方法都是此领域的经典算法。如欧氏距离、闵可夫斯基距离、加权欧氏距离和概率度量算法等只是依据不同的角度应用于不同的领域。

下面给出各类传感器输出图像信号的一些主要特征，供特征提取和特征选择时参考。图像数据的典型特征包括几何特征、结构特征、时域统计特征及频域特征等。

① 几何特征。几何特征是目标或一幅图像的主要特征，它能展现目标或图像的几何形状和尺寸。边缘是描述几何形状和尺寸特征向量的重要元素。在图像处理中要经常利用边缘特征进行边缘提取、边缘增强，这能更直观地反映目标/图像的几何形状，以便对图像进行有效的识别。实际上，边缘是由线段、圆弧、圆等基本元素组成的，它们之间的关系、几何尺寸等都是图像特征选择时所要考虑的重要因素。

② 结构特征。结构特征能够在多维空间内描述目标/图像的几何形状和尺寸。特征向量中目标的各种几何形状，如球、圆锥、圆柱、多面体等及其半径、表面积和构成这些几何体的线段方向及相互关系等，都是图像处理中用于特征提取的基本元素。结构特征最能显现图像各部分的比例关系。

③ 时域统计特征。时域统计特征主要指构成目标/图像的基本元素的数目和概率分布及其统计参数，如均值、方差和高阶矩等。利用统计特征，可以从总体上加强对目标/图像的理解。图像信号的另一个时域特征是它的灰度，它在图像处理中得到了普遍应用。

④ 频域特征。频域特征主要包括频率的高低、频谱宽度、峰值位置、谱的形状等，当然也可以将其称为频域统计特征，可以用均值、方差及高阶矩描述。利用频域特征是目标识别的一种非常重要的手段。红外特性实际上也是频域特征，只不过它的波长很短，只有几微米到十几微米。此外，频域特征还包括颜色系数、黑体温度等。

⑤ 小波域特征。小波域特征主要是小波系数，它是图像处理和图像融合中经常利用的特征。

信号数据的特征主要包括时域特征、频域特征和复合特征等。

① 时域特征。我们知道，传感器给出的信号一般包括信号和噪声。对信号来说，主要是脉冲信号，其特征主要有：脉冲宽度、脉冲重复频率或脉冲重复周期、脉冲幅度、脉冲的前后沿的上升/下降时间、射频频率（RF）以及脉内调制方式（正弦波、线性调频和相位编码等）。对噪声来说，由于它是非周期信号，在幅度和相位上都是随机的，一般用噪声功率来表示，其开方便是均方根值。传感器给出的信号的另一个重要的特征是它的信噪比，它直接影响系统的发现概率和其他特征的提取。噪声又分为相关噪声和独立噪声，相关噪声在信

号检测中又似信号特征。

② 频域特征。数据信号的频域特征，一个是将时域脉冲进行傅氏级数展开所产生的傅氏系数，另一个是将时域脉冲信号进行傅里叶变换所得到的信号的频谱，其参数包括频谱形状、谱宽、谱峰均值等。时域的白噪声，在频域表现为均匀频谱，相关性较强的噪声一般在频域表现为一个低频谱，其形状可能是高斯的、全极点的或马尔可夫型的。

③ 复合特征。复合特征主要包括信号的时频分析表达式、小波表达式和Wigner-Ville分布等。在特征提取和特征选择过程中，人们通常选择最能代表观测实体本质的一组特征，建立特征集合或特征向量，之后，使用各种模式识别技术完成身份报告的构建工作。上面所给出的一些传感器输出的图像信号和数据信号的特征已经在识别领域得到了普遍应用。

2.4 多传感器数据融合的流程与级别

多源异构数据融合算法是指将来自不同数据源、不同类型、不同结构的数据进行整合、融合，以提高数据的综合性、准确性和可信度。多源异构数据融合算法主要包括数据预处理、特征提取、特征融合和模型构建等四个步骤。其中，数据预处理主要针对原始数据进行清洗、去噪、归一化和标准化等操作，以提高数据的质量和可用性；特征提取则是从原始数据中提取出有用的特征，以便后续的分析和处理；特征融合则是将来自不同数据源的特征进行整合、融合，以提高特征的多样性和准确性；最后，模型构建利用融合后的数据和特征构建相应的模型，以实现目标任务的预测、分类或聚类等功能。多源异构数据融合算法在数据挖掘、机器学习、智能决策等领域有着广泛的应用，对于提高数据分析和决策的效率和准确性，具有重要的意义。

计算机视觉是人工智能领域中的一个重要分支，更是人工智能的基础。人工智能领域中的信息多种多样，其中图片信息即视觉信息，比其他信息（如触觉、听觉信息）要重要得多。特征提取和特征选择是模式识别领域中的一个重要内容，特别是在计算机视觉方面，特征提取技术尤为重要。下面介绍几种特征提取的方法。

2.4.1 特征提取方法

(1) 直方图均衡化

在图像处理中，经常用到直方图，如颜色直方图、灰度直方图等，图像的灰度直方图就描述了图像中灰度分布的情况，能够很直观地展示出图像中各个灰度级所占的比例。图像的灰度直方图是灰度级的函数，描述的是图像中具有该灰度级的像素的个数，其中，横坐标是灰度级，纵坐标是该灰度级出现的频率。

直方图作为一个统计手段，具有一定的统计作用，同时其不仅可以表示一般数据的分布，也可以对图像的数据或特征进行统计，生成图像特征分布的直方图，譬如灰度、颜色、梯度（边缘）、形状、纹理、局部特征点和视觉词汇等。

一个直方图可以被划分为多个不同的区间（bin），区间具有一定的统计或物理意义，不同的区间也是不同的数据或特征的代表，其具体数值（高度）是一种统计量，如概率、频数或特定积累等。一般而言，区间的具体选取可以通过预定义或基于数据学习得到。

对于图片数据生成的直方图，不同的区间具有不同的物理意义，如在图 2-13 中，区间从左到右依次表示灰度值从 0 到 255。直方图本质上是对图像的原始特征或数据进行降维，通过对其特征进行处理，对其数据分布进行建模，使数据具有一定的总结性，同时可以有效节省存储空间、简化运算量，更易于查看和分析，为进一步图像处理或分析做准备。

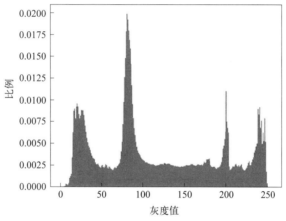

图 2-13　灰度直方图

直方图的量化可以通过人工分割来实现，量化的过程就是一个调参的过程，人工分割方法简单高效，但区别于基于数据进行无监督学习的聚类算法，通过人工分割方法得到的量化区间存在一定程度上的量化问题：量化过宽会造成信息不精确、表达程度不细致；量化过细得到的数据表达力强，但同时有可能造成每个区间上的值较小、整体数据分布较稀疏、数据维度过高等，甚至影响后续计算。

直方图的性质，即直方图反映了图像中的灰度分布规律。它描述每个灰度级具有的像素个数，但不包含这些像素在图像中的位置信息。图像直方图不关心像素所处的空间位置，因此不受图像旋转和平移变化的影响，可以作为图像的特征。任何一幅特定的图像都有唯一的直方图与之对应，但不同的图像可以有相同的直方图，如果一幅图像由两个不相连的区域组成，并且每个区域的直方图已知，则整幅图像的直方图是这两个区域的直方图之和。

直方图均衡化是将原图像的直方图通过变换函数变为均匀的直方图，然后按均匀直方图修改原图像，从而获得一幅灰度分布均匀的新图像。直方图均衡化就是用一定的算法使直方图大致平和，直方图均衡化的作用是使图像增强了。

为了将原图像的亮度范围进行扩展，需要一个映射函数，将原图像的像素值均衡映射到新直方图中，这个映射函数有两个条件：

① 为了不打乱原有的顺序，映射后亮、暗的大小关系不能改变；

② 映射后必须在原有的范围内，如 0～255。

直方图均衡化的步骤如下：

a. 依次扫描原始灰度图像的每一个像素，计算出图像的灰度直方图 H；

b. 计算灰度直方图的累加直方图；

c. 根据累加直方图的直方图均衡化原理得到输入与输出之间的映射关系；

d. 最后根据映射关系得到结果 $dst(x,y) = H'(src(x,y))$，进行图像变化。

其中，映射函数具体计算如下所示：

对于输入图像的任意一个像素 p，p 属于 $[0，255]$，总能在输出图像里有对应的像素 q，q 属于 $[0，255]$，使得下面的累加直方图等式成立（输入和输出的像素总量相等）：

$$\sum_{k=0}^{p} hist_{input}(k) = \sum_{k=0}^{q} hist_{output}(k) \tag{2-3}$$

其中，输出图像每个灰度级的个数：

$$hist_{output}(k) \approx \frac{HW}{256}, \quad k \in [0,255] \tag{2-4}$$

将式(2-4)代入式(2-3)得：

$$\sum_{k=0}^{p} hist_{input}(k) \approx (q+1)\frac{HW}{256}$$

均衡化后对应像素点的像素值则为：

$$q = \sum_{k=0}^{p} \frac{hist_{input}(k)}{HW} \times 256 - 1 \tag{2-5}$$

（2）聚类

聚类（clustering）是一种可以取代直方图的特征提取方法，该方法可以通过基于数据的无监督训练得到更稳定的值。其目标是找到混合样本集中存在的内在的群组关系，即将对象集合分割、分块或分组为不同的子集或类，使得类内关联性高，类间关联性差。

常用的聚类方法有 k-means 聚类、均值漂移聚类、基于密度的聚类（DB-SCAN）、基于高斯混合模型的最大期望聚类（EM）、凝聚层次聚类和图团体检测等方法。

其中，k-means 主要用于初步测试，在数据量足够大的情况下，得到的数据结果已经具有较高的准确性。k-means 方法是将数据集中的 n 个 d 维特征向量分成 k 组，使各分组内具有最小组内平方和：

$$\underset{S}{argmin}\sum_{i=1}^{k}\sum_{x \in S_i} \| x - \mu_i \|^2 \tag{2-6}$$

式中，k 是一个超参数，无法基于数据直接学习出来，只能通过人工选择定义。

其具体算法流程如图 2-14 所示。

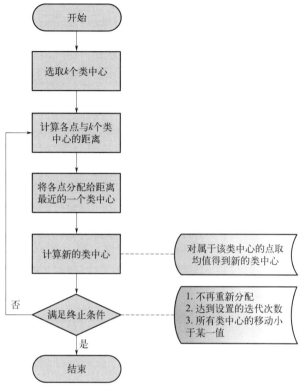

图 2-14　k-means 算法流程图

其优点是快速且易于实现，同时 k-means 算法的缺点也很明确，如对"噪声"和异常点较敏感，又由于 k-means 算法本质上是一个贪心算法，常常只能得到局部最优的结果，难以达到全局最优。所以该算法中 k 值的选取和初始中心的选取尤为重要，k 值可以通过多值尝试，使聚类指标最优或提升转折点来选取，初始中心可以通过多次全随机取最优、最远选取或 k-means＋半随机等方法来进行选择。

（3）滤波

全称为线性滤波，是图像处理最基本的方法，它可以允许我们对图像进行处理，产生很多不同的效果。

（4）卷积

卷积的原理与滤波类似，但是却有着细小的差别。

卷积操作是卷积核与图像对应位置的乘积并求和。但是卷积操作在做乘积之前，需要先将卷积核翻转 $180°$，之后再做乘积。该算法使用多个卷积核对输入数据进行处理，每一个卷积核都抽取一种特征。举例说明，将 4 个 $3×3$ 卷积核用于图像的第 1 卷积层，以得到 4 个特征。对于一张图像，只用一个卷积核就可以得到一张图像的特征图。这样，特征图的个数就等于卷积的个数。经过卷积运算后，再得到一张特征图。在此基础上，提出了一种新的卷积核滤波算法。通过引入权重的概念，使权重在图像上均匀地分配，得到的特征不依赖于位置。同时，该算法还能对多个特征进行提取。图 2-15 所示为 4×4 图像上 2×2 卷积核的卷积处理。

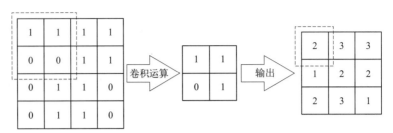

图 2-15　卷积核卷积过程

通过卷积运算得到的结果，将其输入到输出特征图中的一个小范围内，然后再将特征图进行一次卷积运算，再输出一个新的特征图，该过程涉及卷积核和特征图之间的反复卷积运算。打个比方，就是卷积核在输入的图像上移动。卷积核滑移的次序，通常是自左到右、自上而下。通过卷积滑移处理进行计算而得到的特征图像就是输出图像。

每一次卷积处理都是一次特征抽取。通过多个卷积操作，从图像中抽取出符合要求的特征。池化的目标是降低数据的数量，降低参数的尺寸。举例来说，在输入 12×12 的影像，且采用 6×6 的副取样时，可得到 2×2 的输出影像。将 36 个实际的图像像素合成为 1 个像素。

对于滤波器，也有一定规则要求：

① 滤波器的大小应该是奇数，这样它才有一个中心，如 3×3、5×5 或 7×7。有中心了，也有了半径的称呼，如 5×5 大小的核的半径就是 2。

② 滤波器矩阵所有的元素之和应该等于 1，就是为了保证滤波前后图像的亮度保持不变。但这不是硬性要求。

③ 如果滤波器矩阵所有元素之和大于 1，那么滤波后的图像就会比原图像更亮；反之，如果小于 1，那么得到的图像就会变暗；如果和为 0，图像不会变黑，但是会非常暗。

④ 对于滤波后的结构，可能会出现负数或者大于 255 的数值。对于这种情况，我们将其直接截断到 0 和 255 之间即可。对于负数，也可以取绝对值。

2.4.2　特征选择

在特征提取后需要对特征进行一定的选择。进行特征选择的主要目的有降维、降低学习任务的难度、提升模型的效率等。

特征选择定义：从 N 个特征中选择其中 M（$M \leq N$）个子特征，并且在 M 个子特征中，准则函数可以达到最优解。特征选择想要做的是：选择尽可能少的子特征，模型的效果不会显著下降，并且结果的类别分布尽可能地接近真实的类别分布。

特征选择主要包括四个过程：生成过程——生成候选的特征子集；评价函数——评价特征子集的好坏；停止条件——决定什么时候该停止；验证过

程——特征子集是否有效。

生成过程是一个搜索过程，这个过程主要有以下三个策略：

a. 完全搜索：根据评价函数做完全搜索。完全搜索主要有两种：穷举搜索和非穷举搜索。

b. 启发式搜索：根据一些启发式规则在每次迭代时，决定剩下的特征该被选择还是被拒绝。

c. 随机搜索：每次迭代时会设置一些参数，参数的选择会影响特征选择的效果。

停止条件用来决定迭代过程什么时候停止，生成过程和评价函数可能会对于怎么选择停止条件产生影响。停止条件有以下四种选择：达到预定义的最大迭代次数；达到预定义的最大特征数；增加（删除）任何特征不会产生更好的特征子集；根据评价函数，产生最优特征子集。

评价函数主要用来评价选出的特征子集的好坏，一个特征子集是最优的往往是相对于特定的评价函数来说，主要用来度量一个特征（或者特征子集）可以区分不同类别的能力。具体的评价方法主要有三类：

① 过滤式（filter）：先进行特征选择，然后训练分类器，所以特征选择的过程与分类器无关。相当于先对特征进行过滤操作，然后用特征子集来训练分类器。对每一维的特征"打分"，即给每一维的特征赋予权重，这样的权重就代表着该维度特征的重要性，然后依据权重排序。

② 包裹式（wrapper）：直接把最后要使用的分类器作为特征选择的评价函数，对于特征的分类器选择最优的特征子集。将子集的选择看作一个搜索寻优问题，生成不同的组合，对组合进行评价，再与其他的组合进行比较。这样就将子集的选择看作一个优化问题。

filter 和 wrapper 组合式算法：先使用 filter 进行特征选择，去掉不相关的特征，降低特征维度；然后利用 wrapper 进行特征选择。

③ 嵌入式（embedding）：把特征选择的过程与分类器学习的过程融合在一起，在学习的过程中进行特征选择。其主要思想是：在模型既定的情况下学习出对提高模型准确性最好的属性。

以下介绍五种比较常见的评价函数：

① 距离度量：如果 X 在不同类别中能产生比 Y 更大的差异，那么就说明 X 要好于 Y。

② 信息度量：主要是计算一个特征的信息增益（度量先验不确定性和期望，后验不确定性之间的差异）。

③ 依赖度量：主要用来度量从一个变量的值预测另一个变量值的能力。最常见的是相关系数，其用来发现一个特征和一个类别的相关性。

④ 一致性度量：对于两个样本，如果它们的类别不同，但是特征值是相同的，那么它们是不一致的。找到与全集具有同样区分能力的最小子集。

⑤ 误差率度量：主要用于 wrapper 式的评价方法中。使用特征的分类器，利用选择的特征子集来预测测试集的类别，用分类器的准确率作为指标。这种方法准确率很高，但是计算开销较大。

2.4.3 图像特征及提取方法

图像的特征主要有颜色、几何形状、纹理等。

（1）颜色

颜色特征是图像特征中的一种全局特征，它直观地描述了图像中物体的表面性质。但颜色对图像区域的方向、大小等变化不敏感，故颜色特征不能很好地表述图像中的局部特征。

颜色特征主要的提取方法有量化颜色直方图和聚类颜色直方图，两种方法的适用颜色空间不同，前者适用于 RGB 和 HSV 等均匀颜色空间，后者适用于 Lab 等非均匀空间。

量化颜色直方图的操作简单，计算高效，但存在量化问题，如果颜色相对单调，还容易产生分布稀疏的问题。

对于 Lab 等非均匀空间，使用 k-means 聚类算法对所有像素点的颜色向量进行聚类，直方图的区间单元由聚类中心代表。

（2）几何特征

常见的几何特征有边缘（edge）、角点（corner）以及斑点（blob）。

其中，边缘作为图像的重要特征，具有丰富的语义信息。边缘是指梯度、亮度、颜色交界处以及面与面相交、线与线相交等像素有明显变化的区域，即图像中某一特性在某一方向上分布的不连续处。边缘可以定义为像素值函数快速变化的区域，即一阶导数的极值区域，如图 2-16 所示。对任一横截线求灰度值函数可以得到图 2-17，显然边缘区域位于 30 像素和 70 像素处。

图 2-16　图像边缘

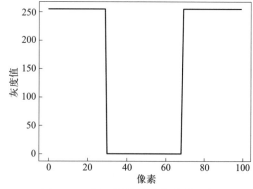

图 2-17　任一横截线的灰度值函数

对于复杂图片，可以先将彩色图像转化为灰度图像，再对其某一方向的灰度值函数求一阶导数，得到的一阶导数高于某个阈值的极值区域即边缘区域。该阈值也是一个超参数，若阈值设置过低，边缘提取不精确，导致得到的边缘区域信息量过大，进而可能会导致计算量过大；若阈值设置过高，提取到的边缘区域信息量过少，则会导致信息质量较低。

边缘提取时，一阶导数对噪声极为敏感，故应先进行高斯去噪，再使用一阶导数获取极值。

角点是一种显著点，即在某方面属性特别突出的点。角点至目前为止还没有明确的数学定义，在本书中，角点区域被定义为在任何方向上移动某个框形区域（小观察窗），导致大的像素变动的区域，可以简单表示为以下数学模型。

往（u，v）方向偏移后窗内图像变化，公式表示为：

$$E(u,v) = \sum_{x,y} w(x,y) \left[I(x+u,y+v) - I(x,y) \right]^2 \qquad (2-7)$$

式中，$E(u,v)$ 为 Harris 角点响应值，$w(x,y)$ 为窗口函数，$I(x,y)$ 和 $I(x+u,y+v)$ 为框形区域移动前后的像素强度。

对计算得到的角点响应值 $E(u,v)$ 进行阈值化，得到局部最大点。Harris 角点响应值相对于边缘提取是更高一层的特征值，它不受光照、平移、旋转这些尺度的影响。

斑点（blob）可以理解为圆斑，通常可以利用拉普拉斯梯度求极值来计算斑点。同样的，斑点对噪声极其敏感，需要先做高斯去噪，再进行进一步计算。先进行高斯滤波再进行拉普拉斯滤波，相当于直接对其进行二阶高斯导数（LoG）滤波。公式表示为：

$$\nabla^2 (f(x,y) \otimes G(x,y)) = \nabla^2 G(x,y) \otimes f(x,y) \qquad (2-8)$$

公式左侧为先进行高斯滤波，再进行拉普拉斯滤波；公式右侧为二阶高斯导数滤波。

（3）纹理特征

纹理特征作为一种全局性的特征，可以反映物体表面的特性。纹理特征与角点类似，具有旋转不变性；但又区别于角点，具有良好的抗噪性能，同时有可能会受到光照或反射的影响。纹理特征的常用提取方法有方向梯度直方图（HOG）、局部二值模式（LBP）和 Gabor 滤波器组。

基于局部方格单元的方向梯度直方图通常适用于图像中的人体检测，图像中的几何和光学的变化不会影响图像提取的结果。该方法的优点是简单高效且不需要做高斯模糊。

局部二值模式一般应用于人脸特征的分析。它所计算出的二进制模型简单直观。只需将图像中每个像素点与周围的像素点进行比较，阈值化即可得到 LBP 编码，具体流程如下：

以某个像素点为中心，画出半径为 r 的圆，在圆周上均匀采样 p 个点，与中心像素点进行比较，将数值大小量化为 0 或 1，当小于中心像素点时量化为 0，反之量化为 1。将得到的多位 bit 按照顺（逆）时针组成一个数，该数即中心像素点的 LBP 编码，同时该数值可以作为直方图的一个 bin，遍历操作所有像素点，每有一个相同的 bin，该区间上的数值增加 1，最终可以得到一个描述图像纹理特征的直方图。如图 2-18 所示，以中心像素点为圆心，绘制了一个半径为 2 的圆，均匀采样 8 个点，通过比较具体数值可以量化为图 2-19，从中心像素点正上方的像素点按照顺时针进行编码，得到二进制编码 00001101，即为其中心像素点的 8bits 的 LBP 编码。

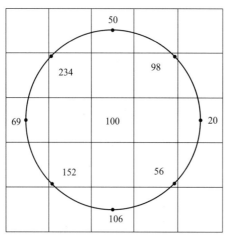

图 2-18　中心像素点的 LBP 编码（1）　　　　图 2-19　中心像素点的 LBP 编码（2）

使用 LBP 方法可以得到图 2-20 的纹理特征，如图 2-21 所示。

图 2-20　树　　　　　　　　　　　图 2-21　树的纹理特征（LBP）

　　Gabor 滤波器组在二维空间中本质上是高斯核函数和正弦平面波的乘积，因此其具有高斯核的特性。与人类的视觉系统类似，可以用多个滤波器捕捉多尺度、多方向、多频率的信息。

　　计算机视觉作为人工智能的基础，特征提取更是当中的一个重要概念，即将图像中具有不同特征的像素点划分为不同的子集，使每个子集都具有不同的特性。随着时代的发展和提取方法的改进与优化，提取到的图像特征也越发精细准确，为图像处理的后续操作提供了更多的可能性。特征提取与特征选择不同，特征提取是通过属性间的关系，如组合不同的属性得到新的属性，改变了原来的特征空间；特征选择是从原始特征数据集中选择出子集，是一种包含的关系，没有更改原始的特征空间。

目前图像特征的提取主要有两种方法：传统图像特征提取方法和深度学习方法。传统图像特征提取方法是基于图像本身的特征进行提取；深度学习方法则是基于样本自动训练出图像的特征分类器。

特征提取的主要目的是排除信息量小的特征、减少计算量等。以下介绍常见的特征提取方法：主成分分析法（PCA）。

简单来说，就是将数据从原始的空间中转换到新的特征空间中。例如，原始的空间是三维的 (x, y, z)，x、y、z 分别是原始空间的三个基，可以通过某种方法，用新的坐标系 (a, b, c) 来表示原始的数据，那么 a、b、c 就是新的基，它们组成新的特征空间。在新的特征空间中，可能所有的数据在 c 上的投影都接近 0，即可以忽略，那么就可以直接用 (a, b) 来表示数据，这样数据就从三维的 (x, y, z) 降到二维的 (a, b)。

如何求新的基 (a, b, c)？其一般步骤如下：

① 对原始数据零均值化（中心化）；

② 求协方差矩阵；

③ 对协方差矩阵求特征向量和特征值，这些特征向量组成了新的特征空间。

零均值化（中心化）即是指变量减去它的均值，使均值为 0，其实就是一个平移的过程，平移后使得所有数据的中心是 (0, 0)。只有中心化数据之后，计算得到的方向才能比较好地"概括"原来的数据。中心化的几何意义，就是将样本集的中心平移到坐标系的原点 O 上。

2.4.4 PCA算法

这里主要介绍 PCA 算法的意义及实现过程。

举个例子，老鹰是一个三维立体实物，而图片是二维的，但我们能一眼识别出图片上是一只老鹰而非鹌鹑，可见对于某些高维的数据，我们可以在低维空间下识其概貌，对其有个清晰的认知。然而，当我们沿老鹰翅尖拍摄一张照片，我们可能并不能很容易地看出这是一只老鹰。归其原因，拍摄的角度不同，导致最终的结果不同。在第一种情况下，图片保留了鹰的大翅膀等特征，所以我们易于识别；而第二张图片展现的鹰的特征较少，所以我们难以识别。在数据挖掘中，有时候数据的维度过高可能导致计算更为复杂，我们希望能有一种方法将高维空间中的数据映射到低维空间中，但同时保留原始数据体现的信息，PCA 便是其中常见的一种方法。

在线性回归模型中，一般要求特征之间线性相关性较低且特征数少于样本数，否则容易导致参数估计值方差增大及过拟合等问题。而一旦特征数多于样本数时，我们一般会选择增加样本数及减少无关特征等途径来提高回归算法的性能，然而前者可能会增加采样成本而且在实际情况下常常难以实现，后者在实际执行过程中可能无法很快判断并剔除无关或相关性低的特征。而 PCA 算法在这个时候能充分发挥其作用，高维转低维，新维度下各特征线性无关等优良特性恰好满足我们的需求，所以当数据特征数过多时，我们一般会考虑用 PCA 对其降维以减少后续回归模型的计算量并提升模型的性能。PCA 最直观的认知是旋转坐标轴，使得在新坐标体系下，变量间两两各不相关。当数据点在某几个维度下的坐标值较为接近（方差较小），那么可以认为这几个维度对于数据特征的体现并没有太大帮助；若数据某个特征的属性值均相等，那么这个特征对于区分数据并没有太大用处，我们完全可以将其剔除，从而实现维度减少，即降维的目的。

（1）PCA 降维的几何意义

对于一组数据，如果它在某一坐标轴上的方差越大，说明坐标点越分散，该属性能够比较好地反映源数据。所以在进行降维的时候，主要目的是找到一个超平面，它能使得数据点的分布差呈最大，这样数据表现在新的坐标轴上的时候就已经足够分散了。

（2）PCA 算法的优化目标

① 降维后同一维度的方差最大；

② 不同维度之间的相关性为 0。

（3）PCA 算法的优缺点

优点：

① 完全无参数限制。在 PCA 的计算过程中完全不需要人为设定参数或是根据任何经验模型对计算进行干扰，最后的结果只与数据相关，与用户是独立的。

② 用 PCA 技术可以对数据进行降维，同时对新求出的"主元"向量进行排序，根据需要取前面最重要的部分，将后面的维数省去，可以达到降维且简化模型或是对数据进行压缩的效果。同时最大程度地保留了原有数据的信息。

③ 各主成分之间正交，可以消除原始数据成分之间的相互影响。

④ 计算方法简单，易于在计算机上实现。

缺点：

① 如果用户对观测对象有一定的先验知识，掌握了数据的一些特征，却无法通过参数化等方法对处理过程进行干预，可能会得不到预期的向量，效率也不高。

② 贡献率小的主成分往往可能含有对样本产生差异的重要信息。

2.4.5 特征融合

在特征提取之后，需要进行特征的融合，前面所介绍的多源异构数据融合的三个层面分别为：数据级融合、特征级融合以及决策级融合。图 2-22 所示为图像融合层级关系。之后根据需要进行融合模型构建即可。

（1）数据级融合

数据级融合又称像素级融合，是最低层次的融合方法。图 2-23 所示为数据级融合流程。

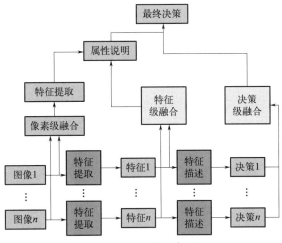

图 2-22　图像融合层级

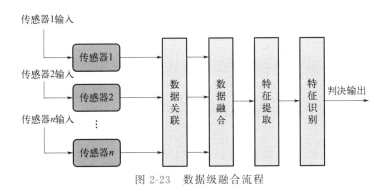

图 2-23　数据级融合流程

　　下面举例介绍其在自动驾驶汽车上的应用。基于可分辨单元（FSBDU）的融合策略，是指将不同传感器的可分辨单元的数据直接融合，然后对融合后的数据进行进一步处理的融合过程。FSBDU 基本上用于多源图像融合以增强图像，特别是在通过融合红外图像和 RGB 图像进行遥感成像的应用中。由于波长较长，毫米波雷达的原始数据不利于立即成像。激光雷达的空间分辨率高于毫米波雷达，但水平分辨率和垂直分辨率仍远远落后于光学图像。同时，由于传感器的不同采样频率和视场角（FOV），有必要在时间和空间上分别对齐它们。多个传感器的数据处理单元（称为帧）具有不同的数据格式和数据体积，因此需要对齐不同的传感器帧。空间对准意味着不同传感器检测到的相同目标对应于 FSBDU 过程中的统一坐标系。近年来，一些研究侧重于毫米波雷达成像但仍不足以区分复杂场景中的多个目标。一些研究使用雷达或激光雷达生成光栅图，然后与光学图像融合，这也可以被视为 FSBDU 方法。一般来说，在雷达或激光雷达与摄像机融合的过程中，FSB 分为两个方向：一种是基于雷达或激光雷达的障碍物检测结果，生成光栅图，即基于区域的融合；另一种是将光学图像作为真实样本，并通过 GAN 生成雷达或激光雷达图像。

　　传感器包括雷达、激光雷达、摄像机和带有地图的 GPS，用于在驾驶过程中创建 AD（自动驾驶）车辆的环境表示。观测激光雷达数据的多次累积用于生成网格图。然后，每个网格都有一个观察值的统计屏障，当该数字高于特定数量时，将出现风险警告。识别出的目标将与毫米波雷达检测到的候选目标进行比较。如果两者都显示该区域存在目标，则将其集成到静态地图中。最后，利用距离信息更新车辆的位置误差，构建安全驾驶区域。另外，还有采用深度学习的方法，将激光雷达点云和摄像机图像融合用于道路检测。将非结构化稀疏点云投影到摄像机图像平面上，然后获得应用于道路分离的编码空间信息的一组密集二维图像。此外，还有学者提出了一种新的条件多生成器生成对抗网络（CMGGAN），它可以使用训练模型和雷达传感器数据直接生成环境图像，综合利用雷达传感器检测到的所有环境特征。在此基础上，生成的图像和光学图像可以被集成以执行 FSBDU。还有一种双静态 FMCW 雷达系统，该系统使用简单的无线同步方案和宽带全向天线构建。它采用与 FMCW 成像系统兼容的成像技术，提供高分辨率图像来检测墙壁内的物体，充分展示了毫米波雷达的穿透优势。生成对抗网络（GAN）允许任何形式的数据直接用于生成图像，同时它还可以使用已经获得的数据进一步生成质量更好的数据。有人认为，激光雷达或毫米波雷达在与摄像机集成的过程中消耗了大量计算资源。基于此，提出的条件是在图像的监督下从雷达点云构建充满活力的语义图像，并通过 KITTI 数据集验证实时车辆检测的有效性。类似地，研究人员也提出了一种基于激光雷达的特征学习框架，该框架取代了传统的基于几何匹配的特征学习架构。

自动驾驶过程中的多源异构像素级融合通常利用雷达或生成的图像的可分辨单元，从融合数据中提取环境特征和目标参数，用于进一步决策。FSBDU 直接合并数据，无需深度信息提取。虽然可以最大程度地融合多源数据，但数据之间存在冗余，导致融合效率低。

（2）特征级融合

特征级融合是一种中等层次的融合，它通常先是对采集到的多源异构数据进行充分的特征提取，然后按照数据特征进行分类、聚类等处理获得对应的特征矢量，而后采用基于特征级的融合算法获得最优的特征组合和数据源的转换方式。特征级融合既可以说是中心级融合体系结构的特性，也可以说是传感器级融合体系结构的特性。它从每个传感器或传感器通道中提取特征，再组合成一个综合特征，以代表传感器观测空间的目标。使用综合特征的一个典型实例就是通过将单个传感器的特征向量进行端对端串接，形成一个更长的向量作为分类器的输入。图 2-24 所示为特征级融合流程。

在自动驾驶汽车上，特征级融合又称为基于互补特征的融合策略（FSBCF），结合从相应传感器数据中提取的多目标特征，然后应用融合的多传感器特征进行分类和识别。异质传感器可以捕获同一目标的非相关尺寸特征，因而提供了卓越的目标检测和识别能力。自动驾驶系统中提取的特征包括目标参数提取和数据特征提取：

① 目标参数提取：包括从预处理数据中提取的目标的大小、距离、方向、速度和加速度等信息。许多研究提取雷达或激光雷达目标的位置特征，并通过

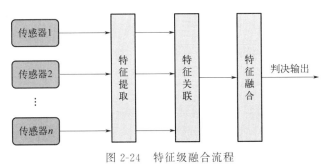

图 2-24　特征级融合流程

生成感兴趣区域（ROI）来辅助图像识别，ROI 将雷达检测目标的位置直接转换为图像以形成区域。

②　数据特征提取：数据特征是从图像或其他处理数据中提取的特征，如目标轮廓、纹理、时频特征和颜色分布，用于分类和识别。在计算机视觉中，通常在图像中生成大量可能包含目标的感兴趣区域（ROI），这些 ROI 通过预训练的分类模型进行分类。此外，具有最高置信度的 ROI 是目标所在的位置。以这种方式确定目标的位置需要大量计算。由于激光雷达和毫米波雷达在探测目标位置方面的优势，计算量相对较小。因此，许多研究首先使用雷达和激光雷达提取目标的距离和方位信息，然后将位置信息映射到图像数据中，以生成较少的 ROI。最后，预训练模型用于进一步识别这些感兴趣区域，并对目标类别进行准确分类。在提取 ROI 之后，许多研究将机器学习方法应用于进一步的感知任务。传统的机器学习方法通常需要提取标准特征，如 Haar 算子、HOG 算子和灰度共生矩阵（GLCM），以从图像中提取特征，然后应用 SVM、adaboost 和其他方法对这些特征进行分类。最近的研究倾向于使用神经网络来实现目标分类和识别，近红外摄像机和雷达的应用使得能够在车载平台上进行可靠的实时识别。同时，层叠增强的分类有助于将数据和图像信息融合到特征层。

基于深度学习的方法在识别精度方面具有更多优势，不需要人工特征提取过程。在没有人工特征提取过程的情况下，基于互补特征的融合过程需要嵌入到神经网络架构中。因此，随着深度学习的出现，基于多传感器数据的特征融合研究几乎停止。FSBCF 主要利用激光雷达和毫米波雷达的位置特性进行互补融合。雷达坐标（包括距离和角度信息）被转换为相应的图像区域，然后通过 DPM 对图像进行分类，以 98.4％ 的检测准确率推断识别结果。有研究者提出，在从点云图像生成 ROI 后，应用超区域模型以三维形式描述目标形状，并最终形成三维数据分类和目标检测。还有研究者提出了一种基于条件随机场模型的融合摄像机和激光雷达特征的混合随机场模型，以分割车辆前方的道路，并在 KITTI-ROAD 基准数据集上进行了大量实验，结果表明该方法优于现有方法。也有文献作者采用三种融合策略组合激光雷达和摄像机数据，包括早期融合策略（EFS）、后期融合策略（LFS）和交叉融合策略（CFS），并使用全卷积神经网络（FCN）生成当前道路上的安全驾驶区域。

FSBCF 需要对原始数据进行一定程度的信息提取，并组合由多个传感器检测到的不相关维度特征或参数。高维特征在目标识别中具有更高的可分辨能力，从而提高了融合的效率，并突破了单个传感器的固有缺陷。近年来，由于直接应用现有的视觉模式识别神经网络体系结构，对组合多传感器特征的研究还不够深入，大多数研究都是基于目标参数提取的方法来实现 FSBCF 融合策略。

（3）决策级融合

决策级融合是一种最高层次的融合，决策级融合可以有三种形式：决策融合、决策及其可信度融合和概率融合。图 2-25 所示为决策级融合流程。

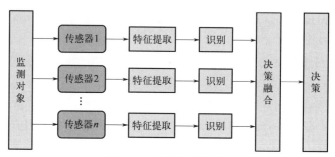

图 2-25　决策级融合流程

决策级融合的优点主要有：

① 容错性强，即当某个或某些传感器出现错误时，系统经过适当融合处理，仍能得到正确结果。决策级融合能把某个或某些传感器出现错误的影响减到最低限度。

② 通信量小，抗干扰能力强。

③ 对计算机的要求较低，运算量小，实时性强。

决策级融合的缺点主要是信息损失大，性能相对较差。

决策级融合也称为基于多源决策的融合策略（FSBMD）。通过单传感器数据对目标的位置、属性和类别进行初步决策，然后采用特定的融合策略将多传感器获得的决策进行全面组合，并采用适当的方法实现最终的融合结果。FSBMD 集成直接对特定目标进行决策，最终决策结果的准确性直接取决于融合效果。FSBMD 通常可分为决策融合、决策制定、可信度融合和概率融合。FSBMD 的方法通常包括主观贝叶斯概率推理方法、基于 Dempster-Shafer（D-S）证据理论的推理方法、人工智能（AI）方法和模糊子集理论方法。有研究者提出一种多传感器广告平台，用于通过数据处理提取道路边缘、车道标志、交通标志、障碍物和目标的运动参数。基于平台中目标信息的决策策略有助于控制自动驾驶车辆的运动状态。还有学者提出了将综合模糊理论与神经系统相结合的框架，该框架结合了卡尔曼分离和精细处理标准，为目标跟踪框架构建了有效的信息组合策略。

模糊集为数据工程、处理系统、选择和信息分析的发展提供了新的思路。自适应神经模糊推理系统（ANFIS）是最有效的神经系统框架之一。ANFIS 具有很强的可接受性和预测能力，是在任何框架中管理经验不稳定性的有效工具。此外，还有一种基于 D-S 证据理论的证据融合框架，以应对传感器的易受攻击性和目标的不确定性运动。然后，将可靠性函数与测量值相结合，以建立分类指数，对目标进行分类，尤其是行人检测。该研究中的置信函数重新分配了传感器提供的概率，以便在不确定信息准确时做出可靠决策。有学者提出了摄像机、GPS和车载传感器的组合，用于车辆的精确定位，通过使用扩展卡尔曼滤波算法，他们融合了GPS信息和视觉里程计，与传统GPS定位方法相比，该方法的精度提高了40%。FSBMD综合了不同传感器做出的多个决策，融合策略的性能决定了最终的融合效果。通过信息融合，最终决策直接产生，这种方法可以有效地避免依赖单个传感器的感知结果作为最终决策而导致的不确定性和不可靠性。然而，FSBMD并不能从数据处理层面显著提高目标检测性能，而且数据互补性相对较低。在大多数研究中，这种策略常常与其他策略相结合。

第

3

章

多传感器数据融合
经典算法介绍

3.1 不同信息格式融合算法介绍

在传感器进行数据获取的过程中，需要考虑为数据库提供具有不同格式信息的数据。任何必要的预处理都由应用程序产生，其中嵌入了智能和决策控制策略，并能为高级辅助驾驶功能提供输出。传感器可以在电子控制单元（ECU）处或在称为专用集成电路（ASIC）的电子单元处连接，这些单元分布在网络通信的基础设施中，负责发送和接收需要上层应用层处理的信号帧。

车辆系统是全球交通系统的一个部分，具有与周围环境的连接和结合能力，包含诸如行人、基础设施和其他部件的实体。当前的汽车还是采用一组独立配置的传感器和致动器来构成控制子系统，并且在下一代汽车中，它们会被组合在一起，以实现具有高集成度的模块化功能。因此，它们为控制算法提供了数据融合功能，带来更好的性能并且在整个系统的功能中具有重要作用。

大规模应用的传感器融合设计，需要新的方法和范式，以满足高复杂系统中新特性的需要。我们可以将它们视为网络物理系统，根据用户环境和政府等行为者的要求，这些传感器在系统中的应用呈指数增长，以满足安全性、舒适性、连接性等方面的需求。

传感器需要按照信息要求的形式收集车辆外部和内部的数据，从而支持事后进行集成和处理。然而，系统设计者应该考虑车辆中传感器的各个方面，因为作为整个系统的架构分析模型，是要使传感器数据融合能够在应用水平上，处理获取的不同格式和不同表示形式的数据。功能之间的通信应该在应用层集成和透明地实现，用适当构建的接口满足基于组件的模块化系统架构。

传感器数据融合在当前和未来的车辆系统中起重要作用，因为传感器可以保持与它们被接入的环境相连接。如果不利用信号处理的增强技术（如数据融合方法和算法），仅仅采用新技术的传感器是不够的。当要支持新功能时，独立传感器的工作不能克服某些物理限制，如它的工作范围和视场是有限的，并且伴随工作模式会产生一定的噪声。因此，当信息是来自不同传感器以不同格式组合的数据时，就成为一个复杂系统，它扩展了由传感器覆盖的车辆周围的感知区域，并且在某个传感器失效的情况下，为整个系统提供了可靠性。

采用用于车辆的传感器数据融合的功能模型是非常重要的。根据该模型，数据处理将根据以下应用级别进行划分：信号、对象、情况和应用。因此，需要用于数据的通信和交换级别的存储和系统管理器，使得功能模型能够支持用于实现传感器融合的不同架构。这些架构可以被分类为集中式、分布式和混合式，根据目标系统的不同，这些架构各具有不同的优缺点。在数据融合过程中，主要关注对象和情况细化水平，其涉及对象的状态估计及其之间的关系。这些级别之间的区别也通过使用低级融合和高级融合这样的术语去区别，而不是根据对象和情况的细化程度去区别。

对于一些车辆应用程序，对来自许多不同传感器的数据进行融合是必要的，并且这些应用程序可以根据目标应用而划分，如用于在交叉点的纵向和横向定向上的安全性和车辆驾驶性的应用程序。

目前有一种趋势是利用车辆中的无线通信提供车辆和基础设施之间的交互，扩展驾驶员视野。例如，假设车辆可以彼此通话，形成可能在将来的应用中有用的自组织网络，那么便可以突破车载传感器的物理限制而覆盖比迄今为止更多的可能的安全情况。以这种方式，即使在没有真正视觉的情况下，利用电子技术和软件技术，也可以实现让驾驶员看到几千米之外的情况。几个正在进行的研究项目集中关注于为车载通信标准化的车辆 ad hoc 网络设计的有效协议和架构。

汽车工业在传感器领域面临新的挑战，为了以不同的数据格式对物理量进行测量，这些传感器被看作分布式计算机架构中的一组分布式换能器，这导致复杂的系统需要高级的数据融合算法技术。在过去几年中，汽车传感器领域已经取得了广泛的进展，这些进展为车辆带来了许多好处，当数码相机能够利用可识别对象环境的算法来记录图像或运动时，具有两个状态的简单开关能够识别驾驶员或乘客的意图。因此，这些特性有助于改进效率、安全性、舒适性、连接性以及与交通相关的其他方面的问题。

对于被动和主动安全，我们有被动系统，如安全气囊系统，也有主动系统，如防抱死制动系统（ABS）、电子稳定控制系统（ESP）以及其他众所周知的系统，包括为了提高驾驶稳定性，提供更好的舒适性、安全性和其他规定的特性所应具有的功能。

对于汽车领域，传感器是使用电控系统的汽车创新的关键和重要组成部分。它们被定义为这样的装置：这些装置将诸如压力或加速度（称为被测量）的物理量转换为输出信号（通常是电气的），作为控制系统的输入。

在不久以前，汽车的传感器还仅仅由用于测量油压、油位、冷却剂温度等的独立装置组成。例如，在 20 世纪 70 年代后期，基于微处理器的汽车发动机控制模块被分阶段实现，以满足排放要求，车辆性能得到显著改善。自从传感器首次被引入到发动机与动力系统的控制应用中，传感器使用的数量和种类都在呈指数增长，现在在具有电动推进的现代车辆（电动和油电混合动力车辆）中都可以看到它们的使用。

必要的传感器是基于摄像头、红外或雷达的，其应用的典型属性就是实时计算。然而，各种传感器数据的融合提供了车辆环境的整体数字图像，提高了安全性、舒适性等性能。

随着集成度的增加，已经实现了传感器的体积和成本的显著降低，因此传感器在汽车中得到普遍应用。原始设备制造商（OEM）汽车公司可以集成更多的智能车辆，使它们能够提供自动驾驶汽车的功能。今天的智能汽车可以执行许多驾驶员辅助任务，如提供如何避免和预防事故发生的指导，并降低事故后果的严重性。

现介绍几种不同数据类型的感知传感器的融合方法与算法。

3.1.1 激光雷达点云与摄像头深度图融合

在计算机视觉和遥感领域，点云可以通过四种主要技术获得：

① 根据图像衍生而得，如通过双目相机；

② 基于 RGBD 相机获取点云；

③ 基于光探测和测距系统，如激光雷达；

④ 通过 Synthetic Aperture Radar(SAR) 系统获取。

基于这些不同的原理系统获取的点云图，一般来说激光雷达点云与摄像头 RGB 图像融合，采用将激光雷达点云转化为深度图融合的方式，近年来也有采用深度学习的方式进行融合。

(1) 点云转化为深度图

本质其实是坐标系的转化，图像坐标系转换为世界坐标系。变换的约束条件就是相机内参，其中 x、y、z 是点云坐标系，x'、y' 是图像坐标系，D 为深度值。深度图像的每个像素点的灰度值可用于表征场景中某一点距离摄像机的远近，直接反映了景物可见表面的几何形状。深度图像经过坐标转换可以计算为点云数据，点云数据也可以转换为深度图像。部分代码见图 3-1。

```
1   float angularResolution = (float) (  1.0f * (M_PI/180.0f)); //   1.0 degree in radians
2   float maxAngleWidth      = (float) (360.0f * (M_PI/180.0f)); // 360.0 degree in radians
3   float maxAngleHeight     = (float) (180.0f * (M_PI/180.0f)); // 180.0 degree in radians
4   Eigen::Affine3f sensorPose = (Eigen::Affine3f)Eigen::Translation3f(0.0f, 0.0f, 0.0f);
5   pcl::RangeImage::CoordinateFrame coordinate_frame = pcl::RangeImage::CAMERA_FRAME;
6   float noiseLevel=0.00;
7   float minRange = 0.0f;
8   int borderSize = 1;
```

图 3-1 点云转化为深度图部分代码

Angular Resolution 表示相邻像素间角度差是 1°，max Angle Height＝180 表示我们模拟的距离传感器对周围环境是一个完整的 360°视图。通过调整这个值设置激光器扫描的视角，从而减少计算量。例如，一个激光只需要描述前方 180°的数据，后面的数据可以忽视，那么设置 max Angle Width＝180 就足够了。传感器姿态包含 6 个自由度，其中 roll＝pitch＝yaw＝0。coordinate frame＝CAMERA_FRAME 表示 x 轴向右，y 轴向下，z 轴向前。另一种选择是 LASER_FRAME，x 轴向前，y 轴向左，z 轴向上。noise Level＝0 表示深度图是用一个归一化的 z 缓冲区创建的。如果想让邻近点都落在同一个像素单元，用户可以使用较高的值。例如，noise Level＝0.05，深度距离值是通过查询点半径为 5cm 的圆内包含的点，经平均计算而得到的。如果 min Range 是大于 0 的，那么所有深度值小于这个值的点都将被忽略。当裁剪时，border Size 大于 0 会在图像周围留下从当前视点看过去不可见点的边界。深度图像值继承自 Point Cloud 类，而且它的点有 x、y、z 和 range 四个成员。有三类点，可用的真实点是深度大于 0，不可被观察的点是 $x＝y＝z＝$NAN 并且 range＝−INFINITY。最远距离的点是 $x＝y＝z＝$NAN 并且 range＝INFINITY。这样就完成了点云与深度图之间的转化，便可完成激光雷达点云与摄像头 RGB 数据融合。

(2) 基于点云的深度学习方法

① Volumetric representation based，即将点云按照固定的分辨率组成三维

网格，每个网格的特征都是学出来的。这种方法可以很轻松地获取到网格内部结构，但在体素化过程中，失去了空间分辨率和细粒度的三维几何形状。

② Index/Tree representation based，是将点云划分为一系列不平衡的树，可以根据区域的点密度进行分区，对于点密度较低的区域具有较低的分辨率，从而减少不必要的内存和计算资源。

③ 2D views representation based，这种方式比较好理解，就是将点云按照不同的视图投影成深度图，然后利用 CNN 对图像进行检测。

④ Graph representation based，将点云表示为图，在空间或者光谱域上实现卷积操作。

⑤ Point representation based，直接使用点云，而不是将其转换为中间数据进行表示。这个也是目前点云深度学习的最流行的方式。如点网方法（Point Net、Point Net＋＋、RandLA-Net 等），点卷积是直接表征点之间的空间关系，其目的是将标准的二维离散卷积推广到三维连续空间中，即用连续权重函数替代离散权重函数，如 Point Conv、KP Conv 等。

不管哪种方法，其核心就是将图像的 RGB 信息与点云的 3D 几何信息相结合，从而使得图像 RGB 信息包含相关的 3D 几何信息。所以，图像可以作为深度采样的参考信息。从上面的方法可以看出，其包含 mono-lidar 融合方法和 stereo-lidar 融合方法。

其中，数据级融合就是将点云深度图与图像结合，形成 RGBD 图像，然后将 RGBD 图像送入网络中。这种适配的网络有很多种，如 sparse-to-dense（基于 Res Net 的自动编码网络，但是真值比较难获取）、self-supervised sparse-to-dense(sparse-to-dense 的改进，但只对静止物体有效，且输出的深度模糊)、CSPN（卷积空间网络，可以直接提取与图像相关的 affinity 矩阵）、CSPN＋＋(CSPN 改进版，可以动态调整卷积核大小)。

特征级融合就是分别将稀疏深度图和点云送入网络中，完成特征的提取，如：将图像和稀疏深度图先由 NAS Net 进行编码处理，然后融合到共享解码器中，获得良好的深度效果；plug-and-play（利用 pnp 从稀疏深度图中计算梯度并更新现有深度图信息）；并行处理图像与稀疏深度映射，并归一化卷积来处理高度稀疏的深度和置信度；将单阶段扩展到网络不同深度的多阶段；Guide Net（将图像特征与不同层次的稀疏深度特征在编码器中进行融合，缺乏有效的 gt）；等等。

多层次融合就是把前两个做融合，如对 RGBD 数据和深度数据同时进行处理，然后根据置信图进行融合。

谈到融合，不得不提跟踪，而目标跟踪，是基于历史帧数据信息对目标障碍物的长期监测。在实际应用中，MOT 是很常见的场景，而 MOT 算法又可以分为基于检测的跟踪（DBT）和不基于检测的跟踪（DFT）。

DBT：其实就是逐帧进行检测，然后通过数据关联或者多个假设来进行对象跟踪。这种类型的算法也是目前最流行，最容易出成果的。主要包括两部分：检测目标、将目标进行关联。比较常用的方法包括：end-to-end learning of multisensor 3D tracking by detection，该方法同时检测图像和点云，然后通过深度结构化模型 DSM 对连续帧的目标进行匹配和优化；robust multi-modality multi-object tracking，该方法包括检测、相邻帧估计以及在线优化等，在检测阶段使用 VGG16 和 PointNet 进行图像和点云的特征提取，然后使用 A 模型＋多模态鲁棒融合模块进行融合，通过 adjacent matrix learning 将 adjacency estimation 扩展到多模态，并求 min-cost flow，从而计算出一个最优的路径。

另外，跟踪和三维重建也可以同时进行。track to reconstruct and reconstruct to track 就是这么一种方法，其利用三维重建来进行跟踪，使跟踪对遮挡有很好的鲁棒性。当然，MOTSFusion 也可以将 lidar、mono 和 stereo depth 进行融合。

DFT：主要是基于 finite-setstatistics 进行状态估计，常见的方法包括多目标多伯努利（MeMBer）滤波器和概率假设密度（PHD）滤波器。比较经典的如 complexer-yolo，就是将图像和点云数据进行解耦，然后进行 3D 检测和跟踪的实时框架，该方法采用了尺度-旋转-转换分数（SRTs）的度量来取代 IOU，并评估 bbox 位置的 3 个自由度。当然，该方法最终通过带有标记的伯努利随机有限集滤波器（LMBRFS）来实现推理过程。

3.1.2　GPS＋IMU 融合

IMU 即惯性测量单元（Inertial Measurement Unit），通常由 3 个加速度计和 3 个陀螺仪组合而成，加速度计和陀螺仪安装在互相垂直的测量轴上，这里可以将其输出看作三个方向的加速度和角速度，表示为：

$$imu = \begin{bmatrix} \alpha_x \\ \alpha_y \\ \alpha_z \\ \omega_x \\ \omega_y \\ \omega_z \end{bmatrix} \tag{3-1}$$

DOF 为自由度，惯性测量单元是线性、旋转、磁性和气压传感器的组合，如图 3-2 所示为 IMU 单元自由度定义。

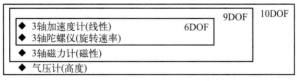

图 3-2　IMU 单元自由度

GPS 即全球定位系统（Global Positioning System），其常见输出为经度（longitude）、纬度（latitude）和高度（altitude），表示为：

$$gps = \begin{bmatrix} lng \\ lat \\ alt \end{bmatrix} \tag{3-2}$$

二者的融合策略一般采用两个独立系统间的松耦合，松耦合指的是 GPS 接收机使用导航滤波器把伪距和载波相位观测值处理成独立的位置、速度和导航角，把 GPS 位置、速度数据作为观测量直接输入到卡尔曼滤波器中，执行递归最小二乘估计，并对惯导进行导航修正。卡尔曼滤波（Kalman filtering）是一种利用线性系统状态方程，通过系统输入输出观测数据，对系统状态进行最优估计的算法。简单来说，卡尔曼滤波是一个最优化自回归数据处理算法，对于解决很大部分的问题，它是最优、效率最高甚至是最有用的。卡尔曼滤波在测量方差已知的情况下能够从一系列存在测量噪声的数据中，估计动态系统的状态。由于它便于计算机编程实现，并能够对现场采集的数据进行实时的更新和处理，卡尔曼滤波是目前应用最为广泛的滤波方法，在通信、导航、制导与控制等多个领域得到了较好的应用。在 3.3 节会对该方法进行详细介绍。

GPS 数据和惯导数据作为两套独立的位置和姿态参数输入到组合导航框架中，组合导航框架与 GPS 和惯导之间存在反馈回路，最终产生单一的组合导航解。其特点是：用 GPS 观测值修正系统输出的导航解；使用惯导误差状态反馈来改正下一历元的惯导导航角。GPS 接收机的位置和速度观测量解算出来的组合定位结果会受到一些限制。如果 GPS 的解算出现中断，系统仍能够生成 GPS/IMU 的组合结果（反向平滑算法），但是位置精度会随着时间的推移而降低，直到 GPS 的解算再次收敛。如果 GPS 接收机仅仅接收到了 3 颗卫星，但是在差分模式下至少需要 4 颗卫星，那么 GPS 接收机不能计算出导航解，GPS 辅助惯导的卡尔曼滤波器收到的数据是没有 GPS 接收机辅助的数据，也不管接收机是否跟踪卫星，是否输出伪距和载波相位观测值。

用 IMU 均值推算状态空间见图 3-3，用 RTK 数据分段计算状态空间见图 3-4。

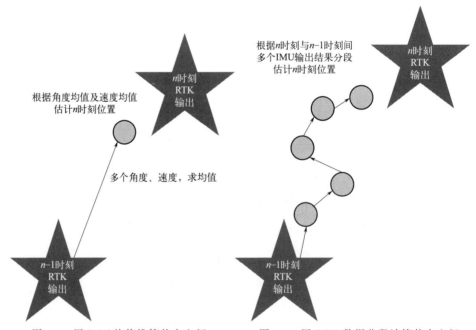

图 3-3　用 IMU 均值推算状态空间　　图 3-4　用 RTK 数据分段计算状态空间

3.1.3　激光雷达与惯性导航系统融合

同步定位建图（Simultaneous Localization and Mapping，SLAM）技术是实现自动驾驶的基本能力。多传感器融合，尤其是激光雷达和相机的融合，对于自动驾驶来说是必不可少的，产品使用摄像头等多传感器采集数据，在对数据进行融合时先将坐标系进行转换，接着对多数据进行卡尔曼滤波，过滤掉无用甚至错误的数据，最后得到多传感器数据融合下的车辆行驶状况。使用多传感器数据融合的方法，可以更加精准地对车辆进行控制。不同的建图算法对适用场景以及对传感器的要求有所不同。激光雷达与组合惯导二者基于卡尔曼滤波，进行融合定位，在融合前还需要进行二者的外参定位标定与时间的软同步。

为了最大限度提升激光雷达与组合惯导的融合定位精度，在准确地获得传感器定位数据后，除了要保证传感器数据时间同步，还需要尽可能准确地标定出传感器之间的位姿关系，即传感器外参。可以使用手眼标定法求解激光雷达与组合惯导 IMU 外参，手眼标定可以理解为一只"手"（IMU）和一只"眼"（激光雷达）安装在同一载体上，当载体发生运动时，手和眼发生的位姿变化满足相应的约束关系。

本节主要用到三个坐标系，设 w 为世界坐标系，l 为激光雷达坐标系，b 为组合惯导（IMU，主要标定激光雷达与 IMU 外参）坐标系。激光雷达和组合惯导安装在自动驾驶车辆上的不同位置，因此 l 和 b 之间有一个固定的约束关系 $\boldsymbol{T}_l^b$。车辆运动时，传感器之间的约束关系如图 3-5 所示。

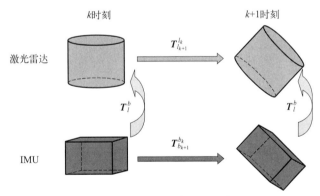

图 3-5　传感器约束关系示意图

由于不同的使用需求，可以对平移部分先不予考虑，其对精度影响不大。重点研究激光雷达和 IMU 的旋转矩阵 $\boldsymbol{R}_l^b$。旋转矩阵 $\boldsymbol{R}_l^b$ 的解算流程如图 3-6 所示。

假设 IMU 到激光雷达的旋转矩阵为 $\boldsymbol{R}_l^b$，k 时刻到 $k+1$ 时刻激光雷达的旋转矩阵是 $\boldsymbol{R}_{l_{k+1}}^{l_k}$，$k$ 时刻到 $k+1$ 时刻 IMU 的旋转矩阵是 $\boldsymbol{R}_{b_{k+1}}^{b_k}$。假设已知 IMU 到激光雷达的旋转矩阵 $\boldsymbol{R}_l^b$，则 $\boldsymbol{R}_{l_{k+1}}^{l_k}$ 可以表示为：

$$\boldsymbol{R}_{l_{k+1}}^{l_k} = \boldsymbol{R}_l^{b-1} \boldsymbol{R}_{b_{k+1}}^{b_k} \boldsymbol{R}_l^b \tag{3-3}$$

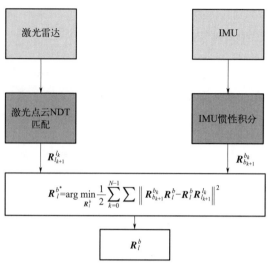

图 3-6 旋转矩阵的解算流程

两边左乘 $\boldsymbol{R}_l^b$ 得：

$$\boldsymbol{R}_{b_{k+1}}^{b_k}\boldsymbol{R}_l^b=\boldsymbol{R}_l^b\boldsymbol{R}_{l_{k+1}}^{l_k} \tag{3-4}$$

用四元数表示：

$$\boldsymbol{q}_{b_{k+1}}^{b_k}\otimes\boldsymbol{q}_l^b=\boldsymbol{q}_l^b\otimes\boldsymbol{q}_{l_{k+1}}^{l_k} \tag{3-5}$$

移项得：

$$\boldsymbol{q}_{b_{k+1}}^{b_k}\otimes\boldsymbol{q}_l^b-\boldsymbol{q}_l^b\otimes\boldsymbol{q}_{l_{k+1}}^{l_k}=(\boldsymbol{q}_{b_{k+1}}^{b_k})^+\boldsymbol{q}_l^b-(\boldsymbol{q}_l^b)^+\boldsymbol{q}_{l_{k+1}}^{l_k}=(\boldsymbol{q}_{b_{k+1}}^{b_k})^+\boldsymbol{q}_l^b-(\boldsymbol{q}_{l_{k+1}}^{l_k})^{\oplus}\boldsymbol{q}_l^b=0 \tag{3-6}$$

令 $\boldsymbol{Q}=(\boldsymbol{q}_{b_{k+1}}^{b_k})^+-(\boldsymbol{q}_{l_{k+1}}^{l_k})^{\oplus}$，则：

$$\boldsymbol{Q}\boldsymbol{q}_l^b=0 \tag{3-7}$$

假设有 N 组激光雷达和 IMU 对应关系，联立得超定方程式：

$$\begin{bmatrix}\omega_1^0\boldsymbol{Q}_1^0\\\omega_2^1\boldsymbol{Q}_2^1\\\vdots\\\omega_N^{N-1}\boldsymbol{Q}_N^{N-1}\end{bmatrix}\boldsymbol{q}_l^b=\boldsymbol{Q}_N\boldsymbol{q}_l^b=0 \tag{3-8}$$

式中，ω 是每组转换方程的权重，由相邻两个激光雷达之间的变换向量和 IMU 推导的变换向量的角度差来确定。使用 SVD 分解法求解，取最小奇异值对应的特征向量最终转化为旋转矩阵即为 $\boldsymbol{R}_l^b$。

再进行 IMU 与 GPS 的时间软同步，由于传感器频率不同，要想获得激光雷达采集时刻自动驾驶车辆的 IMU 和 GNSS 等信息，就要根据激光雷达前后时刻的 IMU 和 GNSS 信息，通过插值计算出一个等效值。常用的插值方法有最近邻插值法、线性插值法等，对于低速行驶自动驾驶车辆来讲，大部分时间在做匀速运动，因此，采用插值精度较高、实现起来又方便的线性插值法。示意如图 3-7 所示，黑色代表最终插值位置。

假设 $\boldsymbol{x}_0$、$\boldsymbol{x}_1$ 分别描述了 $T=0$、$T=1$ 两个时刻的位姿，要求 $T=0$、$T=1$

中间某一时刻 $T=t$ 时刻的位姿 $\boldsymbol{x}_t$。使用线性插值法表示如下：

$$\boldsymbol{x}_t=(1-t)\boldsymbol{x}_0+t\boldsymbol{x}_1 \tag{3-9}$$

需要特别说明的是，如果位姿中的姿态用四元数描述，一般是使用单位四元数，而线性插值得到的结果却不再是单位四元数。四元数的线性插值只有在姿态变化小的情况下精度才能保证。为了解决这一问题，可对插值后的四元数采取归一化操作，如下面公式所示：

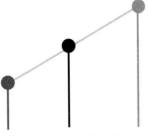

图 3-7 线性插值法示意图

$$\boldsymbol{q}_t=\frac{(1-t)\boldsymbol{q}_0+t\boldsymbol{q}_1}{\|(1-t)\boldsymbol{q}_0+t\boldsymbol{q}_1\|} \tag{3-10}$$

式中，$\boldsymbol{q}_0$、$\boldsymbol{q}_1$ 分别为 $T=0$、$T=1$ 两个时刻的四元数；$\boldsymbol{q}_t$ 为 $T=0$、$T=1$ 中间某一时刻 $T=t$ 的四元数。

标定与时间软同步完成后，进行系统的融合。其步骤如下：

（1）融合系统的初始化

融合系统的初始化包括位姿的初始化和卡尔曼滤波器的初始化。在点云地图中进行初始定位或者重定位时，需要一个初始位姿和初始速度，要给初始时刻位置 $\widehat{\boldsymbol{p}}_0$、初始时刻姿态 $\widehat{\boldsymbol{R}}_0$、初始时刻速度 $\widehat{\boldsymbol{v}}_0$ 赋值，初始值可以从组合惯导中得到。

卡尔曼滤波器的初始化包括误差状态量初始化、方差初始化、过程噪声和观测噪声的初始化。误差状态量初始化为：

$$\delta\widehat{\boldsymbol{x}}_0=\boldsymbol{0} \tag{3-11}$$

方差初始化为：

$$\widehat{\boldsymbol{P}}_0=\begin{bmatrix} P_{\delta p} & 0 & 0 & 0 & 0 \\ 0 & P_{\delta v} & 0 & 0 & 0 \\ 0 & 0 & P_{\delta\theta} & 0 & 0 \\ 0 & 0 & 0 & P_{\delta b^a} & 0 \\ 0 & 0 & 0 & 0 & P_{\delta b^g} \end{bmatrix} \tag{3-12}$$

理论上可设置初始方差为各个变量噪声值的平方，在实际应用中也可以设置稍大些，加快收敛速度。过程噪声与观测噪声初始化为：

$$\begin{cases} \boldsymbol{Q}=\begin{bmatrix} Q_a & 0 & 0 & 0 \\ 0 & Q_\omega & 0 & 0 \\ 0 & 0 & Q_{b^a} & 0 \\ 0 & 0 & 0 & Q_{b^g} \end{bmatrix} \\ \boldsymbol{R}=\begin{bmatrix} R_{\delta p} & 0 \\ 0 & R_{\delta\theta} \end{bmatrix} \end{cases} \tag{3-13}$$

过程噪声与观测噪声需要经过大量调试得到一个最优值。

（2）基于 IMU 预测的先验位姿

使用 IMU 惯性解算公式进行位姿的更新，IMU 预测的位姿为先验位姿。用旋转矩阵来表示姿态，IMU 的姿态解算公式为：

$$\widetilde{\boldsymbol{R}}_k = \widehat{\boldsymbol{R}}_{k-1}\left(\boldsymbol{I} + \frac{\sin\phi}{\phi}\widehat{\boldsymbol{\phi}} + \frac{1-\cos\phi}{\phi^2}\widehat{\boldsymbol{\phi}}^2\right) \tag{3-14}$$

式中，$\boldsymbol{\phi} = \dfrac{\overline{\boldsymbol{\omega}}_{k-1} + \overline{\boldsymbol{\omega}}_k}{2}(t_k - t_{k-1})$（中值法）；$\phi = |\boldsymbol{\phi}|$；$\overline{\boldsymbol{\omega}}_k = \boldsymbol{\omega}_{m_k} - \boldsymbol{b}_k^g$；$\overline{\boldsymbol{\omega}}_{k-1} = \boldsymbol{\omega}_{m_{k-1}} - \boldsymbol{b}_{k-1}^g$。IMU 的速度解算公式为：

$$\widetilde{\boldsymbol{v}}_k = \widehat{\boldsymbol{v}}_{k-1} + \left(\frac{\widetilde{\boldsymbol{R}}_k\overline{\boldsymbol{a}}_k + \widehat{\boldsymbol{R}}_{k-1}\overline{\boldsymbol{a}}_{k-1}}{2} - \boldsymbol{g}\right)(t_k - t_{k-1}) \tag{3-15}$$

式中，$\overline{\boldsymbol{a}}_k = \boldsymbol{a}_{m_k} - \boldsymbol{b}_k^a$；$\overline{\boldsymbol{a}}_{k-1} = \boldsymbol{a}_{m_{k-1}} - \boldsymbol{b}_{k-1}^a$。

IMU 位置解算公式为：

$$\widehat{\boldsymbol{p}}_k = \widetilde{\boldsymbol{p}}_{k-1} + \frac{\widetilde{\boldsymbol{v}}_k + \widehat{\boldsymbol{v}}_{k-1}}{2}(t_k - t_{k-1}) \tag{3-16}$$

有了 IMU 预测的先验位姿后，执行 ESKF 滤波器五个公式中的前两个，即：

$$\begin{cases} \delta\widetilde{\boldsymbol{x}}_k = \boldsymbol{F}_{k-1}\delta\widehat{\boldsymbol{x}}_{k-1} + \boldsymbol{B}_{k-1}\boldsymbol{w}_k \\ \widetilde{\boldsymbol{P}}_k = \boldsymbol{F}_{k-1}\widehat{\boldsymbol{P}}_{k-1}\boldsymbol{F}_{k-1}^{\mathrm{T}} + \boldsymbol{B}_{k-1}\boldsymbol{Q}_k\boldsymbol{B}_{k-1}^{\mathrm{T}} \end{cases} \tag{3-17}$$

由于激光雷达的频率小于 IMU 频率，当无激光雷达观测时，无须执行剩下的三个公式，后验值等于先验值，即：

$$\begin{cases} \delta\widehat{\boldsymbol{x}}_k = \delta\widetilde{\boldsymbol{x}}_k \\ \widehat{\boldsymbol{P}}_k = \widetilde{\boldsymbol{P}}_k \\ \widehat{\boldsymbol{x}}_k = \widetilde{\boldsymbol{x}}_k \end{cases} \tag{3-18}$$

（3）基于激光雷达点云与先验点云地图匹配的观测校正

本节使用 NDT 算法进行激光雷达点云和先验点云地图的匹配。对于点云配准，在实际工程应用中，NDT 算法相比于 ICP 算法具有更强的鲁棒性。除此之外，NDT 算法相对于 ICP 算法具有更高的计算效率，适用于处理大场景点云和稠密点云。NDT 算法流程如图 3-8 所示。

多维正态分布的概率密度函数为：

$$f(x) = \frac{1}{\sqrt{2\pi}\sqrt{|\boldsymbol{\Sigma}|}}\exp\left(-\frac{1}{2}(\boldsymbol{x} - \boldsymbol{\mu})^{\mathrm{T}}\boldsymbol{\Sigma}^{-1}(\boldsymbol{x} - \boldsymbol{\mu})\right) \tag{3-19}$$

式中，$\boldsymbol{\mu}$ 为均值向量；$\boldsymbol{\Sigma}$ 为多维变量协方差矩阵。

本节采用的是三维空间的 NDT 算法，即 x 为三维向量，对应一个激光雷达采样点。将点云空间划分为栅格，以每个栅格为单位，以每个激光点为变量，统计计算栅格的均值和协方差，构建高斯分布。每个栅格的均值和协方差如下所示：

$$\begin{cases} \boldsymbol{\mu} = \dfrac{1}{N} \sum_{i=1}^{N} \boldsymbol{p}_i \\ \boldsymbol{\Sigma} = \dfrac{1}{N-1} \sum_{i=1}^{N} (\boldsymbol{p}_i - \boldsymbol{\mu})(\boldsymbol{p}_i - \boldsymbol{\mu})^{\mathrm{T}} \end{cases} \tag{3-20}$$

式中，N 为栅格中点的个数；$\boldsymbol{p}_i$ 为栅格中激光雷达点。

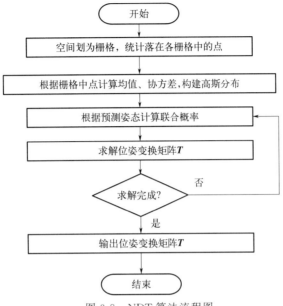

图 3-8　NDT 算法流程图

NDT 算法将点云配准问题转化成求解最大似然估计问题，即求解一个变换矩阵 $\boldsymbol{T}$，使得经过其变换的目标点云落在源点云上的概率最大。使用函数 $q(\boldsymbol{T}, \boldsymbol{p})$ 表示变换矩阵 $\boldsymbol{T}$ 对激光雷达点 $\boldsymbol{p}$ 进行投影。设目标点云为 $\boldsymbol{p} = \{p_1, \cdots, p_N\}$，则点云集合联合概率分布的最大似然估计为：

$$\varGamma = \prod_{i=1}^{N} f(q(\boldsymbol{T}, \boldsymbol{p}_i)) \tag{3-21}$$

简化问题，两边取对数得：

$$-\ln\varGamma = -\sum_{i=1}^{N} \ln(f(q(\boldsymbol{T}, \boldsymbol{p}_i))) \tag{3-22}$$

将式(3-22) 的右边作为优化的目标函数 s，使用高斯牛顿法求解：

$$\boldsymbol{H}\Delta\boldsymbol{T} = -g \tag{3-23}$$

式中，$\boldsymbol{T}$ 为待解的变量；g 为目标函数 s 对待解的变量 $\boldsymbol{T}$ 的导数；$\boldsymbol{H}$ 为海塞矩阵。

使用 QR 分解法求解 $\boldsymbol{H}\Delta\boldsymbol{T} = -g$，得到增量 $\Delta\boldsymbol{T}$，使用下式更新待解的变量 $\boldsymbol{T}$：

$$\boldsymbol{T} \leftarrow \boldsymbol{T} + \Delta\boldsymbol{T} \tag{3-24}$$

使用新的变换矩阵重新投影点云，迭代计算至收敛，得到激光雷达点云与先验点云地图匹配的观测位姿。

可能存在迭代计算不收敛的情况，此时匹配结果很差，出现很大的漂移，影响后续的更新，此时用 GNSS 的定位代替点云匹配的位姿进行后续的更新。

有了观测位姿后，执行卡尔曼滤波后三个公式：

$$
\begin{cases}
\boldsymbol{K}_k = \widetilde{\boldsymbol{P}}_k \boldsymbol{G}_k^{\mathrm{T}} (\boldsymbol{G}_k \widetilde{\boldsymbol{P}}_k \boldsymbol{G}_k^{\mathrm{T}} + \boldsymbol{C}_k \boldsymbol{R}_k \boldsymbol{C}_k^{\mathrm{T}})^{-1} \\
\delta \widehat{\boldsymbol{x}}_k = \delta \widetilde{\boldsymbol{x}}_k + \boldsymbol{K}_k (\boldsymbol{y}_k - \boldsymbol{G}_k \delta \widetilde{\boldsymbol{x}}_k) \\
\widehat{\boldsymbol{P}}_k = (\boldsymbol{I} - \boldsymbol{K}_k \boldsymbol{G}_k) \widetilde{\boldsymbol{P}}_k
\end{cases}
\tag{3-25}
$$

得到后验状态量，接着根据后验状态量更新后验位姿：

$$
\begin{cases}
\widehat{\boldsymbol{p}}_k = \widetilde{\boldsymbol{p}}_k - \delta \widehat{\boldsymbol{p}}_k \\
\widehat{\boldsymbol{v}}_k = \widetilde{\boldsymbol{v}}_k - \delta \widehat{\boldsymbol{v}}_k \\
\widehat{\boldsymbol{R}}_k = \widetilde{\boldsymbol{R}}_k (\boldsymbol{I} - \delta \widehat{\boldsymbol{\theta}}_k) \\
\widehat{\boldsymbol{b}}_k^a = \widetilde{\boldsymbol{b}}_k^a - \delta \widehat{\boldsymbol{b}}_k^a \\
\widehat{\boldsymbol{b}}_k^g = \widetilde{\boldsymbol{b}}_k^g - \delta \widehat{\boldsymbol{b}}_k^g
\end{cases}
\tag{3-26}
$$

更新完成后将状态量清零，即 $\delta \widehat{\boldsymbol{x}}_k = \boldsymbol{0}$，后验方差保持不变。后验位姿，即 $\widehat{\boldsymbol{p}}_k$、$\widehat{\boldsymbol{v}}_k$、$\widehat{\boldsymbol{R}}_k$，作为算法的输出提供给下游模块使用，如规划控制和感知等模块。即完成二者融合。

3.1.4 SLAM 技术

SLAM 技术以激光雷达和相机为主要传感器来感知周围环境。以相机为主的视觉 SLAM 成本低廉，感知辨识能力强且感知信息丰富，利于制作语义地图。但是，相机受光照影响较为严重，恶劣天气环境中性能差，定位鲁棒性低，且图像处理实时性不高，缺乏深度信息。以激光雷达为主的激光 SLAM 不受环境明暗影响，可轻松获取深度信息，定位精度和鲁棒性都比视觉 SLAM 要高。但是，纯激光 SLAM 面临着一些挑战，例如，激光雷达只能获取局部场景的信息，并不能检测到无法反射激光的物体（如透明物体和黑色物体）。因此，为了实现精确的建图和定位，必须使用多种传感器进行融合，如使用惯性测量单元（IMU）、相机等。这里主要讲解激光雷达与惯性导航系统融合以及同步定位建图技术的功能实现。

激光雷达，是以发射激光束探测目标的位置、速度等特征量的雷达系统。其工作原理是向目标发射探测信号（激光束），然后将接收到的从目标反射回来的信号（目标回波）与发射信号进行比较，做适当处理后，就可获得目标的有关信息，如目标距离、方位、高度、速度、姿态，甚至形状等参数，从而对障碍物、移动物体等目标进行探测、跟踪和识别。

激光雷达的误差源主要来自以下四个方面：

① 激光雷达发送和接收激光束的计时误差，误差大小由激光雷达计时设备的精度决定。

② 激光雷达激光束的朝向误差，主要取决于激光雷达朝向测量设备的测量精度。

③ 测量目标物体的材质发射特性，如镜子会将激光束反射到其他地方，全黑材料吸收了激光大部分能量，使得这些物体的位置很难被雷达测量到。

④ 运动畸变，车辆相对于周围环境是运动的，而激光雷达对周围环境扫描建模一次是需要时间的，这就导致了对周围环境测量的实际位置与真实位置出现了偏差。

针对激光雷达的误差，一般主要采用惯性导航 SLAM 来减小误差、减少死角等。惯性导航主要弥补雷达细微误差造成的自动驾驶车辆动量、偏角、转矩带来的惯量值影响。

激光雷达的优点主要有：

① 高精度。激光雷达通过扫描物体表面并采集数据，可以获得较高精度的地图信息。

② 全天候。激光雷达不受环境光照和天气等因素影响，能够在多种环境条件下进行定位和建图。

③ 实时性强。激光雷达可以快速地生成实时点云数据，并能够即时更新定位和地图信息。

缺点包括：

① 成本较高。相比于其他传感器，激光雷达成本较高，价位通常在数千到数万人民币之间。

② 局限性。激光雷达只能获取局部场景的信息，并不能检测到无法反射激光的物体（如透明物体和黑色物体）。

③ 可移动性较差。由于激光雷达设备体积较大，安装在车辆或机器人上可能会受到空间限制，导致移动性变差。

下面展示简单的代码实现过程：

① 获取点云数据，转换为 ROS 格式。

```python
import rospy
from sensor_msgs.msg import PointCloud2      # 初始化 ROS 节点
rospy.init_node('lidar_slam',anonymous=True)      # 订阅点云数据
def lidar_callback(self,msg):      # 将点云数据转换为 PCL 格式
pcl_data=ros_numpy.numpify(msg)
```

② 进行滤波、降噪等数据预处理操作。

```python
import numpy as np
import pcl
# 对点云数据进行滤波处理
pc=pcl.PointCloud(pcl_data)
seg=pc.make_segmenter()
seg.set_model_type(pcl.SACMODEL_PLANE)
seg.set_method_type(pcl.SAC_RANSAC)
indices,model=seg.segment()
```

```
# 去除离群点
cloud_filtered=cloud.extract(indices,negative=True)     # 坐标系转换
transform=np.array([[np.cos(theta),-np.sin(theta),0,tx],
                [np.sin(theta),np.cos(theta),0,ty],
                [0,0,1,tz],
                [0,0,0,1]])
trans_cloud=pcl.transformPointCloud(cloud_filtered,transform)
```

③ 利用分段扫描方法提取特征点和平面点。

```
# 将点云按照垂直角度进行分段扫描
for i in range(self.n_scan):
    seg_start=self.segmentation_ranges[i][0]
    seg_end=self.segmentation_ranges[i][1]
    seg_size=seg_end-seg_start
# 依次处理每个分段
for j in range(seg_size):
    point_idx=i+j*self.n_scan
    if not self.isValidPoint(pcl_data[point_idx]):
        continue
# 提取关键特征点和相邻平面点
    if self.edge_detector.isEdgeFeature(i,j):
# 更新关键特征点列表
        self.key_frames.append(pos)
    elif self.surface_detector.isSurfaceFeature(i,j):
# 更新相邻平面点列表
        self.map_builder.insert(pos)
```

④ 将子区间的点云数据进行拼接，构建全局地图。

```
import open3d as o3d
# 构建全局地图
pcd_list=[]
for f in keyframes:
    pcd=o3d.geometry.PointCloud()
    poses=np.load(f+'.npy')
    points=np.load(f+'_cloud.npy')
    pcd.points=o3d.utility.Vector3dVector(points)
    pcd.transform(poses)
    pcd_list.append(pcd)
global_pcd=pcd_list[0]
for i in range(1,len(pcd_list)):
    global_pcd+=pcd_list[i]
# 保存地图
o3d.io.write_point_cloud("map.ply",global_pcd)
```

　　激光 SLAM 是同时进行定位和建图的，通过计算出的里程计信息得到激光

雷达的定位数据，同时根据当前关键帧计算出的位姿对当前关键帧的特征点云进行坐标转换，将其配准到历史地图中，从而实现地图构建与更新。同时建图也采用 Sc-Lego-Loam 算法。Sc-Lego-Loam 是一种基于激光雷达的建图算法，能够高效地实现对机器人周围环境的三维建图。它是 Lego-Loam 算法的改进版，加入了基于 Scan-Context 描述符的回环检测功能。实现的主要步骤如下：

① 点云数据处理。将三维点云数据转换为二维深度图，由此便可以通过列式评估的方式进行后续处理。

② 特征提取。根据每个激光束上的激光点数据，计算每个点的曲率，并筛选出具有高曲率并且符合运动规律的线作为候选特征线。随后，对候选点进行配对，生成初始的位姿估计值。将激光雷达测得的点云数据分割为多个子区域，对每个区域内的点云数据进行配对匹配，分割为多个子区域是在特征提取阶段进行的，目的是防止提取出的特征点云集中在同一区域，从而导致定位和建图的效果不佳。图 3-9 为特征提取方式示意图。

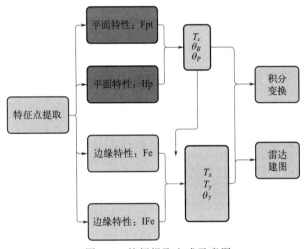

图 3-9　特征提取方式示意图

③ 分段匹配。Lego-Loam 有二次匹配的步骤，即先进行面特征点云的匹配，计算竖直方向上三自由度位姿，然后进行线特征点云的匹配，计算平面方向上三自由度位姿。这样可以提高匹配效率，得到更为准确的位姿估计值，并将估计值存储在本地轨迹中，用于地图生成。

④ 点云配准。Sc-Lego-Loam 首先通过特征匹配得到粗略的位姿，然后根据后端优化实现全局轨迹优化，从而得到精确的位姿。后端优化是通过构建图优化模型，加入回环检测因子实现，得到更为精确的位姿估计值。同时，将激光雷达坐标系下的点云数据转换成全局地图坐标系下的点云数据，生成最终的三维地图。图 3-10 为地面点云提取示意图。

⑤ 位姿修正。采用回环检测的方法，对已经生成的地图进行位姿修正和误差校正，可以降低定位误差，提高地图的形状一致性和精度。当机器人运动轨迹重叠时，通过建立回环边，利用闭环带来的约束关系更新地图，降低累积误差。

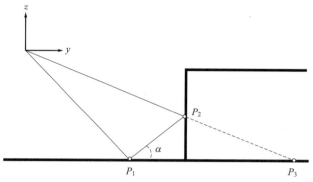

图 3-10   地面点云提取示意图

图 3-11 为 Sc-Lego-Loam 建图算法流程。

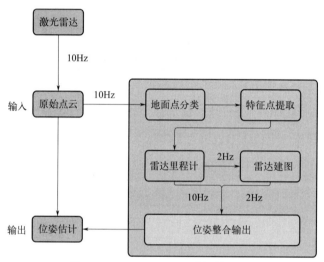

图 3-11   Sc-Lego-Loam 建图算法流程

通过以上步骤，Sc-Lego-Loam 能够在实时性和精度方面取得良好的平衡，在动态环境下依然具有很强的适应性，并且可以广泛应用于各种类型的室内、室外场景三维建图任务。

其优点如下：

① 高效的实时性：只需要一台固态或多线激光雷达以及较现代的计算设备即可实现高速运行，能够在动态环境下快速构建地图。

② 高精度的建图效果：经过多次实验验证，该算法在建图精度和形状还原方面均表现良好，可以生成高质量的三维地图，保证机器人在环境中正确定位等。

③ 鲁棒性强：采用基于激光束数据处理的方式，在弱纹理或光照不佳的情况下依然能够快速识别特征点，并保证匹配的准确性，降低在数据处理压力较大的情况下的影响。

④ 无需外部定位：采用单传感器激光雷达，算法通过在前后帧之间建立匹配关系来进行定位、建图。可在没有其他定位系统的情况下完成三维建图任务。

⑤ 适用性广泛：适用于室内、室外的三维建图场景，如自主驾驶车辆、无

人机航拍、仓库物流等应用。

基于以上内容，选用 Sc-Lego-Loam 建图算法，其融合了 Scan-Context 和 Lego-Loam 算法，在 Lego-Loam 的基础上新增了基于 Scan-Context 的回环检测，在回环检测的速度上相较于 Lego-Loam 有了一定的提升。其算法实现流程见图 3-12。

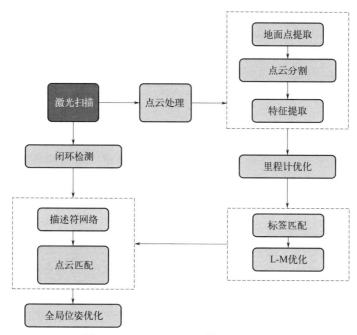

图 3-12　Sc-Lego-Loam 算法实现流程图

惯性导航 SLAM 即采用惯性导航传感器（如加速度计、陀螺仪等）进行定位和建图的 SLAM 算法。基本流程如下：

① 获取图像和 IMU 数据。自动驾驶车辆上的相机和 IMU 同步获取图像和运动数据。

② 视觉 SLAM 定位。通过视觉 SLAM 方法得到相机的位置、姿态与场景结构信息。定位算法 ROS 运行可视化图见图 3-13。

③ IMU 预积分。利用 IMU 数据通过预积分算法得到相机的相对运动量。

④ 建立动力学模型。构建 IMU 与相机之间的惯性模型，描述两者之间的位姿关系与运动映射机制。

⑤ 信息融合。采用卡尔曼滤波等方法，融合视觉 SLAM 与 IMU 预积分的信息，估计相机的位置、姿态与速度。

⑥ 优化重投影误差。使用优化算法最小化相机重投影误差，优化视觉 SLAM 的特征点三维坐标与相机内参。

⑦ 循环迭代。不断获取新数据并重复上述步骤，通过多次迭代优化相机位姿与地图精度。

⑧ 获取增强地图。最终获得融合了视觉与惯性信息的相机位姿及高精度的三维环境地图。

图 3-13　定位算法 ROS 运行可视化图

上述提到的 IMU 通常由加速度计、陀螺仪和磁力计等传感器组成，用于测量物体的加速度、角速度和磁场等物理量，利用测量结果可解算物体的姿态、位置和运动轨迹等信息。IMU 由于在成本、体积上具有优势，在定位导航领域中得到广泛应用。IMU 的导航流程图如图 3-14 所示。

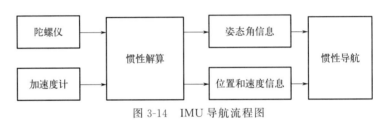

图 3-14　IMU 导航流程图

惯性导航算法的优点在于：

① 惯性导航传感器具有高频响应，能够提供高精度的姿态测量。这对于实现快速运动场景下的定位和建图具有很大的优势。

② 不受控制点限制。相比传统的视觉或激光 SLAM 算法，惯性导航 SLAM 不需要明确的轨迹闭环或者标志物等作为辅助，因此在一些场合下可以更灵活地应用。

③ 相较于基于摄像头和雷达的 SLAM 方法，在恶劣环境下（如低亮度、雨雪天气等）稳定性更好。

④ 在实时性要求高的场景下，惯性导航 SLAM 由于不依赖特征匹配等复杂计算，实时性得到保证。

惯性导航算法也具有以下缺点：

① 惯性导航传感器存在累积误差问题。即使一个初始姿态是精确的，随着时间推移，其测量结果也会偏离真实值，因此需要进行周期性校准或使用其他传感器进行误差补偿。

② 对于长时间运动的场景，累积误差会随着旋转角度的增加而成倍放大，导致位姿漂移。这个问题可以通过使用位置和姿态辅助信息（如 GPS）等手段进行缓解。

③ 惯性导航 SLAM 无法很好地获取环境中的结构信息，其建图结果更加

"笼统"且具有一定局限性。

④ 相较于基于视觉或激光的 SLAM 方法，在某些对距离精度要求很高的场景下，如精细三维建模、地质勘探等领域，惯性导航的表现仍然不尽如人意。

惯性导航 SLAM 流程图如图 3-15 所示。

惯性导航 SLAM 通过视觉 SLAM 与 IMU 的深度融合，整合两者优势：利用视觉 SLAM 长期稳定的位置估计和 IMU 短期高频精确的运动更新，实现自动驾驶车辆的高精度姿态估计与导航定位。它弥补了单独视觉 SLAM 存在的短期失效、定位更新不足和累积误差较大等问题，具有更高的稳定性和精准度。进一步提高了小车的导航精确性，能更准确地完成任务。

通过仿真 GPS 和 IMU 数据得到的融合结果，GPS 的误差大约在 5m，IMU 是中等精度，可以看到通过卡尔曼滤波融合之后（图 3-16），误差降低非常多。

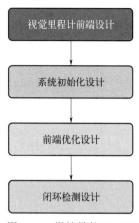

图 3-15　惯性导航 SLAM 流程图

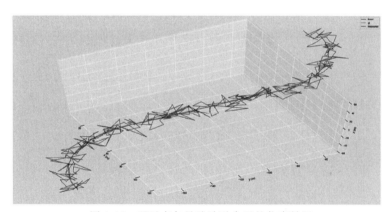

图 3-16　通过卡尔曼滤波融合后的仿真结果

3.2　贝叶斯估计法

英国数学家托马斯·贝叶斯（Thomas Bayes）在 1763 年发表的一篇论文中，首先提出了贝叶斯统计理论这个定理。贝叶斯统计理论是一种统计学方法，用来估计统计量的某种特性，是关于随机事件 A 和 B 的条件概率的一则定理。所谓"条件概率"（conditional probability），就是指在事件 B 发生的情况下，事件 A 发生的概率，用 $P(A|B)$ 来表示。根据数学理论，容易推导得到 $P(A\bigcap B)=P(A|B)\times P(B)=P(B|A)\times P(A)$，由此可以推导出条件概率的公式。其中，$P(A)$ 称为先验概率（prior probability），即在事件 B 发生之前，对事件 A 的发生概率有一个认识。

举个简单的例子，视觉感知模块中检测与识别交通信号标志（Traffic Sign

Recognition，TSR）是智能驾驶的重要一环。TSR 识别过程中，交通信号标志牌被树木、灯杆等遮挡是影响识别的主要干扰。那么我们关心的是在交通信号标志被遮挡的情况下，检出率有多少。这里我们定义事件 A 为交通信号标志正确识别，事件 $\overline{A}$ 为交通信号标志未能识别；事件 B 为信号标志被遮挡，事件 $\overline{B}$ 为信号标志未被遮挡。根据现有算法，可以统计出事件 A 正确识别交通信号标志的概率，此处事件 A 的概率称为先验概率。通过查看视觉感知模块的检测视频录像，我们可以统计检测出来的交通信号标志中有多少被遮挡，有多少是没被遮挡的，还可以统计漏检的交通信号标志中，有多少是被遮挡的，有多少是没被遮挡的。由此，可以推算出在交通信号标志被遮挡的情况下，正确识别信号标志的概率。信号标志未被遮挡完全暴露出来，识别率是相当高的，但如果信号标志牌被挡住，识别率要比未遮挡的低很多。这两个指标的融合，可以用作评价目前图像处理算法识别信号标志性能的重要参考。当然，实际的融合过程比这复杂得多，工程师们也正努力不断优化，提高各种工况下的识别率，提供更为舒适的智能驾驶辅助。

贝叶斯推理是基于贝叶斯定理的条件或后验概率的统计数据融合算法，能够通过已知向量 Z，估计未知的 n 维状态向量 X。假设对于一个状态空间，贝叶斯估计器提供了一种计算后验（条件）概率分布的方法，假设 k 时刻的概率为 x_k，已知 k 组测量值 $Z^k = \{z_1, \cdots, z_k\}$，先验概率分布如下：

$$p(x_k \mid Z^k) = \frac{p(z_k \mid x_k) p(x_k \mid Z^{k-1})}{p(z_k \mid Z^{k-1})} \tag{3-27}$$

式中，$p(z_k \mid x_k)$ 为似然函数；$p(x_k \mid Z^{k-1})$ 为先验分布函数；$p(z_k \mid Z^{k-1})$ 为条件概率分布公式。

概率密度函数 $p(Z \mid X)$ 描述了 Z 关于 X 的概率信息，它是一个基于观测的传感器依赖的目标函数。如果状态变量 X 的可用信息独立于以前的观测值，则可以利用似然函数来改进以提供更准确的结果。若将变量 X 的先验信息封装成先验概率，并不是基于观测的数据，则这具有主观性。由于噪声引起的不确定性，由传感器提供的信息通常建模为一个近似于真实值的平均值，利用测量和传感器的操作参数的方差表示噪声的不确定性。概率传感器模型可使测定所获得数据的统计特征更容易。当已知状态的测定量 X 时，这个概率模型能够得到传感器 Z 的概率分布。这个分布是针对具体的某个传感器节点，而且能够通过实验来确定。高斯分布是一种最常用的表示传感器不确定性的分布，公式如下：

$$p(Z = z_j \mid X = x) = \frac{1}{\sigma_j \sqrt{2\pi}} \exp\left\{\frac{-(x - z_j)^2}{2\sigma^2}\right\} \tag{3-28}$$

式中，j 代表第 j 个传感器节点。

根据贝叶斯理论，这两个传感器的融合均值可由最大后验概率估计（MAP）得到：

$$x_f = \frac{\sigma_2^2}{\sigma_1^2 + \sigma_2^2} z_1 + \frac{\sigma_1^2}{\sigma_1^2 + \sigma_2^2} z_2 \tag{3-29}$$

式中，σ_1 和 σ_2 分别是传感器 1 和 2 的标准偏差。

那么融合方差可表示为：

$$\sigma_f^2 = \frac{1}{\sigma_1^{-2} + \sigma_2^{-2}} \tag{3-30}$$

基于贝叶斯估计的一般传感器数据融合步骤是：先计算 m 个传感器数据的置信距离矩阵，为简化计算，当测试数据服从正态分布时，可利用误差函数计算置信距离；再选择合适的距离临界值，由置信距离矩阵产生关系矩阵，由关系矩阵对多传感器数据进行选择，产生最佳融合数；将 u_0、σ_0^2 和最佳融合数对应的 x_k、σ_k^2 代入贝叶斯融合估计公式求得参数估计值。按贝叶斯准则与按最大后验概率准则得到的检测系统只是门限不同。

我们考虑简单的二元假设检验问题。二元假设分别为 H_0 以及 H_1。用 y 表示观测变量，可以得到条件概率密度函数为 $p(y|H_i)$，$i = 0, 1$。两种假设的先验概率分别为 P_0 和 P_1。显然，一共有四种可能的检测结果，其中两种为正确判决，两种为错误判决。下面我们为每种情况分配代价，即用 C_{ij} $(i, j = 0, 1)$ 来表示 H_j 情况下判决为 H_i 的代价。在贝叶斯公式中，判决规则为最小化平均代价。这里的平均代价，或者称贝叶斯风险函数，用 R 表示，定义为：

$$R = \sum_{i=0}^{1} \sum_{j=0}^{1} C_{ij} P_j P(H_i|H_j) = \sum_{i=0}^{1} \sum_{j=0}^{1} C_{ij} P_j \int_{Z_i} p(y|H_j) \mathrm{d}y \tag{3-31}$$

式中，Z_i 为 H_i 的判决域。进一步，我们假定 Z 为总的观测空间，通过整理，可以得到：

$$R = P_0 C_{10} + P_1 C_{11} + \int_{Z_0} \{ P_1(C_{01} - C_{11}) p(y|H_1) - P_0(C_{10} - C_{00}) p(y|H_0) \} \, \mathrm{d}y \tag{3-32}$$

前面两项为固定值。通过将 Z 中的点分配到 Z_0 中，从而使得式（3-32）中的积分式为负值，可以最小化风险 R。假定 $C_{10} > C_{00}$，$C_{01} > C_{11}$，最小化后的结果为似然比检验（LRT）。

下面我们定义虚检概率及误检概率分别为：

$$P_{\mathrm{F}} = P(H_1|H_0) = \int_{Z_1} p(y|H_0) \mathrm{d}y \tag{3-33}$$

$$P_{\mathrm{M}} = P(H_0|H_1) = \int_{Z_0} p(y|H_1) \mathrm{d}y \tag{3-34}$$

则检测概率为

$$P_{\mathrm{D}} = 1 - P_{\mathrm{F}} = P(H_1|H_1) = \int_{Z_1} p(y|H_1) \mathrm{d}y \tag{3-35}$$

因此可以将贝叶斯风险函数表示为：

$$R = P_0 C_{10} + P_1 C_{11} + P_1(C_{01} - C_{11}) P_{\mathrm{M}} - P_0(C_{10} - C_{00})(1 - P_{\mathrm{F}}) \tag{3-36}$$

特殊情况下将 $C_{00} = C_{11} = 0$，$C_{01} = C_{10} = 1$ 代入。根据推广，可得到最优贝叶斯检测系统的最小可达错误率：

$$R_{\min} = \frac{1}{2} - \frac{1}{2} \int_Z |P_1 p(y|H_1) - P_0 p(y|H_0)| \mathrm{d}y \tag{3-37}$$

在概率论理论体系中，贝叶斯融合检测准则是多传感器系统优化决策的主流技术，是迄今为止理论上最完整的信息融合方法。在各种先验概率及各种错误决策代价已知的情况下，贝叶斯方法是最优的方法，但是如何获得所需先验概率知识及各种错误决策的代价是应用该方法的一个关键问题。

3.3 卡尔曼滤波法

卡尔曼滤波是在 1960 年由 R. E. Kalman 提出的，是一个最优化自回归数据处理算法，其核心思想是对系统的状态做出最小方差意义上的最优估计。该算法属于一种精度较高的算法，卡尔曼滤波是多源传感器数据融合应用的重要手段之一，为了扼要地介绍卡尔曼滤波的原理，此处形象地用毫米波雷达与视觉感知模块融合目标位置的过程描述。举一个简单的例子，目前在高级辅助驾驶系统（Advanced Driver Assistance System，ADAS）上搭载有毫米波雷达和超声波雷达模块，两者均能对障碍物车辆进行有效的位置估计判别。雷达利用主动传感原理发射毫米波，接收障碍物回波，根据波传播时间计算角度距离。两者均能识别出车辆位置吗？那么我们该如何融合信息，如何取舍，计算出具体的车辆位置呢？卡尔曼滤波正是解决这个问题的方法之一。我们获取的车辆位置在任何时刻都是有噪声的，卡尔曼滤波利用目标的动态信息，设法去掉噪声的影响，得到一个关于目标位置的好的估计。这个估计可以是对当前目标位置的估计（滤波），也可以是对于将来位置的估计（预测），还可以是对过去位置的估计（插值或平滑）。卡尔曼滤波就是这样一个根据当前时刻目标的检测状态，预测估计目标下一时刻检测状态的动态迭代循环过程。

卡尔曼滤波法主要用于融合低层次实时动态多传感器冗余数据。该方法用测量模型的统计特性递推，决定统计意义下的最优融合和数据估计。如果系统具有线性动力学模型，且系统与传感器的误差符合高斯白噪声模型，则卡尔曼滤波将为融合数据提供唯一统计意义下的最优估计。

首先介绍高斯随机变量的线性分布。假设 x 和 y 存在如下关系：

$$y = Gx + n \tag{3-38}$$

式中，G 是常值矩阵；$n \sim N(0, R)$，即 n 为零均值白噪声。

x 和 y 的均值和方差存在联系，直接给出 x 和 y 的均值和方差的关系，均值：

$$\boldsymbol{\mu}_y = \boldsymbol{G}\boldsymbol{\mu}_x \tag{3-39}$$

方差：

$$\boldsymbol{\Sigma}_{yy} = \boldsymbol{G}\boldsymbol{\Sigma}_{xx}\boldsymbol{G}^{\mathrm{T}} + \boldsymbol{R} \tag{3-40}$$

方差交叉项：

$$\begin{cases} \boldsymbol{\Sigma}_{xy} = \boldsymbol{\Sigma}_{xx}\boldsymbol{G}^{\mathrm{T}} \\ \boldsymbol{\Sigma}_{yx} = \boldsymbol{\Sigma}_{xy}^{\mathrm{T}} = \boldsymbol{G}\boldsymbol{\Sigma}_{xx} \end{cases} \tag{3-41}$$

前一时刻的后验概率表示为：

$$p(\boldsymbol{x}_{k-1} | \tilde{\boldsymbol{x}}_0, \boldsymbol{v}_{1:k-1}, \boldsymbol{y}_{0:k-1}) \sim N(\hat{\boldsymbol{x}}_{k-1}, \hat{\boldsymbol{P}}_{k-1}) \tag{3-42}$$

式中，$\hat{\boldsymbol{P}}_{k-1}$ 为上一时刻后验方差。

当前时刻的预测值表示为：

$$\tilde{\boldsymbol{x}}_k = F(\hat{\boldsymbol{x}}_{k-1}, \boldsymbol{v}_k) \tag{3-43}$$

根据前面介绍的高斯分布的线性性质，预测值的方差为：

$$\tilde{\boldsymbol{P}}_k = \boldsymbol{F}_{k-1} \hat{\boldsymbol{P}}_{k-1} \boldsymbol{F}_{k-1}^{\mathrm{T}} + \boldsymbol{B}_{k-1} \boldsymbol{Q}_k \boldsymbol{B}_{k-1}^{\mathrm{T}} \tag{3-44}$$

式中，$\boldsymbol{Q}_k$ 为输入噪声方差。

把 k 时刻系统状态和观测的联合高斯分布写为：

$$p(\boldsymbol{x}_k, \boldsymbol{y}_k \mid \tilde{\boldsymbol{x}}_0, \boldsymbol{v}_{1:k}, \boldsymbol{y}_{0:k}) \sim N\left(\begin{bmatrix} \boldsymbol{\mu}_{x,k} \\ \boldsymbol{\mu}_{y,k} \end{bmatrix}, \begin{bmatrix} \boldsymbol{\Sigma}_{xx,k} & \boldsymbol{\Sigma}_{xy,k} \\ \boldsymbol{\Sigma}_{yx,k} & \boldsymbol{\Sigma}_{yy,k} \end{bmatrix}\right) \tag{3-45}$$

k 时刻系统状态的后验概率分布写为：

$$p(\boldsymbol{x}_k \mid \tilde{\boldsymbol{x}}_0, \boldsymbol{v}_{1:k}, \boldsymbol{y}_{0:k}) \sim N(\boldsymbol{\mu}_{x,k} + \boldsymbol{\Sigma}_{xy,k} \boldsymbol{\Sigma}_{yy,k}^{-1}(\boldsymbol{y}_k - \boldsymbol{\mu}_{y,k}), \boldsymbol{\Sigma}_{xx,k} - \boldsymbol{\Sigma}_{xy,k} \boldsymbol{\Sigma}_{yy,k}^{-1} \boldsymbol{\Sigma}_{yx,k})$$
$$\tag{3-46}$$

式中，$\boldsymbol{\mu}_{x,k} + \boldsymbol{\Sigma}_{xy,k} \boldsymbol{\Sigma}_{yy,k}^{-1}(\boldsymbol{y}_k - \boldsymbol{\mu}_{y,k})$ 为后验均值，定义为 $\hat{\boldsymbol{x}}_k$；$\boldsymbol{\Sigma}_{xx,k} - \boldsymbol{\Sigma}_{xy,k} \boldsymbol{\Sigma}_{yy,k}^{-1} \boldsymbol{\Sigma}_{yx,k}$ 为后验方差，定义为 $\hat{\boldsymbol{P}}_k$。

定义 $\boldsymbol{K}_k = \boldsymbol{\Sigma}_{xy,k} \boldsymbol{\Sigma}_{yy,k}^{-1}$，则有：

$$\begin{cases} \hat{\boldsymbol{P}}_k = \tilde{\boldsymbol{P}}_k - \boldsymbol{K}_k \boldsymbol{\Sigma}_{xy,k}^{\mathrm{T}} \\ \hat{\boldsymbol{x}}_k = \tilde{\boldsymbol{x}}_k + \boldsymbol{K}_k(\boldsymbol{y}_k - \boldsymbol{\mu}_{y,k}) \end{cases} \tag{3-47}$$

将线性变换后的均值、方差和方差交叉项代入 $\boldsymbol{K}_k = \boldsymbol{\Sigma}_{xy,k} \boldsymbol{\Sigma}_{yy,k}^{-1}$ 中，得到：

$$\begin{cases} \boldsymbol{K}_k = \tilde{\boldsymbol{P}}_k \boldsymbol{G}_k^{\mathrm{T}} (\boldsymbol{G}_k \tilde{\boldsymbol{P}}_k \boldsymbol{G}_k^{\mathrm{T}} + \boldsymbol{C}_k \boldsymbol{R}_k \boldsymbol{C}_k^{\mathrm{T}})^{-1} \\ \hat{\boldsymbol{P}}_k = (\boldsymbol{I} - \boldsymbol{K}_k \boldsymbol{G}_k) \tilde{\boldsymbol{P}}_k \\ \hat{\boldsymbol{x}}_k = \tilde{\boldsymbol{x}}_k + \boldsymbol{K}_k(\boldsymbol{y}_k - \boldsymbol{G}(\tilde{\boldsymbol{x}}_k)) \end{cases} \tag{3-48}$$

再联立 $\tilde{\boldsymbol{x}}_k = \boldsymbol{F}(\hat{\boldsymbol{x}}_{k-1}, \boldsymbol{v}_k)$ 和 $\tilde{\boldsymbol{P}}_k = \boldsymbol{F}_{k-1} \hat{\boldsymbol{P}}_{k-1} \boldsymbol{F}_{k-1}^{\mathrm{T}} + \boldsymbol{B}_{k-1} \boldsymbol{Q}_k \boldsymbol{B}_{k-1}^{\mathrm{T}}$ 两式，就构成了卡尔曼滤波五个公式：

$$\begin{cases} \tilde{\boldsymbol{x}}_k = \boldsymbol{F}(\hat{\boldsymbol{x}}_{k-1}, \boldsymbol{v}_k) \\ \tilde{\boldsymbol{P}}_k = \boldsymbol{F}_{k-1} \hat{\boldsymbol{P}}_{k-1} \boldsymbol{F}_{k-1}^{\mathrm{T}} + \boldsymbol{B}_{k-1} \boldsymbol{Q}_k \boldsymbol{B}_{k-1}^{\mathrm{T}} \\ \boldsymbol{K}_k = \tilde{\boldsymbol{P}}_k \boldsymbol{G}_k^{\mathrm{T}} (\boldsymbol{G}_k \tilde{\boldsymbol{P}}_k \boldsymbol{G}_k^{\mathrm{T}} + \boldsymbol{C}_k \boldsymbol{R}_k \boldsymbol{C}_k^{\mathrm{T}})^{-1} \\ \hat{\boldsymbol{x}}_k = \tilde{\boldsymbol{x}}_k + \boldsymbol{K}_k(\boldsymbol{y}_k - \boldsymbol{G}(\tilde{\boldsymbol{x}}_k)) \\ \hat{\boldsymbol{P}}_k = (\boldsymbol{I} - \boldsymbol{K}_k \boldsymbol{G}_k) \tilde{\boldsymbol{P}}_k \end{cases} \tag{3-49}$$

在离散卡尔曼滤波器当中，线性系统的参数状态方程式和输出方程式如下：

$$\boldsymbol{x}_{k+1} = \boldsymbol{A}_k \boldsymbol{x}_k + \boldsymbol{B}_k \boldsymbol{u}_k + \boldsymbol{w}_k \tag{3-50}$$

$$\boldsymbol{y}_k = \boldsymbol{C}_k \boldsymbol{x}_k + \boldsymbol{D}_k \boldsymbol{u}_k + \boldsymbol{v}_k \tag{3-51}$$

式中，$\boldsymbol{x}_k$ 表示 k 时刻系统的状态向量值；$\boldsymbol{u}_k$ 表示 k 时刻系统输入值；$\boldsymbol{w}_k$ 用于表示参数估计系统的随机噪声，该值用于描述参数估计系统中一些由于传感器引起的噪声，这些噪声并不直接影响系统的状态。线性系统状态空间方程框图如图 3-17 所示。

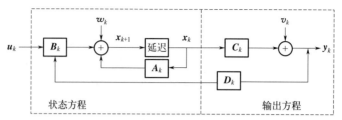

图 3-17　线性系统状态空间方程

第一式为状态方程，用于表达系统在所测各个时刻的特性，所求参数的稳定性、能控性和能观性都由该方程决定；第二式为输出方程，式中 $\mathbf{y}_k$ 是指系统输出值。由上述表达式可以看出，线性系统的输出是系统状态、系统输入以及一些随机噪声的线性组合。

卡尔曼滤波算法就是根据状态更新过程当中的系统观测值，与系统的预测值进行对比，然后更新系统修正值，对系统预测过程中的预测值进行修正，然后再对比修正循环，最终得到一个最优值的过程。

但是由于卡尔曼滤波只能用于处理线性系统的数据，所以在卡尔曼滤波算法的基础上，又提出了扩展卡尔曼滤波算法（Extended Kalman Filter，EKF）。

扩展卡尔曼滤波是一种针对非线性状态方程的滤波方法。它通过对非线性状态方程进行线性化，使得卡尔曼滤波可以适用于一些非线性系统的状态估计。扩展卡尔曼滤波的基本思想与卡尔曼滤波相似，都是在预测和更新两个阶段不断地迭代，通过对状态方程和输出方程的递推计算，来估计系统的状态并减小估计误差。

但与卡尔曼滤波不同的是，扩展卡尔曼滤波在预测和更新的过程中，利用泰勒级数对非线性状态方程进行线性化，将非线性方程转化为与高斯分布相关的线性方程，转化为线性方程后符合卡尔曼滤波算法递推的要求，则可以利用卡尔曼滤波算法进行处理。

对于非线性系统，其状态方程和输出方程通用公式如下：

$$\mathbf{x}_{k+1} = f(\mathbf{x}_k, \mathbf{u}_k) + \mathbf{w}_k \tag{3-52}$$

$$\mathbf{y}_k = g(\mathbf{x}_k, \mathbf{u}_k) + \mathbf{v}_k \tag{3-53}$$

式中，$f(\mathbf{x}_k, \mathbf{u}_k)$ 为 k 时刻的状态方程函数；$g(\mathbf{x}_k, \mathbf{u}_k)$ 为 k 时刻的输出方程函数。非线性系统的状态空间方程框图如图 3-18 所示。

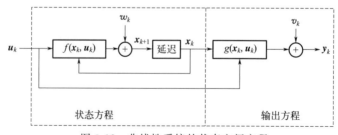

图 3-18　非线性系统的状态空间方程

而扩展卡尔曼滤波算法的本质就是对上述状态方程和输出方程在所需要进行估计的状态估计点 $\hat{\boldsymbol{x}}_k$ 进行一阶泰勒级数展开来实现线性化处理，从而得到线性离散的系统。对离散后的方程求偏导，忽略二阶及以上的泰勒级数展开式，可以得到：

$$f(\boldsymbol{x}_k,\boldsymbol{u}_k) \approx f(\hat{\boldsymbol{x}}_k,\boldsymbol{u}_k) + \frac{\partial f(\boldsymbol{x}_k,\boldsymbol{u}_k)}{\partial \boldsymbol{x}_k}\big|_{\boldsymbol{x}_k=\hat{\boldsymbol{x}}_k}(\boldsymbol{x}_k-\hat{\boldsymbol{x}}_k) \tag{3-54}$$

$$g(\boldsymbol{x}_k,\boldsymbol{u}_k) \approx g(\hat{\boldsymbol{x}}_k,\boldsymbol{u}_k) + \frac{\partial h(\boldsymbol{x}_k,\boldsymbol{u}_k)}{\partial \boldsymbol{x}_k}\big|_{\boldsymbol{x}_k=\hat{\boldsymbol{x}}_k}(\boldsymbol{x}_k-\hat{\boldsymbol{x}}_k) \tag{3-55}$$

令 $\boldsymbol{A}_k=\dfrac{\partial f(\boldsymbol{x}_k,\boldsymbol{u}_k)}{\partial \boldsymbol{x}_k}\big|_{\boldsymbol{x}_k=\hat{\boldsymbol{x}}_k}$，$\boldsymbol{C}_k=\dfrac{\partial h(\boldsymbol{x}_k,\boldsymbol{u}_k)}{\partial \boldsymbol{x}_k}\big|_{\boldsymbol{x}_k=\hat{\boldsymbol{x}}_k}$，则原式可以化为：

$$\boldsymbol{x}_{k+1} \approx \boldsymbol{A}_k\boldsymbol{x}_k + [f(\hat{\boldsymbol{x}}_k,\boldsymbol{u}_k)-\boldsymbol{A}_k\hat{\boldsymbol{x}}_k] + \boldsymbol{w}_k \tag{3-56}$$

$$\boldsymbol{y}_k = \boldsymbol{C}_k\boldsymbol{x}_k + [h(\hat{\boldsymbol{x}}_k,\boldsymbol{u}_k)-\boldsymbol{C}_k\hat{\boldsymbol{x}}_k] + \boldsymbol{v}_k \tag{3-57}$$

该式即为非线性系统线性化处理后的系统状态及输出方程，处理后可以使用卡尔曼滤波算法进行运算，整个滤波过程就是不断进行"预测→校正→预测"，对数据不断更新，最终通过迭代循环得到最优估计值。但是要注意的是，此处进行泰勒级数展开时，忽略了二阶以上的泰勒展开式，所以该计算过程针对高阶非线性系统的计算，会有比较大的误差，有可能会导致结果发散。

迭代循环计算过程大致如下：

初始化状态变量：

$$\hat{\boldsymbol{x}}_0 = E(\boldsymbol{x}_0) \tag{3-58}$$

$$\boldsymbol{P}_0 = E\left[(\boldsymbol{x}_0-\hat{\boldsymbol{x}}_0)(\boldsymbol{x}_0-\hat{\boldsymbol{x}}_0)^{\mathrm{T}}\right] \tag{3-59}$$

式中，$\boldsymbol{x}_0-\hat{\boldsymbol{x}}_0$ 为 0 时刻的状态变量估计误差；$\boldsymbol{P}_0$ 为此时的状态变量估计误差协方差矩阵。

初始化变量是 $k=0$ 时的变量，随着时间更新，k 值不断更新，状态预测更新方程和状态预测误差为：

$$\hat{\boldsymbol{x}}_k^- = f(\hat{\boldsymbol{x}}_{k-1},\boldsymbol{u}_{k-1}) \tag{3-60}$$

$$\tilde{\boldsymbol{x}}_k = \boldsymbol{x}_k - \hat{\boldsymbol{x}}_k \tag{3-61}$$

式中，$\hat{\boldsymbol{x}}_k^-$ 表示通过对系统 $k-1$ 时刻的状态估计得到的 k 时刻的估计值；$\hat{\boldsymbol{x}}_{k-1}$ 表示 $k-1$ 时刻得到的最优估计值；$\tilde{\boldsymbol{x}}_k$ 为系统 k 时刻的状态预测误差。

状态预测误差协方差：

$$\boldsymbol{P}_k^- = E[\tilde{\boldsymbol{x}}_k\tilde{\boldsymbol{x}}_k^{\mathrm{T}}] = \hat{\boldsymbol{A}}_{k-1}\boldsymbol{P}_{k-1}\hat{\boldsymbol{A}}_{k-1}^{\mathrm{T}} + \boldsymbol{Q}_{k-1} \tag{3-62}$$

式中，$\boldsymbol{P}_k^-$ 表示系统状态估计值 $\hat{\boldsymbol{x}}_k^-$ 所对应的协方差矩阵；$\boldsymbol{P}_{k-1}$ 表示 $k-1$ 时刻系统得到的最优估计值 $\hat{\boldsymbol{x}}_{k-1}$ 对应的误差协方差矩阵。经过多次迭代循环计算以后，系统的误差协方差矩阵会慢慢减小，最后会呈现收敛的趋势。

卡尔曼增益计算：

$$\boldsymbol{K}_k = \boldsymbol{P}_k^-\hat{\boldsymbol{C}}_k^{\mathrm{T}}(\hat{\boldsymbol{C}}_k\boldsymbol{P}_k^-\hat{\boldsymbol{C}}_k^{\mathrm{T}} + \boldsymbol{R}_k)^{-1} \tag{3-63}$$

利用 $\boldsymbol{K}_k$ 修正状态向量的估计值：

$$\hat{\boldsymbol{x}}_k = \hat{\boldsymbol{x}}_k^- + \boldsymbol{K}_k\left[\boldsymbol{y}_k - g(\hat{\boldsymbol{x}}_k^-,\boldsymbol{u}_k)\right] \tag{3-64}$$

误差协方差矩阵更新：

$$\boldsymbol{P}_k = (\boldsymbol{I} - \boldsymbol{K}_k \hat{\boldsymbol{C}}_k) \boldsymbol{P}_k^-$$ (3-65)

在计算量 $\boldsymbol{K}_k$、$\hat{\boldsymbol{x}}_k$、$\boldsymbol{P}_k$ 更新后，$k = k + 1$，再将新的 k 值代入式中进行循环迭代，直至迭代出最优值。

由上述过程可以看出，扩展卡尔曼滤波算法主要分为三部分。第一部分是系统的初始化，第二部分是系统状态变量估计的过程（预测阶段），而第三部分是系统估计参数与系统预测值进行对比校正的过程（状态更新阶段），然后再改变循环次数继续代入循环，具体循环运算过程如图 3-19 所示。

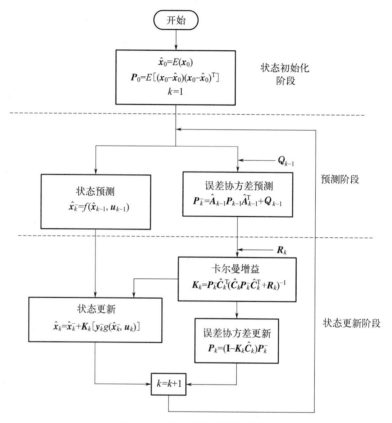

图 3-19　卡尔曼滤波算法流程图

双扩展卡尔曼滤波（Dual Extended Kalman Filter，DEKF）是一种针对非线性系统同时估计状态和参数的滤波算法。它通过利用两个独立的扩展卡尔曼滤波器对状态和参数分别进行估计，来提高估计的精度和鲁棒性。

在双扩展卡尔曼滤波中，假设系统的状态方程和输出方程均为非线性的，并且系统的状态方程和参数方程之间存在一定的关系。首先，利用第一个扩展卡尔曼滤波器对状态进行估计和预测；接着，利用第二个扩展卡尔曼滤波器对参数进行估计和预测。通过连续的迭代运算，可以获取系统的状态和参数的最优估计值，并减小估计误差。

具体而言，在双扩展卡尔曼滤波的预测阶段，需要分别对状态和参数进行递推计算，得到其预测值和协方差矩阵。在更新阶段，需要将状态和参数的观测值进行处理，得到其后验估计值和协方差矩阵。同时，需要注意利用双扩展卡尔曼滤波器对状态和参数分别进行优化计算，确保计算的结果具有较高的精度和适用性。

该方法的目的是通过反复迭代优化，获得状态值。需要注意的是，双扩展卡尔曼滤波算法的实现需要针对具体的属性和特性进行调整优化。同时，双扩展卡尔曼滤波算法也需要实时获取信息，来实现准确估算。

总之，双扩展卡尔曼滤波联合估计是一种常用的方法，结合扩展卡尔曼滤波和双扩展卡尔曼滤波算法来进行估算，从而了解状态。其具体的推算过程如下：

表示非线性系统的离散状态空间方程为：

$$\boldsymbol{x}_{k+1} = f(\boldsymbol{x}_k, \boldsymbol{u}_k, \boldsymbol{\theta}_k) + \boldsymbol{w}_k \tag{3-66}$$

$$\boldsymbol{y}_k = g(\boldsymbol{x}_k, \boldsymbol{u}_k, \boldsymbol{\theta}_k) + \boldsymbol{v}_k \tag{3-67}$$

式中，$\boldsymbol{x}_k$ 为系统的状态变量，$\boldsymbol{u}_k$ 为系统的输入变量，$\boldsymbol{\theta}_k$ 为系统的向量参数，而 $\boldsymbol{y}_k$ 为系统的观测参数。

状态参数的空间状态方程和输出方程为：

$$\boldsymbol{\theta}_{k+1} = \boldsymbol{\theta}_k + \boldsymbol{r}_k \tag{3-68}$$

$$\boldsymbol{d}_k = h(\boldsymbol{x}_k, \boldsymbol{u}_k, \boldsymbol{\theta}_k) + \boldsymbol{e}_k \tag{3-69}$$

式中，系统参数的变化用 $\boldsymbol{r}_k$ 来表示。

式(3-66)~式(3-69) 中的 $\boldsymbol{w}_k$、$\boldsymbol{v}_k$、$\boldsymbol{r}_k$、$\boldsymbol{e}_k$ 均为相互独立的零均值高斯白噪声。

而 DEKF 的主要计算过程如下：

首先定义状态方程中参数：

$$\boldsymbol{A}_{k-1} = \frac{\partial f(\boldsymbol{x}_{k-1}, \boldsymbol{u}_{k-1}, \widehat{\boldsymbol{\theta}}_k^-)}{\partial \boldsymbol{x}_{k-1}} \Big|_{\boldsymbol{x}_{k-1} = \widehat{\boldsymbol{x}}_{k-1}} \tag{3-70}$$

$$\boldsymbol{C}_k^x = \frac{\partial f(\boldsymbol{x}_k, \boldsymbol{u}_k, \widehat{\boldsymbol{\theta}}_k^-)}{\partial \boldsymbol{x}_k} \Big|_{\boldsymbol{x}_k = \widehat{\boldsymbol{x}}_k^-} \tag{3-71}$$

$$\boldsymbol{C}_k^\theta = \frac{\partial f(\boldsymbol{x}_k, \boldsymbol{u}_k, \widehat{\boldsymbol{\theta}}_k^-)}{\partial \boldsymbol{\theta}_k} \Big|_{\boldsymbol{\theta}_k = \widehat{\boldsymbol{\theta}}_k^-} \tag{3-72}$$

将上述值初始化，令 $\widehat{\boldsymbol{\theta}}_0 = E(\boldsymbol{\theta}_0)$，$\boldsymbol{P}_{\widehat{\theta}} = E[(\boldsymbol{\theta}_0 - \widehat{\boldsymbol{\theta}}_0)(\boldsymbol{\theta}_0 - \widehat{\boldsymbol{\theta}}_0)^{\mathrm{T}}]$，$\widehat{\boldsymbol{x}}_0 = E(\boldsymbol{x}_0)$，$\boldsymbol{P}_{\widehat{x}_0} = E[(\boldsymbol{x}_0 - \widehat{\boldsymbol{x}}_0)(\boldsymbol{x}_0 - \widehat{\boldsymbol{x}}_0)^{\mathrm{T}}]$，$\boldsymbol{P}_w = E(\boldsymbol{w}\boldsymbol{w}^{\mathrm{T}})$，$\boldsymbol{P}_r = E(\boldsymbol{r}\boldsymbol{r}^{\mathrm{T}})$，$\boldsymbol{P}_v = E(\boldsymbol{v}\boldsymbol{v}^{\mathrm{T}})$，$\boldsymbol{P}_e = E(\boldsymbol{e}\boldsymbol{e}^{\mathrm{T}})$。

上述均为 $k=0$ 时的状态参数，当 $k>0$ 时，系统开始迭代循环，参数的预测以及状态更新如下：

θ 的预测方程：

$$\widehat{\boldsymbol{\theta}}_k^- = \widehat{\boldsymbol{\theta}}_{k-1} \tag{3-73}$$

$$\boldsymbol{P}_{\widehat{\theta}_k}^- = \boldsymbol{P}_{\widehat{\theta}_{k-1}} + \boldsymbol{P}_r \tag{3-74}$$

x 的预测方程：

$$\widehat{\boldsymbol{x}}_k^- = f(\widehat{\boldsymbol{x}}_{k-1}, \boldsymbol{u}_{k-1}, \widehat{\boldsymbol{\theta}}_k^-) \tag{3-75}$$

$$P_{\widehat{x}_k}^- = A_{k-1} P_{\widehat{x}_{k-1}} A_{k-1}^T + P_w \qquad (3-76)$$

θ 的状态更新：

$$K_k^\theta = P_{\widehat{\theta}_k}^- (C_k^\theta)^T \left[C_k^\theta P_{\widehat{\theta}_k}^- (C_k^\theta)^T + P_e \right]^{-1} \qquad (3-77)$$

$$\widehat{\boldsymbol{\theta}}_k = \widehat{\boldsymbol{\theta}}_k^- + k_k^\theta \left[d_k - h(\widehat{x}_k^-, u_k, \widehat{\boldsymbol{\theta}}_k^-) \right] \qquad (3-78)$$

$$P_{\widehat{\theta}_k} = (\mathbf{I} - K_\theta^k C_\theta^k) P_{\widehat{\theta}_k}^- \qquad (3-79)$$

x 的状态更新：

$$K_k^x = P_{\widehat{x}_k}^- (C_k^x)^T \left[C_k^x P_{\widehat{x}_k}^- (C_k^x)^T + P_v \right]^{-1} \qquad (3-80)$$

$$\widehat{x}_k = \widehat{x}_k^- + k_k^x \left[y_k - g(\widehat{x}_k^-, u_k, \widehat{\boldsymbol{\theta}}_k^-) \right] \qquad (3-81)$$

$$P_{\widehat{x}_k} = (\mathbf{I} - K_x^k C_x^k) P_{\widehat{x}_k}^- \qquad (3-82)$$

式中，$\mathbf{I}$ 为单位矩阵，E 表示数学期望。在整个循环过程当中，系统状态 x 的估计值 $\widehat{x}$ 会被应用于下一个循环时刻系统参数为 θ 的运算过程当中，而同样系统参数 θ 的上一个估计值 $\widehat{\theta}$ 会被应用到当前时刻的系统状态 x 的估计上，通过两个扩展卡尔曼滤波算法的循环迭代，就能实现系统状态 x 和系统参数 θ 的估计，找到最优估计值。双扩展卡尔曼滤波计算流程大致如图 3-20 所示。

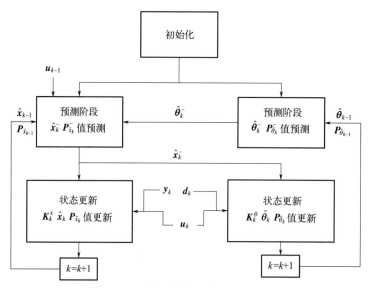

图 3-20　双扩展卡尔曼滤波计算流程图

3.4　小波变换法与深度图融合法

小波变换法与深度图融合法都是处理图像与进行多源数据融合的重要方法，下面对二者的原理、优缺点及使用场景进行详细的介绍。

小波变换法是数字信号处理或图像处理中的一种重要方法，它能有效地对信号或图像进行时间-频率分解。小波变换法可以在多个时域和频域中分解信号或图像，具备较强的处理能力，可以有效抑制噪声，获取图像的最大信息量，能够处理复杂的信号和图像信息，并具备较高的信息精度。它具有多分辨率分析的特点，而且在时频两域都具有表征信号局部特征的能力，是一种窗口大小固定不变但其形状可改变，时间窗和频率窗都可以改变的时频局部化分析方法。即在低频部分具有较低的时间分辨率和较高的频率分辨率，在高频部分具有较高的时间分辨率和较低的频率分辨率，很适合于分析非平稳的信号和提取信号的局部特征，所以小波变换被誉为分析处理信号的"显微镜"。

小波变换法在多源异构的多传感器数据融合中一般用于处理不同图像的融合，融合的基本原理是先对多源图像进行二维小波分解，然后在小波变换域内通过比较各图像的细节信息或所有信息，在不同尺度上实现融合，提取重要的小波系数，最后再进行小波逆变换，便可得到融合后的图像。

小波变换法具有以下优点：

① 可以有效地抑制信号或图像中的噪声；

② 能处理复杂的信号和图像信息；

③ 具有更好的信息精度；

④ 能够以更有效率的方式处理信号或图像。

图像融合，指通过对同一目标或同一场景用不同的传感器（或用同一传感器采用不同的方式）进行图像采集而得到多幅图像，对这些图像进行合成往往能够保持多幅原始图像中的关键信息，进而为对目标或场景进行更精确、更全面的分析和判断提供条件。

根据融合的作用对象，图像融合一般可以分为三个层次：数据级图像融合、特征级图像融合和决策级图像融合。而小波变换法属于数据级图像融合。

为了提高目标检测的分辨率，抑制不同传感器的检测噪声，选择了一种基于小波变换的图像数据融合方法。在融合过程中，为了尽可能保持多源图像的特征，在小波分解的高频域内，选择图像频域平均绝对值较大的系统作为融合小波重要系数；在小波分解的低频域内，选择对多源图像的低频系数进行加权平均作为融合小波近似系数。在反变换过程中，利用重要小波系数和近似小波系数作为输入进行小波反变换。

傅里叶变换的不足是：对非平稳过程，傅里叶变换有局限性。举例如下：

图 3-21 中，最上面的是频率始终不变的平稳信号，而下面两个则是频率随时间改变的非平稳信号，它们同样包含与最上面信号相同的四个频率成分。FFT（快速傅里叶变换）后，我们发现这三个时域上有巨大差异的信号，频谱（幅值谱）却非常一致。尤其是下面两个非平稳信号，从频谱上无法区分它们，因为它们包含的四个频率的信号成分确实是一样的，只是出现的先后顺序不同。可见，傅里叶变换处理非平稳信号有天生的缺陷，它只能获取一段信号总体上包括哪些频率的成分，但是对各成分出现的时刻并无所知。因此，时域相差很大的两个信号，可能频谱图一样。然而平稳信号大多是人为制造出来的，自然界的大量信号几乎都是非平稳的，所以在如生物医学信号分析等领域的论文中，基本看不到单纯傅里叶变换的方法。对于非平稳信号，只知道信号包含哪些频率成分是不够的，还需知道各个成分出现的时间。知道信号频率随时间变化的情况，各个时刻的瞬时频率及其幅值——这就是时频分析。

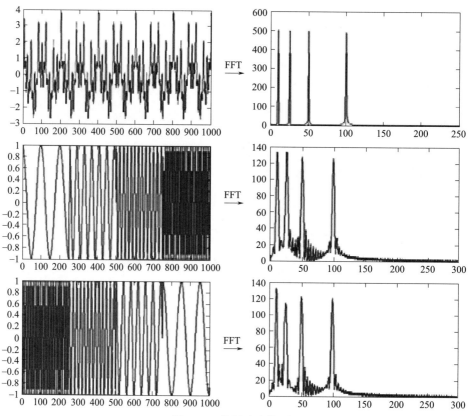

图 3-21 傅里叶变换不足

一个简单可行的方法就是加"窗"，把每个时域过程分解成无数个等长的小过程，每个小过程近似平稳，再进行傅里叶变换，就知道在哪个时间点上出现了什么频率，这就是短时傅里叶变换（Short-Time Fourier Transform，STFT）。使用 STFT 有一个问题，即用多宽的窗函数。窗太窄，窗内信号太短，会导致频率分析不够精确，频率分辨率差；窗太宽，时域上又不够精细，时间分辨率低。

图 3-22～图 3-24 对同一个信号（4 个频率成分）采用不同宽度的窗做STFT。用窄窗，时频图在时间轴上的分辨率很高，几个峰基本成矩形，而用宽窗则变成了绵延的矮山，但是频率轴上，窄窗明显不如宽窗精确。因此，窄窗时间分辨率高，频率分辨率低；宽窗时间分辨率低，频率分辨率高。对于时变的非稳态信号，高频适合小窗口，低频适合大窗口。而在 STFT 中窗宽度不会变化，所以 STFT 还是无法满足非稳态信号变化的频率需求。那么我们自然想到，让窗口大小变起来，多做几次 STFT 不就可以了吗？小波变换确实有这样的思路，但是小波变换并没有采用窗的思想，也没有做傅里叶变换，原因是这样做冗余太严重，STFT 做不到正交化。小波思路是将无限长的三角函数基换成了有限长的会衰减的小波基，这样不仅能够获取频率，还可以定位时间。

小波函数 $\Psi(t)$、$\Psi(\omega)$ 和尺度函数 $\varphi(t)$、$\varphi(\omega)$ 的支撑区间，是当时间或频率趋向于无穷大时，$\Psi(t)$、$\Psi(\omega)$、$\varphi(t)$ 和 $\varphi(\omega)$ 从一个有限值收敛到 0 的

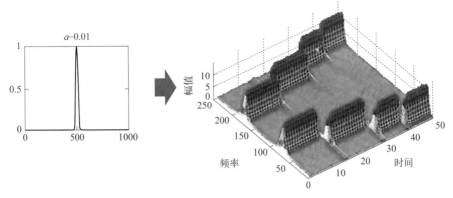

图 3-22　对同一信号进行 0.01 窗宽 STFT

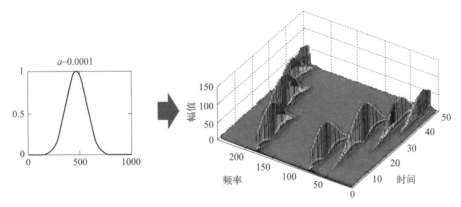

图 3-23　对同一信号进行 0.0001 窗宽 STFT

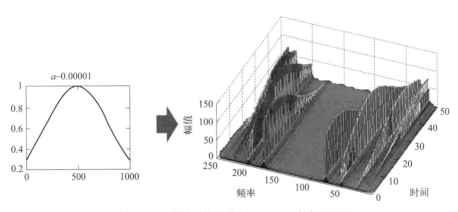

图 3-24　对同一信号进行 0.00001 窗宽 STFT

长度。支撑长度越长，一般需要耗费越多的计算时间，且产生更多高幅值的小波系数。大部分应用选择支撑长度为 5～9 的小波，因为支撑长度太长会产生边界问题，支撑长度太短消失矩太低，不利于信号能量的集中。这里常常见到"紧支撑"的概念，通俗来讲，对于函数 $f(x)$，如果自变量 x 在 0 附近的取值范围内，$f(x)$ 能取到值，而在此之外，$f(x)$ 取值为 0，那么这个函数 $f(x)$ 就是紧支撑函数，而这个 0 附近的取值范围就叫作紧支撑集。总结为一句话就是，除在一个很小的区域外，函数为零，即函数有速降性。

傅里叶变换把无限长的三角函数作为基函数（图 3-25）：

$$F(\omega) = \int_{-\infty}^{\infty} f(t) e^{-i\omega t} \, dt \qquad (3-83)$$

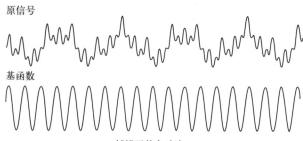

图 3-25　傅里叶变换

这个基函数会伸缩，会平移。缩得窄，对应高频；伸得宽，对应低频。然后这个基函数不断和信号相乘，某一个尺度（宽窄）下乘出来的结果就可以理解为信号所包含的当前尺度对应频率成分有多少，于是，基函数会在某些尺度下，与信号相乘得到一个很大的值，因为此时二者有一种重合关系。那么我们就知道信号包含该频率的成分的多少。

小波变换做的改变就在于，将无限长的三角函数基换成了有限长的会衰减的小波基（图 3-26）：

$$F(\omega) = \int_{-\infty}^{\infty} f(t) e^{-i\omega t} \, dt \rightarrow \omega T(\alpha, \tau) = \frac{1}{\sqrt{a}} \int_{-\infty}^{\infty} f(t) \Psi\left(\frac{t - \tau}{\alpha}\right) dt \qquad (3-84)$$

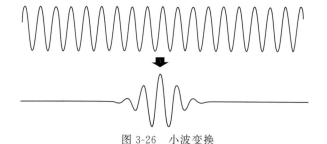

图 3-26　小波变换

从式(3-83) 和式(3-84) 可以看出，傅里叶变换变量只有频率 ω，小波变换有两个变量：尺度 α（scale）和平移量 τ（translation）。尺度 α 控制小波函数的伸缩，平移量 τ 控制小波函数的平移。尺度对应频率（反比），平移量对应时间。当伸缩平移到某一种重合情况时，也会相乘得到一个大的值，这不仅可以知道信号有这样的频率成分，而且知道它在时域上存在的具体位置。当我们在每个尺度下都平移并和信号乘过一遍后，就知道信号在每个位置都包含有哪些频率分量。

传统的信号理论，是建立在傅里叶分析基础上的，而傅里叶变换作为一种全局性的变化，其有一定的局限性，如不具备局部化分析能力、不能分析非平稳信号等。在实际应用中，人们开始对傅里叶变换进行各种改进，以改善这种局限性，如 STFT（短时傅里叶变换）。由于 STFT 采用的滑动窗函数一经选定就固定不变，故决定了其时频分辨率固定不变，不具备自适应能力。小波分析很好地解决了这个问题。

基本小波应是一个具有振荡性并且迅速衰减的波，在数学上满足积分为零的条件，小波基函数是通过对基本小波进行尺度上的伸缩和位置上的移动，如下所示：

$$\Psi_{a,b} = \frac{1}{\sqrt{a}}\Psi\left(\frac{t-b}{a}\right) \tag{3-85}$$

大小尺度波形如图 3-27 所示。小尺度，对应于压缩的小波，可表征更好的细节（快变化），对应高频率；大尺度，对应于展开的小波，可表征粗糙的部分（慢变化），对应低频率。

图 3-27　大小尺度波形

连续小波变换（CWT）定义如下：

$$W_f(a,b) = \langle f, \Psi_{a,b}(t) \rangle = \int_{-\infty}^{\infty} f(t)\Psi_{a,b}(t)\mathrm{d}t = \frac{1}{\sqrt{a}}\int_{-\infty}^{\infty} f(t)\Psi\left(\frac{t-b}{a}\right)\mathrm{d}t \tag{3-86}$$

对该公式的解读是，如果信号在特定的尺度因子和位移因子下与基本小波函数具有较大的相关性，则该式较大。

小波变换的基本性质包括：

① 线性，小波变换是线性变换；

② 平移和伸缩的共变性，也就是说，将原函数放大，则平移和伸缩因子也会放大；

③ 冗余性，由连续小波变换回复原信号的重构公式不唯一；

④ 小波变换的核函数存在许多可能的选择。

离散小波变换是由于在连续小波变换中，尺度系数和平移系数连续取值会产生巨大的计算量，因此主要用于理论分析。在实际使用中，仅取尺度与位移的某些离散量，采用离散化的尺度和位移因子可大量减少计算量，形成离散小波变换。可有离散小波基函数：

$$\Psi_{m,n}(t) = \frac{1}{\sqrt{a_0^m}}\Psi\left(\frac{t-nb_0 a_0^m}{a_0^m}\right) = a_0^{-\frac{m}{2}}\Psi(a_0^{-m}t - nb_0) \tag{3-87}$$

紧支（compact）二进小波变换是进一步把基本小波限制在区间为 0 的函数时，上述正交小波函数组就成为紧支二进小波函数组，它可以用单一的索引来确定：

$$\Psi_n(t) = 2^{-j/2}\Psi(2^{-j}t - k) \tag{3-88}$$

式中，$n = 2^j + k; j = 0,1,\cdots; k = 0,1,\cdots,2^j - 1, 2^j$。

在图像处理过程中使用的都是紧支二进小波变换，因此下面的讨论也是基于紧支二进小波变换。

对图像进行小波变换的原理就是通过低通滤波器和高通滤波器对图像进行卷积滤波，再进行二取一的下抽样。因此，图像通过一层小波变换可以被分解为1个低频子带和3个高频子带。其中，低频子带 LL 通过对图像水平和垂直方向均进行低通滤波得到；高频子带 HL 通过对图像水平方向高通滤波和垂直方向低通滤波得到；高频子带 LH 通过对图像水平方向低通滤波和垂直方向高通滤波得到；高频子带 HH 通过对图像水平和垂直方向均进行高通滤波得到。各子带的分辨率为原始图像的1/2。同理，对图像进行二层小波变换时只对低频子带 LL 进行，可以将 LL1 分解为 LL2、LH2、HL2、HH2，各子带的分辨率为原始图像的1/4。以此类推，可得到三层及更高层的小波变换结果。进行 x 层分解就得到 $3x+1$ 个子带。其中包括1个低频带和 $3x$ 个高频带。分解算法与重构算法见图3-28、图3-29。

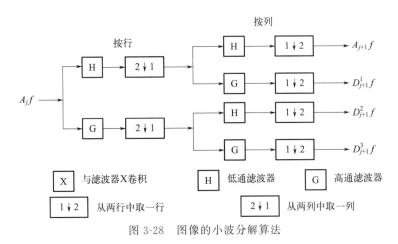

图 3-28　图像的小波分解算法

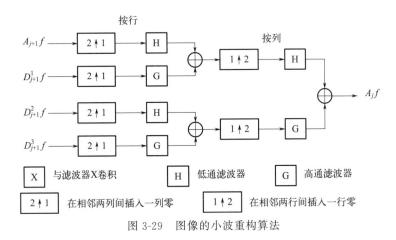

图 3-29　图像的小波重构算法

小波分解的层数越多，对应层图像的尺寸越小，因此，小波分解的各个图像也具有金字塔结构，故可称为小波分解金字塔。

设 A、B 为两幅原始图像，F 为融合后的图像。融合的基本步骤为：

① 对每一幅图像进行小波变换，构建图像的塔型分解；

② 对各分解层分别进行融合处理，各分解层上的不同频率分量可采用不同的融合算子进行融合处理，最终得到融合后的小波金字塔；

③ 对融合后所得小波金字塔进行小波逆变换（即进行图像重构），所得到的重构图像即为融合图像。

其融合原理、融合效果分别见图 3-30、图 3-31。

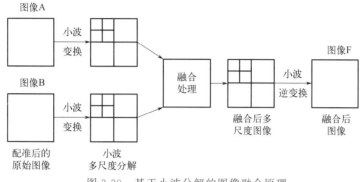

图 3-30　基于小波分解的图像融合原理

图 3-31　融合效果图

融合的一般规则有系数绝对值较大法、加权平均法与局部方差法。

规则一：系数绝对值较大法。

该融合规则适合高频成分比较丰富，亮度、对比度比较高的源图像，否则在融合图像中只保留一幅源图像的特征，其他的特征被覆盖。小波变换的实际作用是对信号解相关，并将信号的全部信息集中到一部分具有大幅值的小波系数中。这些大的小波系数含有的能量远比小系数含有的能量大，从而在信号的重构中，大的系数比小的系数更重要。

规则二：加权平均法。

权重系数可调，适用范围广，可消除部分噪声，源图像信息损失较少，但会造成图像对比度的下降，需要增强图像灰度。

规则三：局部方差法。

设 $A(x,y)$ 和 $B(x,y)$ 分别为高频子图像数据值，$F(x,y)$ 为相应高频子图像融合值，将 $A(x,y)$ 和 $B(x,y)$ 分成若干个 $M \times N$ 子块图像。对每个子块图像进行数值分布统计，计算其方差。确定 A 和 B 图像每个子块图像加权系数 K_1 和 K_2。如果 A 图像子块方差大于 B 图像子块方差，则 $K_1 \geqslant K_2$，否则 $K_1 < K_2$。确定每个子块图像的数据融合数值为：

$$F(i,j) = K_1 A(i,j) + K_2 B(i,j)$$

在量化或者舍入小波系数时，为了减小重构误差对人眼的影响，必须尽量增大小波的光滑性或者连续可微性。因为人眼对"不规则"（irregular）的误差比"平滑"误差更加敏感。换句话说，我们需要强加"正则性"（regularity）条件。也就是说，正则性好的小波，能在信号或图像的重构中获得较好的平滑效果，减小量化或舍入误差的视觉影响。但在一般情况下，正则性好，支撑长度就长，计算时间也就长。因此在正则性和支撑长度上，也要有所权衡。

消失矩和正则性之间有很大关系，对很多重要的小波，如样条小波（Daubechies 小波），随着消失矩的增加，小波的正则性变大，但是并不能说随着小波消失矩的增加，小波的正则性一定增加，有的反而变小。在实际中，对基本小波往往不仅要求满足容许条件，还要施加所谓的消失矩（vanishing moments）条件，使尽量多的小波系数为零或者产生尽量少的非零小波系数，这样有利于数据压缩和消除噪声。消失矩越大，就使越多的小波系数为零。但在一般情况下，消失矩越高，支撑长度也越长。所以在支撑长度和消失矩上，我们必须要折中处理。小波的消失矩的定义为：

$$\int t^p \Psi(t) \mathrm{d}t = 0$$

式中，$\Psi(t)$ 为基本小波。$0 \leqslant p < N$，则称小波函数具有 N 阶消失矩。从上式还可以得出，小波函数同任意 $n-1$ 阶多项式正交。在频域内表示就是 $\Psi(\omega)$ 在 $\omega = 0$ 处有高阶零点（一阶零点就是容许条件）。

具有对称性的小波，在图像处理中可以很有效地避免相位畸变，因为该小波对应的滤波器具有线性相位的特点，同时选择和信号波形相似的小波，这对于压缩和消噪是有参考价值的。

基于小波变换的多传感器图像融合的物理意义在于：

① 通常图像中的物体、特征和边缘是出现在不同大小的尺度上的。也就是说，图像中的某些边缘或细节是在一定尺度范围内存在的。也正是因为如此，任何一幅特定比例尺（可看作"尺度"）的地图都无法清晰反映所有特征和细节信息，例如，在较大尺度上，大陆、山脉、海洋等大的特征是可见的，而像城市街道等小的细节就在地图的分辨率之外了；而在较小尺度上，细节变得可见，而较大的特征却不见了。图像的小波分解是多尺度、多分辨率分解，其对图像的多尺度分解过程，可以看作对图像的多尺度边缘提取过程，同时，小波的多尺度分解还具有方向性。若将小波变换用于多传感器图像的融合处理，就可能在不同尺度上，针对不同大小、方向的边缘和细节进行融合处理。

② 小波变换具有空间和频域局部性。利用小波变换可以将被融合图像分解到一系列频率通道中，这样对图像的融合处理是在不同的频率通道分别进行的。而我们知道，人眼视网膜图像就是在不同的频率通道中进行处理的，因此基于

小波变换的图像融合可能会达到更好的视觉效果。

③ 小波变换具有方向性。人眼对不同方向的高频分量具有不同的分辨率，若在融合处理时考虑到这一特性，就可以有针对性地进行融合处理，以获取良好的视觉效果。

④ 对参加融合的各图像进行小波塔型分解后，为了获得更好的融合效果并突出重要的特征细节信息，在进行融合处理时，不同频率分量、不同分解层、不同方向均可以采用不同的融合规则及融合算子进行融合处理。另外，同一分解层上的不同局部区域采用的融合算子也可以不同，这样就可能充分挖掘被融合图像的互补及冗余信息，有针对性地突出/强化人们所感兴趣的特征和细节信息。

通常情况下，我们从设备上采集到的信号都具有一定的噪声，大多数情况下，可认为这种噪声为高斯白噪声。被噪声污染的信号＝干净的信号＋噪声。由于信号在时间（或者时间域）上是有一定连续性的，因此在小波域，有效信号所产生的小波系数，其模值往往较大；而高斯白噪声在空间（或者空间域）上是没有连续性的，因此噪声经过小波变换，在小波域仍然表现为很强的随机性，通常仍认为是高斯白噪声。那么就得到这样一个结论：在小波域，有效信号对应的系数很大，而噪声对应的系数很小。前面提到，噪声在小波域对应的系数仍满足高斯白噪声分布。如果在小波域，噪声的小波系数对应的方差为 σ，那么根据高斯分布的特性，绝大部分（99.99%）噪声系数都位于 $[-3\sigma, 3\sigma]$ 区间内（切比雪夫不等式，3σ 准则）。因此，只要将区间 $[-3\sigma, 3\sigma]$ 内的系数置零（这就是常用的硬阈值函数的作用），就能最大程度抑制噪声，同时只是稍微损伤有效信号。将经过阈值处理的小波系数重构，就可以得到去噪后的信号。常用的软阈值函数，是为了解决硬阈值函数"一刀切"导致的影响（模小于 3σ 小波系数全部切除，大于 3σ 全部保留，势必会在小波域产生突变，导致去噪后结果产生局部的抖动，类似于傅里叶变换中频域的阶跃会在时域产生拖尾）。软阈值函数将模小于 3σ 的小波系数全部置零，而将模大于 3σ 的做一个比较特殊的处理，大于 3σ 的小波系数统一减去 3σ，小于 -3σ 的小波系数统一加 3σ。经过软阈值函数的作用，小波系数在小波域就比较光滑了，因此用软阈值去噪得到的图像看起来很平滑，类似于冬天通过窗户看外面，像有层雾罩在图像上似的。

比较硬阈值函数去噪和软阈值函数去噪：硬阈值函数去噪所得到的峰值信噪比（PSNR）较高，但是有局部抖动的现象；软阈值函数去噪所得到的 PSNR 不如硬阈值函数去噪，但是结果看起来很平滑，原因就是软阈值函数对小波系数进行了较大的改造，小波系数改变很大。因此，各种各样的阈值函数就出现了，其目的就是使大的系数保留，小的系数被剔除，而且在小波域系数过渡要平滑。

如何估计小波域噪声方差 σ？这个很简单：把信号做小波变换，在每一个子带利用 robust estimator 估计就可以（可能高频带和低频带的方差不同）。robust estimator 就是将子带内的小波系数模按大小排列，然后取最中间那个，再把最中间这个除以 0.6745 就得到噪声在某个子带内的方差 σ。利用这个 σ，然后选中阈值函数，就可以去噪了。

对于一个要采集的信号，根据奈奎斯采样定理，其采样频率≥2×信号的最大频率。而其他噪声频率（如高斯白噪声的信号）是幅度分布服从高斯分布，功率谱密度服从均匀分布的，并且与有效信号进行混合叠加。

在小波分解中，分解层数的选择也是非常重要的一步。一方面，分解层数取得越大，则噪声和信号表现的不同特性越明显，越有利于二者的分离。但另一方面，分解层数越大，重构到的信号失真也会越大，在一定程度上又会影响最终去噪的效果。因此，在应用时要格外注意处理好两者之间的矛盾，选择一个合适的分解尺度。

通常小波分解的频段范围与采样频率有关。若 N 层分解，则各个频段大小为 $fs/2/2^N$。例如，一个原始信号，经历的时间长度为 2s，采样了 2000 个点，那么做除法，可得出采样频率为 1000Hz，由采样定理（做除法）得该信号的最大频率为 500Hz。那么，对该信号做 3 层的 DWT：一阶细节的频段为 250～500Hz，一阶逼近的频段为小于 250Hz；二阶细节的频段为 125～250Hz，逼近的频段为小于 125Hz；三阶细节的频段约为 62.5～125Hz，逼近的频段为小于 62.5Hz。对于更多阶的分解也是以此类推的。

在小波域，有效信号对应的系数很大，而噪声对应的系数很小。噪声在小波域对应的系数仍满足高斯白噪声分布。阈值选择规则基于模型 $y=f(t)+e$，e 是高斯白噪声 $N(0,1)$。因此通过小波系数或者原始信号来进行评估，能够消除噪声在小波域的阈值。目前常见的阈值选择方法有：固定阈值估计、极值阈值估计、无偏似然估计以及启发式估计等。硬阈值函数在均方误差意义上优于软阈值函数，但是信号会产生附加振荡，产生跳跃点，不具有原始信号的平滑性。软阈值函数得到的小波系数整体连续性较好，从而使估计信号不会产生附加振荡，但是由于会压缩信号，会产生一定的偏差，直接影响到重构的信号与真实信号的逼近程度。

下面是相关的实现代码：

```
function y＝wtfusion(x1,x2,N,wname)
x1＝double(x1);
x2＝double(x2);
[C1,S1]＝wavedec2(x1,N,wname);
[C2,S2]＝wavedec2(x2,N,wname);
A1＝appcoef2(C1,S1,wname,N);
A2＝appcoef2(C2,S2,wname,N);
A＝0.5＊A1＋0.5＊A2;
a＝reshape(A,1,S1(1,1)＊S1(1,2));
C＝a;
for i＝N:－1:1
    [H1,V1,D1]＝detcoef2('all',C1,S1,i);
    [H2,V2,D2]＝detcoef2('all',C2,S2,i);
    H＝f(H1,H2);
    V＝f(V1,V2);
```

```
        D＝f(D1,D2);
        h＝reshape(H,1,S1(N+2-i,1) * S1(N+2-i,2));
        v＝reshape(V,1,S1(N+2-i,1) * S1(N+2-i,2));
        d＝reshape(D,1,S1(N+2-i,1) * S1(N+2-i,2));
        C＝[C,h,v,d];
    end
    S＝S1;
    y＝waverec2(C,S,wname);
    figure(1);imshow(uint8(y));title('基于小波变换的融合图像')
end
function y＝f(x1,x2)
w＝1/16 * [1 2 1;2 4 2;1 2 1];
E1＝conv2(x1.^2,w,'same');
E2＝conv2(x2.^2,w,'same');
M＝2 * conv2(x1. * x2,w,'same')./(E1+E2);
T＝0.7;
Wmin＝1/2-1/2 * ((1-M)/(1-T));
Wmax＝1-Wmin;
[m,n]＝size(M);
for i＝1:m
    for j＝1:n
        if M(i,j)<T
            if E1(i,j)>＝E2(i,j)
                y(i,j)＝x1(i,j);
            else
                y(i,j)＝x2(i,j);
            end
        else
            if E1(i,j)>＝E2(i,j)
                y(i,j)＝Wmax(i,j) * x1(i,j)+Wmin(i,j) * x2(i,j);
            else
                y(i,j)＝Wmin(i,j) * x1(i,j)+Wmax(i,j) * x2(i,j);
            end
        end
    end
end
end
```

　　尽管小波变换法具有许多优点，但由于多尺度处理的复杂性，小波变换法的计算复杂度和傅里叶变换相当。此外，由于小波变换法没有直接反演，因此在反演处理时往往出现拐点抖动等现象。

　　而深度图融合法则是一般用于处理点云数据与其他类型数据之间融合的方法之一。

　　深度图（depth map）表达的是场景中各个点到摄像机的距离，图中每一个像素值都可以表示出场景中该点与摄像机之间的距离。它也被称为距离影像（range image），是将场景中每个点到摄像机的深度距离作为像素值的一种图像，从而景物表面的几何状态显而易见。

深度图的获取方式主要分为被动测距和主动测距，两者的主要区别是测距方式是不是通过接收自身发射的能量来获得。被动测距传感主要通过接收来自场景发射或反射的能量来形成；主动测距传感首先向场景发射能量，然后接收场景对所发射能量的反射能量。主要有坐标法、激光雷达法、莫尔条纹法、结构光法等获取方法。

在传感器融合方面，一般使用坐标法或者激光雷达法来进行深度图的获取。

深度图比较稳定，不受光照、阴影以及行人衣服颜色的影响，它只跟行人到摄像机的距离有关，可以体现出更多的行人信息。颜色图与其深度图如图 3-32 所示。

图 3-32　颜色图与深度图关系

实际上，复杂多变的环境使得检测容易受到衣服、光线、姿势和阴影等因素的干扰，高噪声和非线性使检测面临巨大的挑战和困难。如何在不同的场景中选择更合适的特征，如何更好地描述，最大程度地体现目标与背景之间的区别是提高检测性能的关键。

常见的特征描述范围包括简单的底层特征和复杂的高级特征。底层特征一般是指一张图片的边缘轮廓信息、结构纹理信息和颜色变化信息。边缘轮廓信息主要是指图像中亮度变化迅速的区域，可以有效地描述图像中的轮廓特征，并为目标提供很多有用的信息。结构纹理信息是指在特定区域中规则变化的图案，可以描述必要的区域、图像的特征并更好地代表目标。颜色变化信息是图像的基本元素，通过颜色的变化情况可以描述目标的外观。计算速度快和特征单一是简单的底层特征的优点，而缺点在于其中包含的图像信息太单一且辨别能力差，因此难以达到较高的检测精度。所以简单的底层特征无法满足需求，需要探索更复杂的高级特征。

混合特征一般可以通过融合多种底层特征和高级特征来获得，这种特征能够提高检测的准确率，主要是因为图像的特征是从不同的侧面来刻画的。检测的实时性也会由于特征的维度增加而受到影响，主要体现在特征的计算和分类器的检测时间上。基于学习的特征表征能力强，一般是从很多的样本中学习并判断出来的，表现很出色，但是它的计算依赖高性能的硬件，也和训练样本有很大的关系，若样本不具有代表性，则不容易提取到优秀的特征。底层特征主要包括 HOG、Haar、LBP 等，常用的分类器有 SVM 和 adaboost，根据不同的要求可选择不同的特征和分类器。

一般使用基于特征与深度图融合的方法，通过加权融合的方法使得颜色图特征与深度图特征融合，最后通过分类器进行行人检测。具体步骤如下：

① 通过立体相机获取颜色图和深度图，并对图像进行预处理。

② 提取颜色图的 HOG 特征和深度图的 CLBC 特征，先将深度图的局部差分解为符号和幅值两个互补成分，提取完整的局部纹理信息，分别计算 S_{CLBC}、M_{CLBC}、C_{CLBC} 三个算子，组合三个算子，得到 CLBC 特征。

③ 将 HOG 特征和 CLBC 特征的特征向量利用并行方式融合成一个复向量，然后在复向量空间中提取特征，即融合特征。

④ 训练 SVM 分类器，得到分类模型。

⑤ 将得到的融合特征输入到分类器中进行分析处理，判断是否有行人，完成检测。算法流程如图 3-33 所示。

随着深度图的加入，基于深度运动图的梯度方向直方图特征的方法也随之而出。这种方法的关键主要是构建一个正交笛卡儿屏幕，主要是由前视图、顶视图和俯视图组合而成，这三种视图是由每一帧深度图投影而得。对每一帧的梯度方向直方图的特征进行提取。

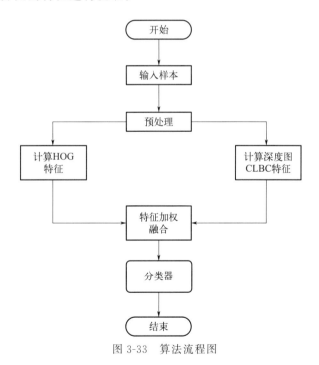

图 3-33　算法流程图

在三个视图上分别获取深度运动图 $CLBC_S$、$CLBC_M$ 和 $CLBC_C$，处理深度图的边缘，这样就得到目标的有效区域，如图 3-34 所示。

通过将其规范化为 96×48、72×48 和 96×72 的深度运动图，可以减少深

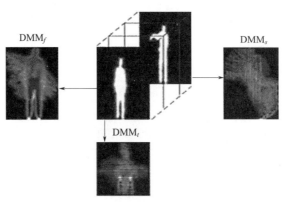

图 3-34　目标有效区域

度图序列的类内差别，提取深度运动图的梯度方向直方图特征可以改善识别性能，同时还可以在一定程度上降低特征的维数，具体步骤如下：

① 将深度运动图 DMM 划分成多个不重叠的单元，相邻的四个单元可以组成一个块，而且单元内都可以生成多维的 HOG 特征；

② 对块中四个单元生成的 HOG 特征进行结合，主要是通过串联方式，然后可以形成一个 36 维向量；

③ 再对所有的块的特征进行结合，同样使用串联方式，这样最后结合起来的特征就是我们要求的最大 HOG。

深度图的局部差分解为符号和幅值两个互补成分，从而可以提取到完整的图片信息，分别计算 S_{CLBC}、M_{CLBC}、C_{CLBC} 三个算子，也就是 DMM_f、DMM_t 和 DMM_s 的三个算子，组合三个算子，得到 CLBC 特征。

在提取到深度图的特征之后，我们要将颜色图的特征与深度图的特征融合起来。可以采取一种在线性判别分析 LDA 的基础知识上提出来的特征权重组合方法，该方法主要通过对融合特征的系数按照需求进行一定的改变，从而也对权重系数进行更新。选择系数的理论基础是，同一类型的不同样本之间的相似度远高于不同类型的不同样本之间的相似度。计算权重系数，主要是对相似样本相似度平均值的方差与不同类别样本相似度平均值的方差求和，同时对相似样本相似度平均值与不同类别样本相似度平均值之差进行平方。然后，可以通过比较两者来获得权重系数。我们从分类问题的角度来看待融合后的检测，以行人检测为代表，本质就是把行人与除行人外所有背景进行区分。根据相同种类的不同样本的相似度之和的平均值，计算出相同种类的样本的相似度平均值。还以相同的方式计算不同种类的相似度平均值。如果行人检测的结果效果好，一般是权重系数大，权重系数大也就意味着在相同种类样本和不同种类样本中，均值方差的和越小以及均值之间的差越大，所得的权重系数就越大，行人检测的性能就越高。在颜色图的特征与深度图的特征上分别加上权重系数，然后通过加权的方法融合起来，这样就得到了最终的融合特征向量，就可以继续导入分类器中进行后续的工作。HOG-LBP/HOG-CLBC 特征检测图见图 3-35～图 3-37。基于特征与深度图融合的行人检测结果见图 3-38。

图 3-35 简单环境下 HOG-LBP 特征检测图

图 3-36 简单环境下 HOG-CLBC 特征检测图

图 3-37 复杂环境下 HOG-CLBC 特征检测图

从图中可看出，HOG-LBP 特征存在着误判，HOG-CLBC 特征正确识别出了所有的行人，且不存在误判的情况。

仍以行人检测为例，在复杂环境下，HOG-CLBC 特征比 HOG-LBP 特征的

图 3-38　基于特征与深度图融合的行人检测结果

误判率和漏检率明显低一些，而且基于深度图的行人检测时间虽然比单特征的行人检测所花时间多，但比普通的融合特征所需时间更少。我们可以得到，基于特征与深度图融合的行人检测算法性能更高，并且检测时间也得到了优化。可以认为，基于特征与深度图融合的检测方法效果明显比单特征和现有的多特征融合要好。

还有几种传统的深度图和 RGB 图的融合方法（图 3-39）：

a. 将 RGB 和 depth 首先进行 concat，然后经过卷积，最后生成特征图。

b. 将 RGB 和 depth 分别进行卷积，然后再 add 融合。

c. 将 RGB 和 depth 先进行卷积，经过 transformation，再经过反卷积，融合起来。

d. 将 RGB 和 depth 分别卷积，将 depth 融合再分别经过卷积，最后经过反卷积。

这些经典的方法仍然具有参考意义。

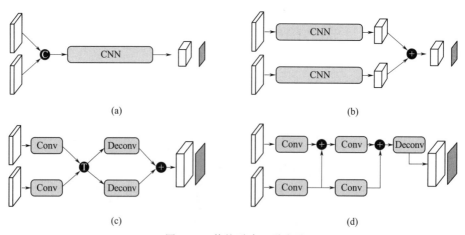

图 3-39　传统融合四种方法

而近些年提出了许多新的融合算法，如 MMFNet 的融合方法（图 3-40），其中 RCU 模块就像是 SENet 的雏形，不过当时还没有提出注意力机制。MRF 模块就参考了图 3-39 中的（b）。

基于卷积神经网络的 Faster RCNN 方法比传统方法性能高。基于 Faster RCNN 的方法和基于特征与深度图融合的方法，漏检率相差不大，但是在检测时间上，因为 Faster RCNN 方法相对复杂，所以所需时间多于后者。实际上，

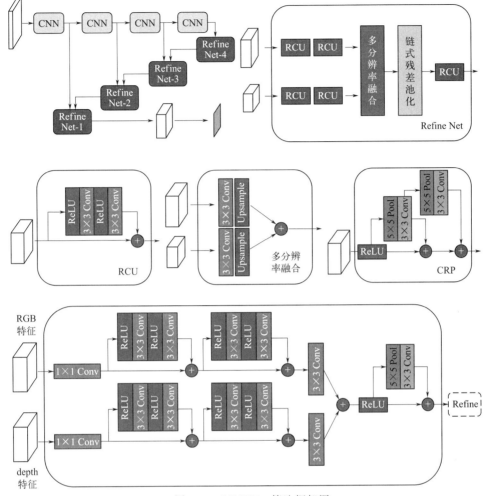

图 3-40　MMFNet算法框架图

上述深度图融合方法与 Faster RCNN 是从检测的两个不同方面入手的。基于特征与深度图融合的方法是对图片进行处理，是从检测的源头入手。而 Faster RCNN 方法用在提取和识别方面，是从检测的过程中入手的。因为两个方法的判断结果差不多，以及上述的方法相对简单和所需时间短，所以深度图融合方法也是一种尤为重要的融合处理方法。

3.5　遗传算法

　　随着计算机技术的不断进步以及大数据研究和应用的深入，社会各行各业朝着无人工化的方向发展，这种发展趋势需要更加先进的人工智能方法代替过去烦琐和精细的人工劳动。由于待解决问题的限制条件更加复杂，数据维度更高，所以要求大数据处理技术速度更快，精度更高。机器学习是当前处理大数据的主要技术，其处理模型的效能很大程度依托于数据集的特征工程，特征工程主要包括特征提取和特征选择，本节主要研究后者。面对数据特征维度为 N 的数据要进行复杂度为 2^N 的特征选择工作，智能算法实现特征选择是一种可行的方案，而遗传算法就是其中的代表，能够实现智能特征选择。

遗传算法（Genetic Algorithm，GA）是由美国 Michigan 大学的 John Holland 提出的一种全局搜索算法，John Holland 教授借助生物演化的基本思想，引出了种群、选择、突变、交叉和适应度等基本概念，因此 GA 是一个可以模拟生物演化的方法，它拥有其他方法所不具有的进化特点。

随着社会信息技术的进步，人们在生活的方方面面产生大量各种类型的数据。然而数据本身并不能提供具体的实用价值，因此需要在海量的数据中去掉许多干扰的数据，否则会影响到具体的使用决策。GA 被用于解决维度高的函数优化问题、多目标问题，以及运用到医学图像特征提取、机器学习、神经网络阈值等问题上。专家将遗传算法运用在各行各业中并取得很多的成果，但也由于遗传算法在搜索过程中存在搜索速度慢，会陷入局部最优的缺点，因此如何提高遗传算法的搜索速度和改变遗传算法的搜索能力，并且将其运用到实际的问题中，是国内外快速推动遗传算法的研究热潮。特征选择（Feature Selection，FS）是数据挖掘中常用的数据预处理方法。FS 的目的是选择包含最有价值的信息的最优特征子集，以便做出更好的决策。此外，FS 可以更好地理解该领域，通过只保持具有良好能力的特征，根据一些重要的标准，来描述数据内的固有模式，并有助于减少维度的影响。最优特征集可以根据与特征重要性相关的最大化或最小化函数进行估计。

FS 的本质就是一个组合优化问题。这是一项困难的任务，主要是因为搜索空间大，对于具有 n 个特征的数据集，可能的解的总数是 2^n，并且现有的特征选择方法由于特征冗余且无关、耗时高、识别精度低等，还会导致局部最优。因此，构建有效减少特征空间的模型是很有必要的。与总特征空间相比，较小的特征空间不仅提高了计算速度，而且提供了一个更紧凑的、具有更好的泛化能力的模型。

人类科学技术、生产技术的进步，使遗传算法（GA）在各个领域得到了广泛的应用。例如，利用遗传算法求解动态交通网络的动态最优路径搜索模型，为行驶车辆规划最合理的路线，对缓解城市路网中的拥堵、保持交通畅通起到了一定的作用；将遗传算法运用到多个机器人路径优化中，随着机器人在各个行业的多用途使用，利用遗传算法和其他算法的结合，寻找出多机器人面对复杂化环境中的行驶路径；基于遗传算法的辅助决策方法，给出了一种更好的防碰策略，改进后的遗传算法得到的最优个体不仅满足安全性要求，而且具有较低的防碰成本，符合经济性要求；将遗传算法运用到教学中的排课问题中，排课问题蕴含了很多方面的约束条件，因此排课问题也是 NP 完全问题（Non-deterministic Polynomial Complete Problem，即 NPC 问题）；将遗传算法运用到企业产品的配料方法中，从而相应地提高原材料的利用率，以此来降低企业产品的成本。遗传算法因其出色的特性，被广泛用于我们生产生活智能化的方方面面。

1975 年，John Holland 教授的团队研究形成的遗传算法，其原理是根据生物面对复杂环境进化的一种机制来建立人工系统的模型。在达尔文进化论中认为生物的变异是正常的，每个个体之间都存在差异。在自然界中的生物为了生存，各种生物都会产生竞争，在竞争中必须增加自己的优秀基因，使得种群不被淘汰。但是随着环境发生变化，生物也会为了适应环境的变化来"改变"自己的基因。科技信息技术的普遍化，使得数据量成倍数增长，带来数据量优势的同时也存在数据特征多样化的缺点，这导致在机器学习中建模的复杂化，提高了建模的难度。特征筛选是从多样化中的特征中找出对目标识别度高的特征，然后去掉不相关的特征，最后得到最优特征子集。在机器学习中，为了使得建模过程变得简单，常常利用特征选择方法对数据集进行筛选过滤，不仅降低了建模的难度，而且还对数据集进行了降维，从而使得模型的训练速度加快。在针对各种问题构建其模型时，对检测结果所使用的方式也不相同，目前常见的检测结果方式主要有过滤法、包裹法和嵌入法三类。

检测结果的问题，也就是从特征空间中寻找出最优特征子集的问题，国内外专家学者还运用启发式搜索算法对特征空间进行选择，利用特征选择方法的优点进行结合使用，将其各种优势结合在一起并且改善了缺点。例如，将粒子群算法和遗传算法结合，优化支持向量机算法的参数，从而对样本特征进行选择，并且更好地找出样本特征子集；使用将自适应 f-比值规则与改进的遗传算法相结合的方法来进行对特征的选择，使用 f-比值规则来对特征分类是否有效进行评价，并且将评价的规则作为适应度函数；利用了基于帕累托理论的多目标遗传算法，并给出了一个特征重要测度的多目标优化算法，利用过滤器特征与选择器中的一些度量组合，确实能够捕获数据集中的几个主要模式，但同时降低了作为输入的特征的数量；利用遗传算法对网页中欺诈特征的选择，利用信息增益（IG）的方法对每个特征的重要程度进行排序，再采用动态阈值策略对冗余特征进行舍去，最后提高特征子集的准确度；基于遗传算法的检测结果方法，其目的是寻找一种特征子集，使分类器的特性最好，和寻找一种类型维数最少的特征良序子集，以便得到更多的类型精度；将遗传算法利用到推广的系统上，并且将遗传算法和模拟退火算法结合使用，利用模拟退火算法的概念来收敛学习参数，以避免过敛，通过两种方法建立模型，从而使得对客户的推荐更加准确。

在智能计算领域的运用中，最重要的或者最关键的问题在于如何在一个量大并且复杂的解空间中找到一个近似最优解，如找到机器人行走的最优路线。但是利用不好的搜索方法可能导致搜索出的特征子集组合爆炸。利用智能算法来优化问题可以分为组合优化问题和功能优化问题两种类型，如旅游路线的问题。常用的精确算法有动态规划算法、分支定界算法、线性规划算法、整数规划算法等。常用的智能计算方法有模拟退火算法、遗传算法、禁忌算法、蚁群算法、神经网络方法、贪心算法等。遗传算法本身的优点在于自动快速地对解空间进行搜索，搜索能力强，但遗传算法存在着可能陷入局部最优的缺点，也因其算法结构导致耗时长，搜索效率低。根据遗传算法这一早熟收敛的缺点，优化遗传算法的难处在于选用什么选择方法，使其能够快速找到最优个体并且保存后还能维持种群的多样性。遗传算法流程如图 3-41 所示。

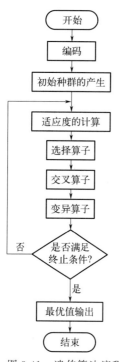

图 3-41　遗传算法流程

科学技术快速发展，各行各业数据爆发，如何把大量的数据利用好并且反馈到行业中，是现代研究者们追求的目标。特征选择（FS）是从特征空间中选择出一组主要的特征代表并且对特征空间降维的过程，这也是机器学习中需要面对的关键问题。在机器学习中，好的学习样本是对数据集训练分类的关键，数据集中含有很多冗余和不相关特征，这些会影响分类的效果。特征选择就是找到对问题表述最优的最小特征子集，运用方法从特征空间中剔除不相关的特征从而减少数据集的维数，其目的在于加快分类的过程，简化模型训练和提高算法的性能，优化或者改进的特征选择方法都是为了找到最优的特征子集。在大数据时代，数据集中包含的特征类型众多，也包含了海量的信息数据，但其中也含有大量的噪声和冗余特征，而且面临数据集维度的增加，使得数据集的搜索难度变大，导致了最优特征子集的寻找变得更加困难。例如，一个包含 n 个特征的数据特征，其得到的特征子集数为 2^n 个。常用的搜索方法有完全搜索、启发式搜索、随机搜索和贪婪搜索等。目前对特征空间的选择方法有所突破，但是大多数方法会陷入局部最优中，而且产生的计算成本较高。

K 近邻（K-Nearest Neighbor，KNN）分类算法作为最简单、最有效的分类算法，各行各业将其作为分类问题的常用方法。KNN 算法的基本原理类似于人们处在一个个不同的圈子中，通过圈子周围的环境性质来区分。KNN 的分类方式虽然简单实用，但还面临着缺陷，对于训练一些数据量大、维度多的数据集时，KNN 算法对其分类效率较低，当训练的数据集中存在很多噪声特征时，会导致 KNN 分类算法对其分类精度变差。

上述研究中，都是随着社会经济的发展，使用智能算法来解决实际问题，从 John Holland 教授及其学生提出遗传算法到如今，遗传算法的应用可谓相当广泛，已存在于人们的生活中。虽然遗传算法本身有许多缺点，但随着科学技术的进步，以前解决不了的问题现在可以运用现有的技术手段对遗传算法进行改进优化。现在还可以根据问题的需要将多种智能算法结合，发挥出每一种智能算法的优点，最后高效率地将智能算法运用到实际的难题之中。

遗传算法具有以下优点：

① 自组织、自适应和智能性。

② 遗传算法的本质并行性。算法在搜索的时候可以运用多台计算机联机对种群进行搜索，这样面对庞大种群的时候可以提高搜索效率。

③ 遗传算法可以直接运用到实际问题中。

④ 对于问题求优化解时，遗传算法产生的优化解是多组的，使用者拥有多种选择。

其优缺点总结见表 3-1。

表 3-1　遗传算法优缺点总结

优点	缺点
拥有良好的收敛性	局部搜索能力差
拥有全局寻优能力	容易产生早熟收敛问题
搜索是适应度函数启发	自身参数选取困难
可运用到求解复杂的优化问题	容易陷入局部最优
计算时间少、鲁棒性高	
可以和其他算法一起使用	

下面介绍遗传算法的主要部分：

（1）染色体编码方式

Holland 教授提出的遗传算法是运用二进制的方法来表达种群中每个个体，它采用一组二进制编码串来对种群个体的具体基因型进行描述，遗传算法在编码方式上选择使用二进制编码，会使得解码过程变得简单，使下一步的交叉过程、变异过程变得简化也容易进行，但也存在不能对求解问题直接体现，还有对连续变量函数的求解存在搜索能力不足和精度不够的缺点。在云计算环境下，怎样快速地批量处理海量的数据和大规模任务的合理分配成为当今社会重点问题。谷南南等人针对传统的遗传算法不能对大规模的数据进行处理的问题，在编码阶段采用两次编码的方式对大量的数据进行调度，同时还运用最小任务完成时间和最优匹配程度两种方法对适应度函数调节，使得在搜索过程中能更快地得到最优解，在遗传算法的不同阶段利用不同的方法对其优化，最终使得遗传算法能更好地处理大规模的数据。除了上述编码方式还有 Gray 编码、有序编码等。

（2）适应度函数

在遗传算法中适应度函数的选择是至关重要的，适应度函数能够直接影响到最终结果的好坏。遗传算法还有一个优点在于其本身处理问题的过程和外界没有直接的关系，不利用外界信息参与自身查找步骤，它是直接使用自身适应度函数来进行判断。传统的遗传算法中几种常见的适应度函数如下：

① 直接把目标函数作为自适应函数，则：

目标函数为最大值问题：$Fit(f(x)) = f(x)$

目标函数为最小值问题：$Fit(f(x)) = -f(x)$

② 目标函数为最大问题，则：

$$Fit(f(x)) = \begin{cases} c_{max} - f(x), & f(x) < c_{max} \\ 0, & 其他 \end{cases}$$

$$Fit(f(x)) = \frac{1}{1 + c - f(x)}, \quad c \geqslant 0, c - f(x) \geqslant 0$$

③ 目标函数为最小问题，则：

$$Fit(f(x)) = \begin{cases} f(x) - c_{min}, & f(x) > c_{min} \\ 0, & 其他 \end{cases}$$

$$Fit(f(x)) = \frac{1}{1+c-f(x)}, \quad c \geq 0, c+f(x) \geq 0$$

适应度函数的选择需要根据目标函数的所需来确定，而且适应度函数不是一个固定的式子。

(3) 遗传算子

得到初始种群之后，需要利用遗传算子迭代产生优质的个体，组成新的一代，主要包括选择、交叉、变异。

① 选择算子。选择算子（selection operator）是运用一些方法对种群个体选择时，首先利用适应度函数来计算出种群每一个个体的适应度值，这使得种群个体拥有一个值，这个值作为对该个体好坏的一个判断。根据运用选择方法的不同，对种群个体好坏的判断也不同。遗传算法中常用的选择方法有：轮盘赌选择法、随机竞争选择法（stochastic tournament）、最佳保留选择法、无放回随机选择法（excepted value selection）等。

使用轮盘赌选择法对种群个体的选择，首先根据适应度函数来计算出种群个体的适应度值 $f(i)$，并且求得整个种群总的适应度值，利用个体和种群的比值计算出每一个个体被选择的概率。其每一步具体求解公式如下。

首先求解总的种群适应度值：

$$\sum_{i=1}^{n} f(i)$$

接着计算出每个个体被选中的概率：

$$p(i) = \frac{f(i)}{\sum_{i=1}^{n} f(i)}$$

最后计算出个体的累计概率：

$$q(i) = q(i-1) + p(i)$$

② 交叉算子。交叉算子（crossover operator）是从种群中任意选择出两个个体作为父代，然后在这两个父代对应的编码串中选出一个交叉点，再将两个父代的部分编码串进行交换得到新的个体。遗传算法中采用的编码方法不同，其运用的交叉方法也不同，在遗传算法中常用来实现交换的方法有实值重组、离散重组等。例如，对遗传算法中交叉算子阶段的优化，其提出对父代进行判断再交叉的方法，其改进的交叉方法使得遗传算法收敛速度更快，搜索能力更强。

传统的遗传算法中最常使用的交叉方法一般有单点交叉与两点交叉（图 3-42、图 3-43）。

③ 变异算子。变异算子是将个体自身的编码串随机地发生改变，但是编码串改变的概率很小，这样是为了使得种群向着好的方向发展。因为个体编码发生改变是随机的，产生新的编码不能确定是好是坏，所以在变异过程中需要判断个体编码变异是否是有利的。在遗传算法中常用来改变个体编码的方法有：

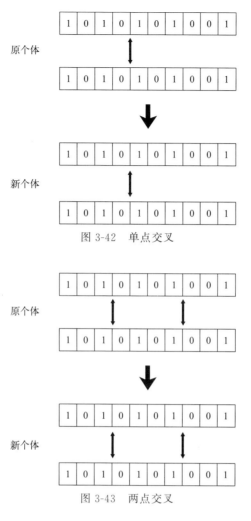

图 3-42　单点交叉

图 3-43　两点交叉

非均匀变异、基本位变异、基因反转等位值替换、均匀变异、均匀随机分布值替换、高斯近似变异、正态分布值替换等。

在某一轮进化中，H_1 个体随机选到 3 号基因位点，经过基本位变异的个体基因为 H_2（图 3-44）。例如，对遗传算法的优化为自适应的适应度函数，接着在种群进化的前期采用先交叉后变异，在变异和进化的后期采用先变异后交叉思想，从而满足种群的多样性。利用最优个体保留的方法，使得最优个体不参与交叉和变异的过程，加快了遗传算法的搜索速度。

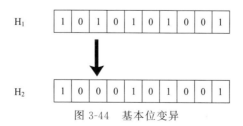

图 3-44　基本位变异

随后进行特征的选择。下面简单介绍什么是特征的选择。

特征选择是根据问题，选择出可以代表该问题的一组简单标识数据，但是一个数据集中包含与问题相关的或者不相关的特征，为了使得针对问题建模变得简单，需要从数据集中除去与问题无关的特征。而常用的特征选择方法有过滤式选择方法、包裹式选择方法和嵌入式选择方法。特征选择的目标是从给定的数据集中找出可以代表问题的特征，再通过使用特征选择方法去除掉与问题无关的或者冗余的特征，从而降低数据集中特征数量，增加建模精度，缩短运行时间，就可以选择出最主要的一组具有代表性的特征子集，并且可以使得对问题建模更加容易，帮助人们了解数据形成的具体流程。特征选择一般流程如图 3-45 所示。

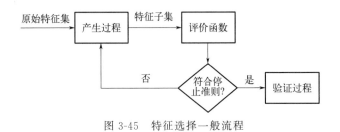

图 3-45　特征选择一般流程

特征选择的方法有很多，下面逐一进行介绍。

① 过滤式选择方法。使用过滤式选择方法进行特征选择的过程分为两个部分：首先对数据集进行选择，然后将选出的数据作为训练数据，得到学习器。过滤式特征选择的两个部分都单独存在且互不影响。过滤式选择方法作为特征选择的常用方法，设计了一个"相关统计量"来度量特征的重要性，该统计量是一个向量，向量的每个分量是对其中一个初始特征的评价值，特征子集的重要性就是子集中每个特征所对应的相关统计量之和，因此可以看出，这个"相关统计量"也可以视为每个特征的"权值"。可以指定一个阈值 τ，只需选择比 τ 大的相关统计量对应的特征值，也可以指定想要选择的特征个数 k，然后选择相关统计量分量最大的 k 个特征。因此对于该方法，数据集中特征分量的求解是最重要的。

② 包裹式选择方法。使用包裹式选择方法进行特征选择的过程分为两个部分：首先对特征数据集进行选择，接着利用选择出来的特征训练学习器。相对于过滤式选择方法，包裹式选择方法的优点在于用训练出来的学习器来评价选择出来的特征子集的好坏，选择出好的特征子集有利于得到好的学习器，包裹式选择方法前后相互作用影响。但其缺点在于增加了学习器训练次数，从而使得包裹式选择方法计算量比过滤式选择方法大。

包裹式选择方法的常用方法有 LVW(Las Vegas Wrapper) 方法，而 LVW 方法是在拉斯维加斯方法（LVM，Las Vegas Method）的架构下，使用随机方法进行特征选择。LVW 是利用分类器的分类误差来对选择出的特征进行评价。

③ 嵌入式选择方法。使用嵌入式选择方法进行特征选择的过程同样具有两步：第一步是对数据集的选择，第二步是把选出的数据作为学习器。嵌入式选择方法相比于过滤式选择方法和包裹式选择方法，是将特征选择和学习器训练

连接在一起，具体表现在选择和训练两个部分同时进行优化。在给定数据集中，建立线性回归模型，将平方误差作为误差函数，得到优化的目标：

$$\min_{w} \sum_{i=1}^{m} (\boldsymbol{y}_t - \boldsymbol{w}^{\mathrm{T}} - \boldsymbol{x}_i)^2$$

④ 智能特征选择方法。演化算法又称进化算法，它不是某一个具体的算法，而是属于一个算法族群的进化，算法的由来也是借鉴自然界中生物族群进化的操作。将智能算法运用到特征选择中，避免了传统的特征选择方法中的一些缺点。而且因现在数据集的增大，对大数据集的处理是非常重要的工作之一，对数据集预处理的好坏直接影响到机器学习模型的性能，因此运用智能算法来对特征进行选择，为机器学习提供新的方法。根据前面的描述，借助演化算法的高性能，对 KNN 分类器的优化来进行特征选择方法研究。将智能算法应用到特征选择中，如 Siedlecki 和 Sklanski 利用遗传算法对特征进行选择，他们是通过遗传算法找到一个针对问题的最优二进制编码串，而最优的二进制编码串中的编码对应代表问题的一个特征。

如图 3-46 所示，假如二进制编码串中第 i 位编码等于 0，那就代表着对应的特征没有被选择；假如二进制编码串中第 i 位编码等于 1，那就代表对应的特征被选择。通过这样的方法选择出代表问题的特征子集，运用在测试数据集中，通过 KNN 分类器的分类精度来评估特征子集的好坏。

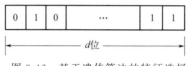

图 3-46　基于遗传算法的特征选择

在了解完特征选择的定义与特征选择的方法后，将继续介绍基于遗传算法的特征选择。

利用基于遗传算法的特征选择，就是从特征空间中得到最大分类进度的特征子集，对于特征空间中的每一个特征来说，其结果分为被选中和未被选中。对于优化问题来说，遗传算法并不是直接对其进行优化处理，而是将问题转化为一组由数字表示的染色体，即为用编码来表示。遗传算法中运用的编码方式有很多种，下面主要介绍二进制编码、十进制编码和实数编码三种方式。

① 二进制编码用于特征选择。在遗传算法中，二进制编码作为常用的一个编码方式，它使用 0 和 1 两个数来组成二进制符号集，遗传算法中种群个体基因是用一组二进制编码串来表示。使用这种编码方式使得种群中个体的交叉、变异操作变得简单，而且更加容易实现。因此，在对特征选择时，直接就可以把每一个特征权重用二进制编码来表示。遗传算法在对优化问题求最优解时，其实是在对优化问题的解空间进行搜索。因此，首先将优化问题的解空间映射用二进制编码表示，其次当遗传算法对编码空间搜索到最优解时，就可以将二进制编码空间中的最优解解码为对应问题的最优值，得到的最优值就是最后所需要的结果。对种群个体基因进行编码时需要考虑满足几个要求：第一，针对问题的解，在转化为编码时必须保持一一对应，不能出现问题的解在转化为编

码时产生多个编码来表示；第二，编码空间中的每个编码串都是问题的解转化而来，不能凭空出现。对个体进行编码后需要进行解码才能得到具体的数值，因此假设个体 x_t^i 的第 k 个长度为 1 的二进制编码串转化为实数的解码函数 F 为：

$$F(x_t^i, k) = x_k + \frac{\min_k - \max_k}{2^l - 1}(\sum_{j=1}^{t} x_t^{i(kl+j)} \times 2^{j-1}) \tag{3-89}$$

式中，$\min_k$ 和 $\max_k$ 分别为第 k 个实数的下限和上限。

特征选择其根本就是对某一个事物通过使用某种方法选择出可以代表该事物的特征表现，然后根据特征进行选择识别的过程。但在特征选择过程中往往面临数据集数量大、维度高等问题，从而导致选择出的特征子集精准度不高，不具有代表性。因此，本节借助智能算法中编码的思想，针对特征空间中的每一个特征赋予一个权值，从而对于每一个特征都存在等级的划分，降低了样本的数据量，在对特征子集选择时增加其准确率。智能算法中二进制编码的方式为 0 和 1 的编码，借助其原理再对每一个特征赋予权值，其权值取值为 $w_i = 0, 1$，当取值为 1 时表示对该特征选择，取值为 0 时表示对该特征不选择。

② 十进制编码用于特征选择。在传统的遗传算法中，编码过程通常采用二进制编码，但二进制编码存在不足，其在变异上存在缺陷。因为二进制编码是由数字 1 和 0 组成的一组编码串，二进制编码变异方式是随机地把编码串中的 1 变为 0 或者把 0 变为 1，这样的变异方式只有两种，从而导致不太满足种群多样性的原则。为了避免二进制编码的局限性，从而采用十进制编码来进行改进。十进制编码是符号编码中的一种，它也是将待处理的变量数值改变为用一定长度的数字字符串来表示。其运用在遗传算法中的原理和二进制编码类似。唯一的区别在于用十进制编码来表示变量数值在 [0,9] 之间。十进制编码表示的是数据集特征的权重，某个码值越大，其重要性越大。

智能算法中，十进制的方式是利用数字 [0,1,2,3,4,5,6,7,8,9] 来进行编码，借助其思想对每一个特征赋予权值，其权值取值为 $w_i = [0,1,2,3,4,5,6,7,8,9]$，采用十进制的方式不像二进制一样只有取值为 1 或 0，而是当取值为 9 时表示对该特征的绝对选择，取值为 0 时表示对该特征不选择，除此之外取值的范围比二进制方式更广。

③ 实数编码用于特征选择。实数编码方式是运用某一个范围内的实数来表示种群中每个个体的基因，利用种群中个体的编码长度来表示其对应变量的维数。智能算法中，实数编码的方式是利用实数直接进行编码，是在对每一个特征选择时进行权重赋值，其权重取值为 $w_i = [0,1]$，实数编码比十进制编码精确度更大，在十进制方式的基础上 w_i 有了更多的取值。

传统的遗传算法主要由变异算子、交叉算子和选择算子构成。而选择算子常用的方法是轮盘赌选择法，然而轮盘赌选择法要求适应度值为正，在适应度值趋同的情形下优选效果不明显，所以需要设计合适的适应度值函数，这增加了计算工作量及设计的困难。精英选择一般需要进行种群的排序处理，多次的迭代增加了算法的计算复杂度。随机竞争选择对种群块的分组有一定难度，这种困难在于整个种群采用一维关系。对于交叉算子而言，在种群规模为 N 的情况下要进行 $N/2$ 次交叉和 N 次选择操作，这是遗传算法计算性能不高的一个原因。考察变异算子，虽然变异率一般不高，但变异效果可能导致基因退化。这些原因造成遗传算法计算效率低，不易全局收敛，因此对它的改进是很有必要的。

矩阵结构遗传算法（MGA）是采用二维关系组织的种群演化算法，这种二维关系可以看作由多个一维子种群构成，对于种群的分组变得简单。同样，这种二维关系赋予个体更多的属性，不仅有前驱和后继，还有属于哪个组的概念。特别是拥有主对角线位置这个概念，将使得在设计算子时变得简单便捷，如某些算子只作用在每个子种群，而不是对整个种群的操作，这对于工程化实现遗传系统很有价值。

该种群结构采用二维关系，即把种群划分为若干子种群，每个子种群规模较大，如图 3-47(a) 表示一个规模为 25 的种群结构。在程序设计时，存储结构使用二维数组，数组的每一个元素为一个个体对象，代表问题的一个可能解。在每一行中，把该行最优适应度值首次出现的位置标记为灰色。

对种群完成初始化操作后，第一步要做的就是挑选精英子种群，用来为产生下一代做准备。方法是对每一行查找该行最优个体的位置，然后把最优个体移动到该行的主对角线位置，即行数与列数相同的位置，处理结果如图 3-47(b) 所示。交叉算子是选择精英种群（位于主对角线）来进行两两交叉，交叉后产生两个子代个体，然后将得到的两个子代个体放在与矩阵主对角线对称的位置。主对角线上的精英个体有 n 个，两两交叉产生 $n(n-1)$ 个子代，刚好覆盖除主对角线上的 $n(n-1)$ 个位置。

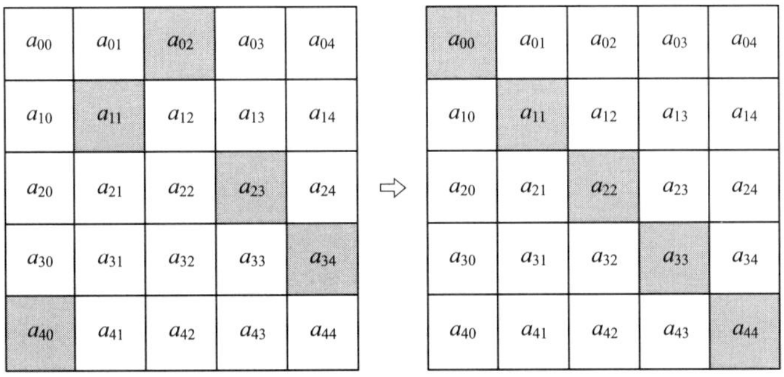

(a) 初始矩阵结构种群　　　　　　(b) 对角占优矩阵结构种群

图 3-47　矩阵结构种群

完成种群的交叉算子后，对矩阵结构种群的所有个体均进行试探变异。其方法是：首先把当前要试探变异的个体复制到一个新创建的临时个体中，然后对临时个体进行变异，如果用来变异的临时个体适应度值大于当前个体，则将变异的临时个体复制给当前个体，否则当前个体不变。经过试探变异，将产生成熟的下一代。矩阵结构遗传算法流程见图 3-48。

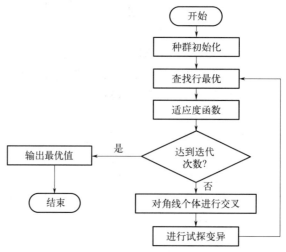

图 3-48　矩阵结构遗传算法流程

3.6　人工神经网络

人工神经网络（Artificial Neural Network，ANN）是一种算法数学模型，通过模仿生物神经网络的行为特征实现分布式并行的信息处理，是基于人类对大脑神经网络的理解而人工构造的实现一定功能的神经网络，是模拟人脑神经网络结构和功能的信息处理系统。大量简单神经元连接形成的复杂神经网络，具有高度非线性特性，可以进行复杂的逻辑运算，实现非线性关系。

人工神经网络本质上是一种以曲线面拟合方式工作的经验建模工具，有许多的特性都优于传统计算方法。

① 并行性。大规模并行分布式处理。所有神经元在结构上是并行关系，并且能够同时高速处理大量高维信息。虽然每个神经元单元的功能相对简单，但多个单元的功能经过并行组合后，可以同时且有层次地处理信息，大大提高单元处理信息效率，使系统具有良好的总体处理能力。

② 分布式存储信息。所有信息等势存储于网络所有神经元中，每个神经元反映输入和输出模式的一个微观特征，这意味着每个神经元只轻微影响模型的输入输出，只有当所有神经元连接构成一个完整复杂网络时，这些特征才反映宏观模型的输入和输出。

③ 非线性和鲁棒性。由于传入神经元的信号和神经元传出的信号都是连续非线性函数，因此人工神经网络可以从有噪声的、不完整的或不一致的输入信号中得出适当的结论，同时联想式存取方式使系统在信息丢失或损坏的情况下能够继续运行出正确结果，具有很强的鲁棒性和容错性。

④ 高度自适应、自组织和自学习能力。由于人工神经网络是一种连接强度可变的系统，所以网络的拓扑可塑性强，从而具有高度自适应能力。人工神经元的输入输出关系是非线性函数，为系统提供一定的自组织和协同潜力。如果

工作过程中出现误差或某些新情况导致系统结果不准确，反向传播可以校正网络，调整神经元单元发出的信号强度，直到清除误差为止，这个过程是网络的训练和学习过程。当系统在未来遇到类似情况时，就能够对其进行正确的模拟。即人工神经网络具有自学习能力，在学习的过程中完善自己，并可以完成高度非线性和高度不确定性系统的辨识和控制。

⑤ 不规则问题的有效处理。系统能够对环境信息复杂、背景不清晰和推理不规则、不明确问题进行有效处理。语音识别、笔迹识别、医学诊断和市场估计等都是具有复杂非线性和不确定对象的控制，当信息以各种方式提供，其中一些又相互矛盾时，判定决策原则通常无法组织，但通过神经网络学习，从典型案例中学习处理具体案例，可以给出满意的答案。

国际著名神经网络研究专家罗伯特将人工神经网络定义为"一种人工建立的以有向图为拓扑结构的动态系统，通过对连续或间断的输入状态做出响应来处理信息"。人工神经网络是在模拟大脑的基本特性基础上实现功能的，但实际上，它并没有完全反映大脑真实神经系统，只是对生物神经网络的数学抽象以及简化和模拟，它本质上是由大量基本单元广泛连接、相互作用而实现信息处理的动态系统。

一般的人工神经网络结构如图 3-49 所示，它由输入层、n 层中间层和输出层构成。神经元在网络中用圆圈表示。每一层中的神经元排序方式为 $u_{a1}, u_{a2}, \cdots,$ $u_{ak}, u_{b1}, u_{b2}, \cdots, u_{bk}$ 直到 $u_{n1}, u_{n2}, \cdots, u_{nk}$。输入层为与输入端相连接的神经元，是网络系统的第一层，负责从系统外部接收信息。输出层为与输出端相连接的神经元，是网络系统的最后一层。输入层和输出层之间的各层被称为隐含层或中间层。

图 3-49 中有向线段表示神经元之间的连接，连接线旁的标注表示连接强度，称为权系数或权值，简称"权"。w_{a2b1}，其下标 $a2、b1$ 表示该系数为从神经元 u_{a2} 输出到神经元 u_{b1} 的权系数。一般地，在输入层中每个神经元可以将一种输入信号传向若干个神经元，而在输出层中每个神经元只接收一个神经元的输出信号。

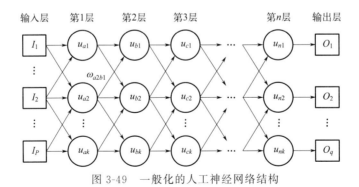

图 3-49 一般化的人工神经网络结构

将上述神经网络结构简化为数学模型，如图 3-50 所示。整个网络结构中任何一个神经元都不是高度复杂的中央处理器，而是接收来自其他神经元的输入信号后执行一些简单的计算任务。输入端输入信号，通过各连接权到达相应突触，再通过加法器求和形成总输入值，将总输入值与神经元的值进行对比，最后通过激活函数作用得到最终输出值。这一输出值又会作为下一层神经元的输入传递下去。

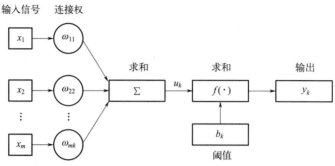

图 3-50　神经网络结构的数学模型

由于激活函数不同，神经元表现出的非线性特性也各有不同，常见的激活函数有三种：阈值函数（或阶梯函数）、分段线性函数、非线性转移函数（或单极性 S 型函数）。各激活函数的公式及图形如表 3-2 所示。

下面介绍人工神经网络算法中的代表算法：BP-ANN 反向传播神经网络。

BP 神经网络（Back-Propagation Neural Network）是由非线性变换单元组成的按照误差反向传播算法训练的多层前馈网络，BP 神经网络及其推导变化形式是实际应用最广泛的人工神经网络。图 3-51 所示为一般三层前馈网络结构示意图，模型中只有相邻两层之间的神经元相互连接，每层的各神经元之间没有反馈，每个神经元可以从前一层接收多个输入，但只有一个输出值输入下一层的各神经元。

表 3-2　各种激活函数公式与图形

激活函数名称	公式	图形
阈值函数	$f(v)=\begin{cases}1, & v\geqslant0 \\ 0, & v<0\end{cases}$	
分段线性函数	$f(v)=\begin{cases}1, & v\geqslant1 \\ v, & -1<v<1 \\ -1, & v\leqslant-1\end{cases}$	

激活函数名称	公式	图形
非线性转移函数	$f(v)=\dfrac{1}{1+\mathrm{e}^{-v}}$	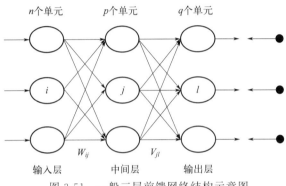

n个单元　　　p个单元　　　q个单元

W_{ij}　　　V_{jl}

输入层　　　中间层　　　输出层

图 3-51　一般三层前馈网络结构示意图

神经网络的学习和训练包括正向传播过程和反向传播过程。首先，确定一个训练样本集，确定输入信息和期望输出，以某种隐含的函数关系定义输入和输出，函数的具体形式可能为未知，因此使用神经网络来逼近这一函数关系。

在正向传播过程中，先选择一个合适的网络模型结构，提供一组随机的权值，选取学习样本作为输入信息，构成网络，然后输入信息从输入层进入网络，经中间层逐层处理，最后从输出层传出网络，整个过程为前馈模式，每一层的神经元只影响下一层神经元。网络输出的实际计算值与期望输出的误差指标函数如下所示：

$$E = \frac{1}{2}\sum_{p=1}^{p}\sum_{i=1}^{N_{\mathrm{L}}}(y_i(t)-y_i^{P}(t))^2$$

对某一给定的训练模式，上述误差指标函数则如下所示：

$$E_{\mathrm{P}} = \frac{1}{2}\sum_{i=1}^{N_{\mathrm{L}}}(y_i(t)-y_i^{P}(t))^2$$

一般初次训练的误差较大，转为反向传播过程，修改权值。再按照前馈模式重新计算，得到新的输出，如此循环往复，使误差随着迭代次数增加而降至最小。因此，神经网络的学习和训练可以概括为对某一确定的网络模型结构，反复计算得到最满足要求的权值参数，使误差指标函数最小。

神经网络的学习算法有三种：有导师学习（有监督学习）、无导师学习（无监督学习）和再励学习。有导师学习中，网络产生的实际输出与预先设置的期望输出（监督信号）做比较，根据误差调整网络权重。无导师学习中，在网络中输入信号后，无期望输出，网络按照学习规则自适应调整权重。再励学习中，外部环境只对网络输出结果做出评价（奖或惩），网络通过强化受奖励的神经元来进行学习。

改变权重的规则叫作学习规则，人工神经网络的学习规则如表3-3所示。

表3-3 人工神经网络的学习规则

学习规则	权值调整公式	学习方式	权值初始化	激活函数
Hebb学习规则	$\Delta w_{ij} = \eta f(\boldsymbol{W}_j^{\mathrm{T}}\boldsymbol{X})x_i$	无导师学习	0	任意
Perception(感知器)学习规则	$\Delta w_{ij} = \eta[d_j\,\mathrm{sgn}(\boldsymbol{W}_j^{\mathrm{T}}\boldsymbol{X})]x_i$	有导师学习	任意	二进制
Delta学习规则	$\Delta w_{ij} = \eta(d_j o_j)f(\mathrm{net}_j)x_i$	有导师学习	任意	连续
Widrow-Hoff(最小均方)规则	$\Delta w_{ij} = \eta(d_j\boldsymbol{W}_j^{\mathrm{T}}\boldsymbol{X})x_i$	有导师学习	任意	任意
Correlation(相关)学习规则	$\Delta w_{ij} = \eta d_j x_i$	有导师学习	任意	任意
Winner-Take-All(胜者为王)规则	$\Delta \boldsymbol{W}_m = \eta(x_i - w_{im})$	无导师学习	随机归一化	任意

根据上述神经网络的学习过程可以确定神经网络的训练有三个要素：训练样本集、网络结构与参数及误差指标函数。当三者选取均合适时，网络的训练才有效。在实际应用中，尚未有一种网络构造方法可以直接确定神经网络的结构和权值等参数，只能通过重复学习和训练以获得需要的网络模型。BP神经网络的训练过程如下：

① 获得训练样本，包括数据的采集、分析、预处理等。这是训练BP神经网络的第一步，也是至关重要的一步，训练样本的数据准确与否，决定输出结果的准确性。

② 根据任务性质和功能需求，选择合适的网络类型，通常是从已有的类型中选取简单又有效的网络结构。

③ 输入训练样本，包括输入信息和期望输出等。

④ 设置网络实际输出与期望输出之间允许的误差值。

⑤ 在反复训练中改变网络的各连接权值，使实际输入更接近期望输出，当误差满足要求时，输出结果。但训练过程要注意，训练次数过多会影响网络的泛化能力。

下面简单介绍一下MATLAB神经网络工具箱及函数。

MATLAB神经网络工具箱以人工神经网络理论为基础，用MATLAB语言构造出典型神经网络的变换函数，如sigmoid函数、线性函数等，使用户对所选定的网络输出的计算变成对函数的调用，并且根据各种典型的修正网络权值的规则，结合网络的训练过程，用MATLAB编写出各种网络设计与训练的子程序，从而可根据用户的实际需要来调用所需函数以解决实际问题。

在应用中，如应用神经网络求解一个实际问题时，应根据问题的特点，首先确定网络模型，然后通过网络仿真结果确定适合的网络。

对于信息的表达方式，各种应用领域的信息有不同的物理意义和表示方法，因此，要将这些不同物理意义和表示方法的信息转化为网络所能表达并处理的形式。不同应用领域的各种数据形式一般有以下几种：已知数据样本；已知一些相互关系不明的数据样本；输入-输出模式为连续量、离散量；具有平移、旋转伸缩等变化的模式。

对于网络模型选择，也就是确定变换函数、连接方式、各神经元的相互作用等。对网络参数的选择，也就是确定输入/输出神经元的数目、多层网络的层数和隐含层神经元的数目等。还有学习训练算法的选择，确定网络学习时的学习规则及改进学习规则，在训练时还要结合实际问题，考虑网络的初始化。最后进行系统仿真的性能对比，将应用神经网络解决的领域问题与其他采用不同方法的仿真系统的效果进行比较，以检验方法的准确度和解决问题的精度。

下面以 BP 神经网络的设计为例，介绍神经网络工具箱的应用过程。

① 生成网络。生成 BP 神经网络需要调用 newff 函数。

② 初始化网络。newff 函数在生成 BP 网络的同时，对各层神经元的权值和阈值也自动进行初始化，根据不同的问题及需要，可对各层网络权值和阈值的初始化函数重新定义并使用 init 函数重新对网络进行初始化，初始化函数表达式为：net＝init（net）。

③ 网络的学习规则。BP 神经网络采用 Delta 学习规则和误差反向传播算法。在 BP 算法中，沿着网络误差变化的负梯度方向不断调节权值和阈值，使网络误差达到极小值或最小值，此时误差梯度为零。对于不同的问题，在选择学习算法对 BP 网络进行训练时，不仅要考虑算法本身的性能，还要视问题的复杂度、样本集的大小、网络规模、网络误差目标和所要解决的问题类型而定。

④ 训练网络。在网络结构确定后，可以开始利用现有的输入输出样本数据训练神经网络，一般调用 train 函数。根据问题需要，设置训练参数，之后调用 train 函数进行网络训练。

⑤ 仿真计算。一般网络训练结束后，调用 sim 函数进行仿真计算。

BP 神经网络是目前广泛应用的一种神经网络，其原因在于 BP 算法简单易行、计算量小、并行性强等，并且具有对任一连续映射的非线性逼近能力。但是在实际应用中它仍存在如下问题：

① 算法学习效率低，收敛速度慢，容易陷入局部极小点；

② 数值稳定性差，对参数选取较为敏感；

③ 网络结构选取不能统一，中间层节点数的选取没有明确的方法指导。

为了克服 BP 算法的固有缺陷，许多学者已提出多种改进方法，不同程度、不同角度地优化 BP 网络性能。目前使用最普遍的改进方法是在传统 BP 算法中增加一个动量项，可增大权值调整量，平滑梯度方向的剧烈变化，提高学习速度，增加算法稳定性，避免陷入局部极小值。但是，在实际工程应用中，仅依靠添加一个附加动量项，并不能满足所有要求，仍需做进一步的理论研究。

由于误差逐层往回传递，从而修正层与层之间的权值和阈值，所以称该算法为误差反向传播算法。这种误差反传学习算法可以推广到有若干个中间层的多层网络，因此称该多层网络为 BP 网络。标准的 BP 算法是一种梯度下降学习算法，其权值修正是沿着误差性能函数梯度的反方向进行的。

针对标准 BP 算法存在的一些不足，目前出现了几种标准 BP 算法的改进算法，如 BP 动量梯度下降算法、变梯度算法、Levenberg-Marquardt（L-M）算法等。对于一个给定的问题,很难预知选用哪种训练方法,因为这种选择取决于许多因素,包括给定问题的复杂性、训练样本集的数量、网络权值和阈值的数量、误差目标、网络的用途(如用于模式识别还是函数逼近)等。

通过实验可以比较各种算法的性能,一般对于包含数百个权值的函数逼近网络,L-M 算法的收敛速度最快。如果要求的精度比较高,该算法的优点尤其突出。在许多情况下,采用 L-M 算法可以获得比其他任何一种算法更小的均方误差。但这种算法的缺点是需要比较大的存储空间,随着计算机的快速发展,这个缺点可以得到解决,因此 L-M 算法被广泛地应用于各个领域。

BP 动量梯度下降算法是在梯度下降算法的基础上引入了动量因子,这种算法的收敛速度也比较快,学习时间较短,可满足大多数的要求,是 BP 网络中较常用的一种方法。在对精度要求不是很高的情况下,BP 动量梯度下降算法也是一种很好的选择。

BP 神经网络算法流程见图 3-52。

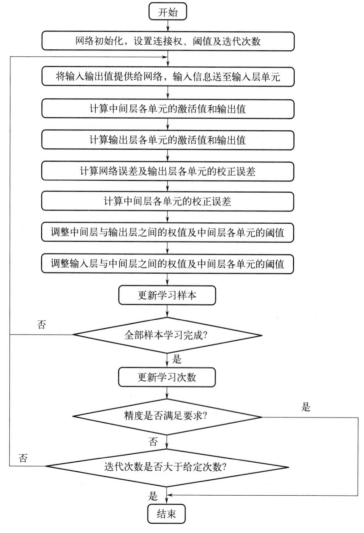

图 3-52　BP 神经网络算法流程

下面对几种改进方法进行简单介绍。

① 附加动量法。BP 神经网络的激活函数为单极性 S 型函数，因此以其为自变量的误差函数是一个非线性函数，对于复杂的 BP 网络，误差函数的图形就是一个多维空间的曲面，误差函数为零的点是全局最小点，但由于函数图形凹凸不平，因此在网络训练过程中可能陷入某一小谷区，而这个小谷区是局部极小点，由此点无论向哪个方向进行都会使误差增加，导致系统误判其为全局最小点，如图 3-53 所示。如果训练过程从 B 点开始，那么可以达到全局最小点；但若从 A 点开始，达到局部极小点后将无法逃脱，造成训练无法继续进行。

产生这一缺陷是因为网络训练采用梯度降速规则，按误差函数梯度下降的方向进行调整。避免陷入局部极小点可采取的措施为附加动量法，给每个权值加上一个很小的动量数 n（$0 < n < 0.02$），使网络在调整权值时，不仅考虑误差在梯度上的作用，而且考虑在误差曲面上变化趋势的影

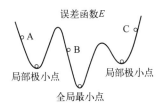

图 3-53　误差函数多极点示意图

响，其作用如同一个低通滤波器，利用附加动量的作用则有可能滑过局部极小点。

② 激活函数的修正。激活函数一般采用单极性 S 型函数 $f(x) = 1.0/(1.0 + e^{-x})$，该函数的输出动态范围为 $[0, 1]$，如图 3-54 所示。而大多数工程实际问题中，输入输出值可能为正数，也可能为负数，超出了该函数的值域范围，因此需要对激活函数进行修正。由于 BP 算法要求激活函数有连续可微的非线性特征，因此将单极性 S 型函数改变为如下一般形式即可满足要求：

$$f(x) = \frac{1}{a + be^{-cx}}$$

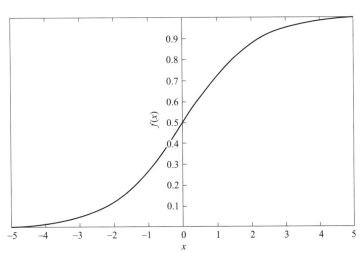

图 3-54　单极性 S 型函数

改变后的激活函数，输出范围为 $[-1, 1]$，如图 3-55 所示，可进行负值输出，并且由单极性（全部为正值）变为双极性（正负值皆可），减少网络计算收敛时间。

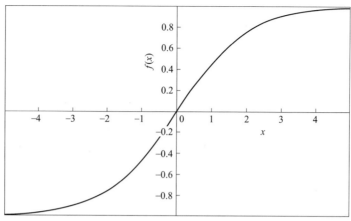

图 3-55　双极性 S 型函数

③ 训练样本归一化。BP 神经网络中输入信息所包含的物理量大多不相同，数值大小相差较大，因此，必须将各量值做归一化处理，防止小值被大值淹没。激活函数修正后，值域为 $[-1.0, 1.0]$，但由图 3-55 可以看出，该激活函数在 $[-1.0, -0.9]$ 和 $[0.9, 1.0]$ 两个区域时曲线变化变得平坦，所以归一化输入量时应保证输出值在 $[-0.9, 0.9]$ 范围内，因此，一般将各输入量值归一化至 $[-0.9, 0.9]$ 范围内。经过归一化后的训练样本数据全部落在 $[-0.9, 0.9]$ 区域内，这样既不影响数据间的信息联系，同时又能加快网络学习速度。

④ 网络学习参数的调整。在 BP 算法中，有三个重要参数：学习速率 α、β 和动量因子 η，它们共同影响学习速率。在刚开始进行网络训练时，系统误差较大，应加快学习速率，相应的学习参数应较大；而当训练次数增加，误差减小时，学习参数应相应减小，以免网络结构出现振荡。下面举例探究三个参数与学习速率的关系。

设有如下三组输入样本 $[X]$ 和输出样本 $[Y]$，网络误差平方和计算公式最大值设为 $E_{\max} = 0.01$，取中间层节点数 $p = 8$，设计三层 BP 神经网络，其结构为 16 个输入层节点，8 个中间层节点，3 个输出层节点。

$$[X] = \begin{bmatrix} 1 & 1 & 1 & -1 & 1 & -1 & -1 & -1 & 1 & -1 & -1 & -1 & 1 & 1 & 1 & -1 \\ 1 & -1 & -1 & 1 & 1 & 1 & -1 & 1 & 1 & -1 & 1 & 1 & 1 & -1 & -1 & 1 \\ 1 & 1 & 1 & 1 & -1 & 1 & -1 & -1 & -1 & -1 & -1 & -1 & 1 & 1 & 1 \end{bmatrix}^{\mathrm{T}}$$

$$[Y] = \begin{bmatrix} 1 & 0 & 0 \\ 0 & 1 & 0 \\ 0 & 0 & 1 \end{bmatrix}^{\mathrm{T}}$$

将三组样本数据代入网络中进行学习训练，可以得到学习速率 α、β 和动量因子 η 与学习次数之间的关系如表 3-4 所示。

表 3-4　学习速率 α、β 和动量因子 η 变化记录表

$\alpha = \beta$	动量因子 η							
	0.1	0.2	0.3	0.4	0.5	0.6	0.7	0.8
0.1	112	97	80	73	71	73	88	187
0.2	70	43	47	34	32	42	69	151

$\alpha=\beta$	动量因子 η							
	0.1	0.2	0.3	0.4	0.5	0.6	0.7	0.8
0.3	40	27	23	34	23	28	34	40
0.4	23	18	22	22	21	26	27	28
0.5	17	16	27	19	10	17	17	25
0.6	12	16	15	14	14	16	15	23
0.7	11	10	9	7	8	12	14	28
0.8	11	9	8	8	9	10	15	29
0.9	10	7	8	7	10	11	15	27

观察表格中数据可以得到：动量因子 η 的值保持不变时，随着学习速率 α、β 的值增大，需要的学习次数减少，网络的收敛速率加快；当学习速率 α、β 的值保持不变时，随着动量因子 η 的值增大，需要的学习次数也相应减少，网络的收敛速率加快；但是，当 $\eta \geqslant 0.7$ 时，随着学习速率值增大而加快的学习速率逐渐放缓；同样地，当 $\alpha=\beta > 0.5$ 时，随着动量因子值增大而加快的学习速率也逐渐放缓，甚至可能出现网络不收敛的状况。

⑤ 中间层节点数的确定。神经网络收敛速率的影响因素不仅有学习参数，还有中间层节点数。中间层节点过少，BP 网络不再具有相应的映射能力和容错能力，影响训练结果的准确性；节点过多，又会导致网络结构过于庞大，提高学习训练强度。

第
4
章

多传感器数据融合功能与结构模型

4.1 多传感器数据融合的功能模型

信息融合模型可以从功能、结构和数学模型等方面来研究和表示。功能模型从融合过程出发，描述信息融合包括哪些主要功能、数据库，以及进行信息融合时系统各组成部分之间的相互作用过程；结构模型从信息融合的组成出发，说明信息融合系统的软、硬件组成，相关数据流、系统与外部环境的人机界面；数学模型则是信息融合算法和综合逻辑。为了更有针对性地研究信息融合算法，本节讨论信息融合系统的功能模型。

Hall 和 Wallz 等人把多传感器信息融合分为三级，也有学者根据融合的功能层次，把信息融合分为五级，即五个层次，本节将讨论各种功能模型的结构。在信息融合的五级模型中，第一个层次为检测（判决）融合，第二个层次为位置融合，第三个层次为目标识别（属性）信息融合，第四个层次为态势评估，第五个层次为威胁估计。在这种功能模型描述中，前三个层次的信息融合适合于任意的多传感器信息融合系统，而后两个层次主要适用于军事领域（指挥-控制-通信与情报系统中的信息融合）。这是一种广义的信息融合功能分级法，从信息融合功能的角度出发把它分为五个层次，更有利于信息融合技术的研究。图 4-1 给出了这种分级方法的功能框图，图中，左边是传感器的监视（跟踪）环境及数据的信息源。辅助信息包括人工情报、先验信息和环境参数。融合功能主要包括第一级处理、预滤波、采集管理、第二级处理、第三级处理、第四级处理、第五级处理、数据库管理、支持数据库、人机接口等。

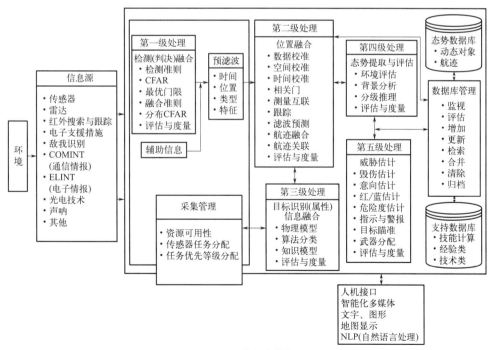

图 4-1　融合功能框图

第一级处理是信号处理级的信息融合，也是一个分布检测问题，它通常是根据所选择的检测准则形成最优化门限，以产生最终的检测输出。近几年的研究方向是，传感器向融合中心传送经过某种处理的检测和背景杂波统计量，然后在融合中心直接进行分布式检测。

预滤波根据观测时间、报告位置、传感器类型、信息的属性和特征来分选和归并数据，这样可控制进入第二级处理的信息量，以避免融合系统过载。数据采集管理用于控制融合的数据收集，包括资源可用性、传感器任务分配及任务优先等级分配等。传感器任务分配要求预测动态目标的未来位置，计算传感器的指向角，规划观测和最佳资源利用。

第二级处理是为了获得目标的位置和速度，它通过综合来自多传感器的位置信息建立目标的数据库，主要包括数据校准、测量互联、跟踪、滤波预测、航迹融合等。

第三级处理是属性信息融合，它是指对来自多个传感器的目标识别（属性）数据进行组合，以得到对目标身份的联合估计，用于目标识别（属性）融合的数据包括雷达横截面积、脉冲宽度、重复频率、红外谱或光谱等。

第四级处理包括态势的提取与评估，主要用于军事方面。态势的提取是指由不完整的数据集合建立一般化的态势表示，从而对前几级处理产生的兵力分布情况有一个合理的解释；态势的评估是通过对复杂战场环境的正确分析和表达，导出敌我双方兵力的分布推断，绘出意图、告警、行动计划与结果。

第五级是威胁估计。即从有效地打击敌人的能力出发，估计敌方的杀伤力和危险性，同时还要估计我方的薄弱环节，并对敌方的意图给出提示和告警。辅助功能包括数据库管理、人机接口与评估，计算它们也是融合系统的重要组成部分。

从处理对象的层次上看，第一级属于低级融合，它是经典信号检测理论的直接发展，是近十几年才开始研究的领域，目前绝大多数多传感器信息融合系统还不存在这一级，仍然保持集中式检测而非分布式检测，但是分布式检测是未来的发展方向。第二和第三级属于中间层次，是最重要的两级，它们是进行态势评估和威胁估计的前提和基础。实际上，融合本身主要发生在前三个级别上，而态势评估和威胁估计只是在某种意义上与信息融合具有相似的含义。第四和第五级是决策级融合，即高级融合，它们包括对全局态势发展和某些局部形势的估计，是军事系统指挥和辅助决策过程中的核心内容。

4.2　数据融合的检测及结构模型

随着科学技术的发展，传感器性能获得了很大的提高，各种面向复杂应用背景的多传感器系统大量涌现。数据融合技术将传感器传来的数据进行综合处理，从而得出更为准确、可靠的结论。目前，多传感器数据融合技术被应用在众多领域，越来越受到人们的普遍关注。人们对数据融合理论、模型和算法进行了系统的研究和探讨，但多传感器数据融合在工程实现中还有许多问题需要解决。

数据融合是一个实时的、大数据量的数据处理过程。其数据处理的规模、复杂度日益增加，导致相应的软件系统也越来越复杂。

检测融合是信息融合理论的重要研究内容之一，将来自多个不同传感器的观测数据或者判决结果进行综合，从而形成一个关于同一环境（事件）的更完全、更准确的判决。

融合方式可分为集中式与分布式两种。集中式融合方式是指各传感器将其观测数据直接传输到融合中心，融合中心根据各传感器的观测数据进行假设检验，并形成最终的判决。其特点是：可获得较好的检测性能；数据传输量大；可提供融合系统检测性能的上限；作为评价各种融合算法检测性能的标准。

集中式检测融合本质上是假设检验问题，因此主要讨论分布式检测融合。分布式检测融合则是各传感器首先基于自己的观测进行判决，然后将判决结果传输到融合中心，融合中心将各传感器的判决作为自己的观测量并据此进行假设检验，形成最终的判决。分布式软决策融合系统中传感器的融合通信量大为降低，但该判决信息不能充分反映传感器的观测信息，融合系统性能下降。由于系统的通信能力可能有余，所以各传感器可根据系统采用多位的通信能力，传送多位二进制判决信息。二进制数据表示的传感器判决称为软决策，相应的融合系统称为分布式软决策融合系统。

分布式检测融合的研究成果最早在 1981 年出现，指出为了提高检测性能，需要对各传感器的判决规则进行联合最优化。

1982 年，采用其他融合结构的可行性问题被提出，在业内引起广泛讨论。

1986 年，有研究者将融合规则的设计方法纳入经典假设检验理论，将各传感器的判决视为融合中心观测量，将融合规则视为假设检验规则，即得到最优融合规则为似然比判决规则。

全局最优化方法是检测融合理论的核心内容，融合检测系统性能优于单个传感器的充分必要条件是主要问题，即多个性能相近的传感器融合能获得较好的效果，如果一个传感器优于其他传感器太多，则融合效果不明显。无线传感器网络系统在临界性检测领域具有十分重要的应用价值。然而，传感器节点采集的数据容易受到环境噪声、信号衰减和系统误差等因素的影响，使得采样数据的质量低下，难以达到实际应用所需的性能要求，已有不少学者使用数据融合技术来提高检测性能，并验证了该方法的有效性。

数据融合分为数值融合与决策融合等方式。数值融合需要传输大量的原始数据，从而增加了系统的通信开销，同时，所有的数据处理均集中在融合中心，影响了系统的负载均衡。与数值融合不同的是，决策融合机制传输的仅仅是单一的判断结果，在减少通信开销的同时能获得更加均衡的系统负载性能。然而，通常采用的贝叶斯准则需要把难以预先假设的先验概率和代价因子作为已知条件，影响其实际应用。

1987 年，出现了奈曼-皮尔逊（Neyman-Pearson，N-P）融合系统的最优融合规则。N-P 准则，是雷达声呐等信号处理过程中检测问题的一个经典决策融合判定准则，能够在给定系统虚警概率约束条件下，获得最大的系统检测准确率。然而在使用 N-P 准则的同时，需要根据环境条件设定每个节点的局部判决阈值和融合中心的全局判定阈值。已有的工作却极少涉及最优值的推导和求解。有学者引入基于 N-P 准则的决策融合机制，分析了满足约束条件的局部判定阈值和全局最优判定阈值，并根据分析结果设计了相应的求解算法和最优检测准则。最优融合规则为似然比判决规则，判决门限则由融合系统的虚警概率决定。

1988 年，串行融合系统的全局最优化融合问题被提出。

1989 年，贝叶斯融合系统的全局最优化问题被提出。在各传感器观测独立的条件下，融合中心及各传感器的最优判决规则均为似然比判决规则。贝叶斯全局优化是一类特殊的全局优化方法，近年来，在机器学习尤其是超参数调优、神经网络结构设计等方面得到广泛的应用。

在目标函数未知、梯度信息不可获取的条件下，贝叶斯优化方法考虑用一个"先验"模型作为目标函数的代理，基于代理模型选择下一步要评估的点，得到之后，后验更新代理模型；这样迭代下去，直到满足停止条件。直观上看，一个好的代理模型应该具有易于进行贝叶斯更新的特点；贝叶斯优化选择高斯过程回归（Guassian Process Regression）作为代理模型。对于可行域中的任意的点，在高斯过程回归中，假设它们的函数值服从一个先验的多元正态分布，在可行域中距离相近的两个点，它们的函数值应该相近，因此两点的函数值的先验分布应该有更强的相关性。假设现在已经选择了两个点，也评估了它们的函数值，此时就可以基于贝叶斯公式更新可行域中每一个点的后验概率分布（仍然是正态分布）。对于正态分布，其后验更新具有很好的 closed-form 形式，有了后验的代理函数之后，需要决定接下来在哪个点上评估得到，并期待能够给优化目标带来更多的信息。选取需要一个评价标准，这个标准应该能够衡量评估带来的价值；在贝叶斯全局优化中，这一标准被称为 acquisition function。最常见的 acquisition function 有期望提升（expected improvement）、知识梯度（knowledge gradient）、搜索（entropy search）等。

1991 年，在各传感器观测相关条件下，N-P 融合系统的最优融合规则问题被提出；同年，出现串行融合系统检测性能达到最优的充分必要条件，推动检测融合发展。

1992 年，贝叶斯融合系统的最优融合规则问题被提出。在工程应用中，漏检和虚警两类错误的后果并非同等严重，为了反映这些差别，应对各类错误概率分别规定不同的代价，即代价函数，来反映损失的不同。对每一个决策结果分配相应的代价值，基于假设概率得到平均总代价。贝叶斯融合检测最优融合规则就是使平均总代价最小，按贝叶斯准则与按最大后验概率准则得到的检测系统只是门限不同。在概率论理论体系中，贝叶斯融合检测是多传感器系统优化决策的主流技术，是迄今为止理论上最完整的信息融合方法。在各种先验概率及各种错误决策代价已知的情况下，贝叶斯方法是最优的方法，但是如何获得所需先验概率知识及各种错误决策的代价是应用该方法的一个关键问题。

1993 年，串行融合结构被推广到树状融合结构，在这种结构中，信息传递处理流程是从所有的树枝到树根，最后，在树根即融合节点，融合从树枝传来的局部判决和自己的检测，做出全局判决。

1994年，分布式贝叶斯检测融合系统的异步检测问题被提出，同时出现了带反馈结构的融合系统。带反馈结构的融合系统仍是检测性能中最受重视的基本并行结构。分布式检测融合理论的一个重要应用领域是分布式雷达和多基地雷达检测融合系统。

1996年，N-P融合系统的全局最优化问题获得解决，并给出了融合中心及各传感器的最优判决规则。在传感器观测独立的条件下，最优判决规则可简化为似然比判决规则；而为了求得各传感器的最优判决门限，则需要求解一组高度耦合的非线性方程。

数据融合的结构模型一般分为集中式与分布式，分布式模型又可分为分散式结构、并行结构、串行结构、树状结构和带反馈并行结构五种结构，下面对这几种结构进行简单介绍。

集中式，就是将各传感器获得的原始数据直接送到中央处理单元进行融合处理，可以实现实时融合。

从图4-2中可以看出，各传感器没有自己的处理器，只能将数据都传到中央处理器中，然后实现实时融合。集中式融合结构简单，数据处理精度较高，算法相对灵活，融合速度快。但也存在一定的弊端，如各传感器之间相互独立，数据直接流向融合中心，缺乏必要的联系；融合中心的计算和通信负载过重，系统容错性差，可靠性较低。

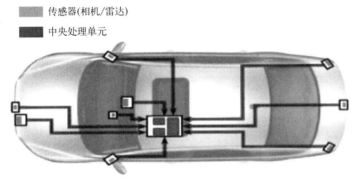

图 4-2　集中式检测结构

分散式融合结构没有中央处理单元，每个传感器都要求做出全局估计，一般采用分散卡尔曼滤波技术来实现多传感器信息的融合。为了简化算法，做以下三点假设：

① 传感器分散网络结构中的每一个融合节点都和其他节点直接相连；
② 节点的通信在一个周期内同时进行；
③ 所有节点使用同样的状态空间。

当每个节点得到自己的局部估计后，就与其他相连的节点进行通信，接收其他节点传递来的信息后进行同化处理，同化包括状态同化和方差同化，从而在每个节点都可以得到全局的状态估计和方差估计。由 n 个节点组成的分散式融合结构网络中，任一个节点都可以做出全局估计，某一节点的失效不会显著地影响系统正常工作，其他 $n-1$ 个节点仍可以对全局做出估计，有效地提高了系统的鲁棒性。尽管每个节点都具有较大的通信量，但是其通信量都没有集中式融合中心的通信量大，且由于其采取并行处理，解决了通信瓶颈问题。通过分散融合各传感器之间互通信息，加强了联系，尽管通信费用较高，但是系统的鲁棒性和容错性得到了提高。

并行结构是指同时使用多种计算资源解决问题的过程，是提高系统计算速度和处理能力的一种有效手段。它的基本思想是用多个处理器来协同求解同一问题，即将被求解的问题分解成若干个部分，各部分均由一个独立的处理机来进行计算。并行结构既可以是专门设计的、含有多个处理器的超级计算机，也可以是以某种方式互连的若干台独立计算机构成的集群，还可以通过同一个计算机中的异构并行计算和通用计算单元的多个线程实现。在数据融合中，并行结构就是将同一问题分成不同部分，通过多个传感器单独处理，在局部节点做出局部的检测判决，随后在检测中心通过融合得到全局判决。

以图像融合处理为例介绍说明并行结构。在科学技术飞速发展的今天，各种传感技术层出不穷，成像技术（视觉传感技术）也各式各样。目前已经成熟的成像技术有可见光成像（VIS）、红外成像（IR）、磁共振成像（MR）、近红外成像（NIR）、计算机断层成像（CT）、正电子断层扫描技术（PET）、单光子发射断层扫描技术（SPECT）和康普顿散射断层扫描技术（CST）等。其中，IR 主要用于军事领域，NIR 通常用于人脸识别和 3D 建模等，MR、CT、PET、SPECT 和 CST 等主要用于医学诊断。尽管成像技术如此之多，但是每种成像技术都智能捕捉特定的信息，如可见光成像就只能捕捉可见光频段的信息，红外成像只能捕捉红外频段的信息。因此，为了使一幅图像包含更多的信息，使图像更符合人类视觉识别或者更有利于计算机的识别，图像融合技术应运而生。

图像融合通过将多幅图像组成一幅图像，去掉其中的冗余信息，把各个图像互补的信息组合成为一张信息量丰富的图片。图像融合技术经过多年的发展，其算法从简单的单尺度发展到多尺度变换和稀疏变换等，融合规则也从简单的加权发展到了基于区域能量和主成分分析等方法。虽然融合图像的效果有了很大的提高，但是伴随着算法的不断更新，时间复杂度也在急速增加。面对许多复杂耗时的融合算法，为了让算法的效率提高，实际使用的耗时能够让人接受，出现了一些基于并行计算的图像融合算法，通过并行计算以提高算法的速度。图像融合通常是将两个或者多个对于同一场景通过不同成像传感技术或者同一传感器采用不同成像参数获取的图像合成到一张图像中的技术，现阶段将图像融合分为三个层面，即像素级、特征级和决策级，目前主流的图像融合算法都集中在像素级，而特征级的图像融合算法极少，决策级的图像融合算法几乎没有。像素级的特征融合又分为基于空域的图像融合和基于变换域的图像融合：基于空域的图像融合直接在空间域对图像进行操作；基于变换域的图像融合需要将图像经过特定的变换，然后根据某种融合规则融合变换后的系数，最后对融合系数进行反变换，从而获得融合的图像。变换域的图像融合考虑到了多尺度、多分辨率和频率等特性，使得其相对于基于空域的图像融合，减少了频率的失真。但是在基于变换域的图像融合算法中往往需要大量的卷积操作和复杂的融合规则，从而导致算法的时间复杂度极大地增加。为了提高算法的效率，出现了一些对图像融合并行计算的研究。目前基于并行计算的图像融合算法的基本框架如图 4-3 所示，主要可以分为以下四个过程：

① 对图像进行图像配准等预处理；

② 将预处理的多幅图像分割为多幅子图像；

③ 将子图像分别分配给不同的 GPU 线程块进行计算，包括图像的变换、对应稀疏的融合以及反变换；

④ 对分割的子图像进行拼接以获取最终的融合图像。

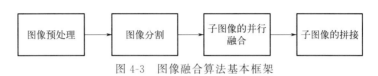

图 4-3　图像融合算法基本框架

上述过程中，只有第③步是在 GPU 中进行并行计算的。②、④两步无法进行并行计算，但是其对于整个算法的复杂度的贡献远不及第③步中的处理，所以仅对第③步的并行化就能获得很好的效果。

同理，若需对多光谱和单色的高分辨率图像进行融合，基本步骤也是如此：

① 预处理：将多光谱图像从 RGB 色彩空间转换到 HIS 色彩空间；

② 将多光谱图像的 I 分量和高分辨率单色图像进行分割，并将分割后的子图像分配给不同的集群节点；

③ 每个节点负责对子图像进行小波包分解；

④ 子图像的局部融合：对节点所处范围内的子图像使用线性加权融合规则融合；

⑤ 后处理：将每个节点的数据收集起来，进行图像拼接获取最后的融合图像，并将融合的 I 分量和 H、S 分量变换到 RGB 空间。

也可对红外和可见光图像进行融合，融合过程如图 4-4 所示。

除了上述使用并行计算的图像融合算法外，2008 年，王攀峰等人提出了一种基于复小波变换的遥感图像并行融合算法，该算法综合运用了数据分布、并行数据处理和负载均衡技术，以克服单机处理在计算能力和存储器空间上的限制；针对基于 CWT 的图像融合处理的计算特点，设计了一种可有效避免计算过程中数据通信的冗余划分方法。2009 年，卢俊等人提出了一种基于 GPU 的遥感影像数据融合 IHS 变换算法，将 HIS 的正反变换都映射到 GPU 中进行计算，并应用 RTT 和 MRT 技术实现了 HIS 空间的三个分量并行渲染输出。2010 年，徐显和杨杰提出了一种基于图形处理器硬件加速的高精度医学图像融合算法，提出一种基于 GPU 硬件加速的频域非下采样轮廓波变换（FNSCT）算法，该算法构造了更加简单、快速的频域非下采样轮廓波变换，有效消除了传统小波变换以及轮廓波变换应用于图像融合算法时引起的振铃和伪吉布斯现象，结合 GPU 在并行大规模浮点数及快速傅里叶变换（FFT）上的高速运算能力，解决了非下采样轮廓波变换（NSCT）速度慢的问题，实现了一种高精度的医学图像融合加速算法。

目前主流的图像融合并行计算方法都是建立在已有的图像融合算法之上的，

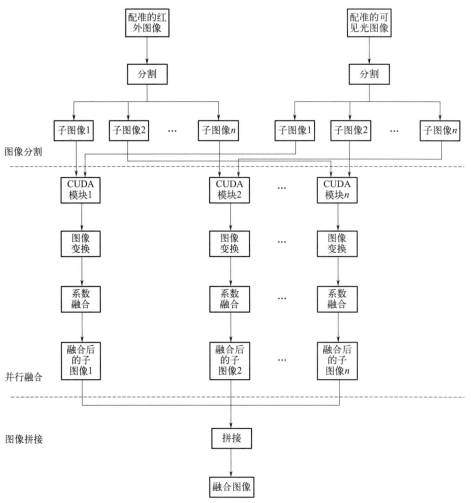

图 4-4　红外图像与可见光图像融合

在保持图像融合质量的前提下对融合的并行性进行分析，并用实验验证了并行计算对图像融合算法的速度提升。但都未提出创新性的图像融合算法，与此同时，图像融合的并行算法框架比较单一，只有极少数能从算法本身的角度进行并行化，大多是通过将图像分割为多个子图像，进而对多个子图像进行并行计算。因此，并行后的提速比仅仅与图像分割的子图像数量有关，提速比与子图像数量成正比例关系。

如图 4-5 所示，串行结构是 n 个局部节点分别接收各自的检测后，首先由前节点做出局部判决，然后将它通信到下一节点，而下一节点则将它本身的检测与上一节点产生的检测结果融合形成自己的判决，再重复前面的过程，信息继续向右传递，直到最后一个节点。最后，将它的检测与之前节点的总决策融合做出全局判决。

树状结构是由串行结构推导而来的。在这种结构中，信息传递处理流程是从所有的树枝到树根，最后在树根即融合节点，融合从树枝传来的局部判决和自己的检测，做出全局判决。

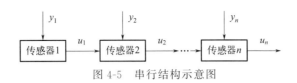

图 4-5　串行结构示意图

带反馈（并行）结构的融合系统，仍是融合系统检测性能中最受重视的基本并行结构。对于无反馈结构的分布式检测系统，国内外已有很多文献对最优检测时的融合规则和传感器的判决规则进行了说明。目前，带反馈结构的分布式检测系统是人们关注和研究的热点。例如，R. Srini-vasan 提出了一种融合中心反馈至传感器的反馈方案，并指出随着反馈步数的增加，检测概率渐进。国内也有学者提出了融合中心反馈至传感器的反馈结构，在分析该种反馈结构改进系统检测性能原理的基础上，提出了一种结合积累与反馈的新结构，这种结构能够更加充分地利用观测信息。

对于融合中心反馈至传感器的反馈结构，融合中心将判决结果反馈至传感器，各传感器利用反馈回的结果修正各自的判决规则。在该过程中，各传感器观测相互独立，目标特性在系统一次检测过程中保持不变，各传感器都独立且同步地做出自己的判决。相对于无反馈的情况，各传感器的判决阈值都乘以一个因子，而这个因子与系统在上一时刻的检测情况有关。这种反馈方式对系统性能有所改进的主要原因是系统在当前时刻的检测中，各传感器利用了系统前一时刻的判决以修正其各自的判决规则，在当前时刻的判决过程中，对于各传感器，可以把系统前一时刻所提供的判决信息理解为关于环境的先验知识，而这些先验知识是通过系统前一时刻检测得到的上述反馈结构对于系统性能的改进，是利用了先前的判决信息。而这种判决信息是在原来观测统计量的基础上进行处理压缩得到的，这种二值化处理所带来的信息损失非常显著。一种较为合理的结构是在反馈的过程中，各传感器对观测统计量进行积累，同时利用系统反馈信息进行判决，结合融合中心反馈至传感器的反馈结构，同时利用各传感器对观测统计量进行积累。

在这种结构中，N 个局部检测器在接收到观测之后，把它们的判决送到融合中心，中心通过某种准则组合为 N 个判决，然后把获得的全局判决分别反馈到各局部传感器作为下一时刻局部决策的输入，这种系统可明显改善各局部节点的判决质量。

4.3　目标识别融合结构及分类

如前面所述，目标识别的数据融合结构主要有三类：决策层属性融合、特征层属性融合和数据层属性融合。

图 4-6 示出了决策层属性融合结构。在这种结构中，每个传感器为了获得一个独立的属性判决，要完成一个变换，然后按顺序融合来自每个传感器的属性判决结果。决策层属性融合是一种最高层次的融合，它首先利用来自各传感

器的信息对目标属性等进行独立处理，对每一数据进行属性说明，然后在决策端对其输出的结果进行融合，从而得到目标对象的融合属性说明。决策层属性融合可以有三种形式：决策融合、决策及其可信度融合和概率融合。

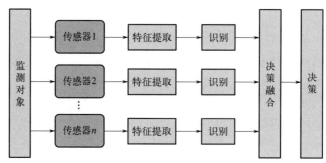

图 4-6　决策层属性融合

图 4-7 表示了特征层属性融合的结构。在这种结构中，每个传感器观测一个目标，并且为了产生来自每个传感器的特征向量，要完成特征提取，然后融合这些特征向量，并基于联合特征向量做出属性判决。另外，为了把特征向量划分成有意义的群组，必须运用关联过程，对此位置信息是有用的。特征级融合既可以说是中心级融合体系结构的特性，也可以说是传感器级融合体系结构的特性。使用综合特征的一个典型实例就是通过将单个传感器的特征向量进行端对端串接，形成一个更长的向量作为分类器的输入。

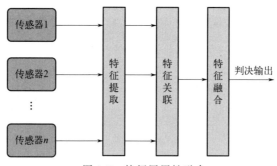

图 4-7　特征层属性融合

属性融合的最后一种结构表示如图 4-8 所示。在这种数据层属性融合结构中，直接融合来自同类传感器的数据，然后是特征提取和来自融合数据的属性判决。为了完成这种数据层属性融合，传感器必须是相同的，如几个红外（IR）传感器或者是同类的（如一个红外传感器和一个视觉图像传感器）。为了保证被融合的数据对应于相同的目标或客体，关联要基于原始数据完成，与位置融合结构类似，通过融合靠近信息源的信息可获得较高的精度，即数据层属性融合可能比特征层精度高，而决策层可能最差。但数据层属性融合仅对产生同类观测的传感器是适用的。当然，通过这三种结构也可以组成其他混合结构。另外，就融合的结构而论，位置与属性融合是紧密相关的，并且常常是并行同步处理的，这就是有人把它们看成一级融合的原因。此方法能够最大程度上保留原始数据的特征，具有最高精度。局限性在于对原始数据的准确度要求高，并且处理的数据量大，所需时间较长。

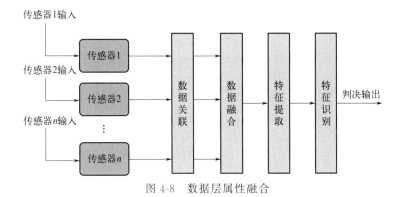

图 4-8　数据层属性融合

Dasarathy 将传统的数据层、特征层和决策层属性融合进一步细分为"数据入-数据出（DAI-DAO）""数据入-特征出（DAI-FEO）""特征入-特征出（FEI-FEO）""特征入-决策出（FEI-DEO）"和"决策入-决策出（DEI-DEO）"五级。该方法可用于构建灵活的信息融合系统结构，对实际的应用研究有指导意义。多传感器信息融合的优势在于，能够综合利用多种信息源的不同特点，多方位获得相关信息，从而提高整个系统的可靠性和精准度。未来传感器融合技术将显得更加重要，并且会成为一种趋势。

仍以多源图像数据信息融合为例进行探讨。

在目标识别系统中，可见光传感器和红外传感器是常用的两种传感器，主要负责在白天与黑夜对目标图像数据进行有效的采集，充分结合了它们在图像信息上的互补性，从而使得它们能够协同进行并得到更高的识别精确度、环境抗干扰性和适应能力。所以相对于单一的传感器目标识别系统而言，多传感器协同的目标识别系统具有以下优点：

① 分辨率高、可信度高、生存能力强、有利于识别目标；

② 范围广，扩展了目标识别有效空间、时间的覆盖范围，对隐身目标能有效地进行识别；

③ 可见光和红外传感器能够采集图像的不同特征，从而降低了目标识别的模糊性，对目标能够进行更有效的识别；

④ 可实时、全天候、全方位、多角度地对目标进行有效识别，改善了系统的整体性能。

图像特征的信息融合不仅能够帮助我们从图像中提取更多有效的特征信息，以此来对图像进行综合分析和融合处理，而且还可获得图像中附带可利用的其他特征，在一定程度上帮助系统降低训练学习的复杂度，从而增强算法的鲁棒性。特征信息图像融合通过外部传感器获得的图像数据，既能对目标的多特征信息进行融合和保留，也能帮助我们在一定程度上消除原始图像的一些冗余信息，这样就能达到信息压缩的目的，有利于对信息进行有效的实时处理。目标识别主要就是依靠目标特征数据库，利用多传感器检测图像特征。信息融合就是为了从不同角度、不同时间、不同空间对目标信息进行有效采集，通过有效的特征提取以及特征信息融合，更好地去识别目标，提高目标识别系统的可靠性。

目前，人们对特征融合的研究仍然停留在对样本能提取什么样的特征、如何选择合适的融合规则。目前对于融合算法的开发，主要基于对象需求来对其展开设计，理论上还没有一套统一体系与评价体系。在特征融合以及目标识别的研究中，广大学者的注意力主要在处理算法、融合识别的结构与框架和对特征融合识别系统如何进行建模与实现等问题上，这几方面中研究热度最高的是融合识别中使用的算法及信息融合系统在各领域中具体的应用，主要是解决实际中遇到的问题，如传感器中解决时域协调性的问题，在全局坐标中解决相关的一致性检验、坐标的变换、信息的同化、数据的关联等问题。其中，最棘手的问题是解决一致性检验和数据的关联。而特征级与决策级融合的识别算法与人工智能紧密结合，其应用是比较常见的。

当前比较主流的算法有卡尔曼滤波法、加权平均法、N-P法、错误率最小化方法、贝叶斯法、证据组合（D-S）法、神经网络法、模糊理论法、聚类分析法等。目前，在基于特征级融合识别方法的应用中，广泛采用的算法包括 N-P 法、神经网络法、模糊理论法、聚类分析法及各类混合算法。都是基于同一传感器，通过对图像进行不同方向、时刻和角度的特征采集来进行有效的融合，而由于技术原因，对基于多传感器图像特征信息融合的应用还相对不多。由于信息融合处于目标识别系统的前一级，属于"心脏"地位，其处理过程是不断发展且具有一定的不确定性的，以目前我们所知的理论、技术、设备来对信息融合方法进行研究还达不到很高的要求。虽然如此，一些成果还是成功地应用在了生活和军事诸多领域中。

在模式识别方法中，模糊理论法、聚类分析法、神经网络法、人工智能等方法依旧是研究特征融合目标识别的主要方法。按信息抽象程度，多传感器信息融合一般分为三个层次：

① 数据级信息融合：较低层次的融合，是对来自同等量级的传感器原始数据直接进行综合和分析，在基于传感器的融合数据上进行特征提取和身份估计。

② 决策级信息融合：每个传感器对目标的位置、属性、身份等做出初步识别后，再对这些识别结果进行融合判断决策，给出最终的目标识别结果。该级融合对通信带宽要求最低，识别的结果相对来说最不准确。

③ 特征级信息融合：利用各个传感器获取目标信息，利用特征提取方法提取目标特征数据，运用特征融合算法使原始目标特征信息变为融合特征数据，再利用目标识别分类算法，进行目标识别分类。

多传感器信息融合目标识别系统一般处理流程包括：传感器采集信息预处理、信息配准、信息融合、特征提取以及目标识别。多传感器信息融合目标识别系统结构如图 4-9 所示。特征级融合的目标识别是指从多传感器获取的目标原始信息中提取目标特征信息，应用融合算法将其融合成复合特征信息，利用分类识别方法识别目标的过程。经过预处理（增强、滤波、消噪、分割等）的多传感器系统采集目标原始信息，经特征提取系统获取目标信息的充分表示量或充分统计量的特征信息，典型的特征信息有边缘、形状、轮廓、角、纹理、相似亮度区域、相似景深区域等，在进行融合目标识别处理时，特征信息与多传感器图像融合的应用目的和场合相关，通过特征融合目标识别算法对目标特征信息进行分类识别。通过特征级融合目标识别可以在原始图像中挖掘相关特征信息、增强特征信息的有效性、排除干扰识别的虚假特征、建立融合特征等，从而提高识别率和识别效率。特征级融合的目标识别对传感器配准要求不是十分严格，因此，传感器可以分布在不同的平台上，其优点在于可观的信息压缩，可实现实时处理。

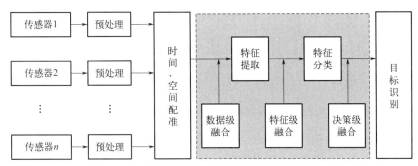

图 4-9　多传感器信息融合目标识别系统结构框图

目标特征获取是从物理传感器原始数据中，利用特征提取算法提取和选择有效的包含目标信息的目标特征数据（A1，A2，A3，…；B1，B2，B3，…；C1，C2，C3，…）。特征融合是对以上目标特征数据通过融合算法，降低特征空间维数，保证维数压缩后特征数据的熵、能量和相关性不改变，消除提取的特征空间中特征表示向量之间的冗余信息，获得融合特征量（Ax，Bx，Cx，…）。分类识别是通过目标识别算法，结合目标样本特征数据库中存放的各种潜在目标特征融合数据（Aa，Ab，…，An；Ba，Bb，…，Bn；Ca，Cb，…，Cn；…）进行分类识别待识别目标。特征融合目标检测原理见图 4-10。

传感器获取的目标原始信息一般都较弱且包含噪声，必须对其进行预处理，

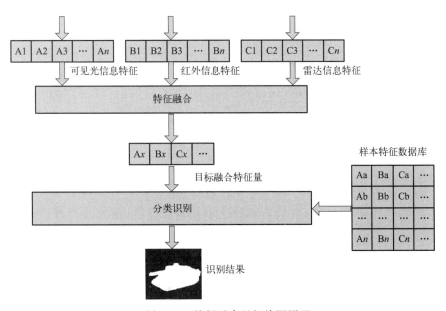

图 4-10　特征融合目标检测原理

如消除噪声、增强目标、图像分割等。然后从经过预处理的原始目标信息中通过特征提取和选择，获取目标的融合识别特征信息。在目标识别之前应建立特征数据库（包含了可能的目标特征信息），采用适当的分类识别算法比较传感器提取的目标特征与特征数据库中的特征信息，识别出目标类别。多传感器系统由于存在异类传感器，传感器提取的特征信息内容与形式或许存在不同，通过融合算法将这些信息转换成统一形式，使目标特征信息之间可以相互比较与综合。对于单一目标，特征提取后即可进行目标的分类识别；对于多目标，需要通过各传感器提供的信息，判断目标属于系统航迹数据库中的哪一条航迹，判定各传感器提取的目标特征属于哪一个目标，进行信息相关确定。根据信息相关的结论，可由位置融合获得的目标属性信息（如经纬度、速度、加速度等）辅助完成目标识别。最后由分类识别算法根据特征数据库中的目标特征信息对目标进行分类识别。目前，信息融合目标识别系统受软、硬件等技术能力制约，还与传感器物理性质和质量、通信等有关，实际应用环境并不普遍适用。

多传感器信息融合目标识别的识别率和实时性在很大程度上取决于特征数据库建立的完备程度。现有的目标识别算法模式，都需要与先验模式进行比较，将各种可能存在的目标特征信息存放在特征数据库中。因为目标特征数据库构成了目标识别分类器的先验模式集，它包含了各种目标的特征信息，也可以包含目标的身份信息和辐射源参数等详细信息。特征信息是可被各种传感器直接或间接测量的实值变量提取的特征数据，如幅度的直观特征、统计特征、变换系数特征、代数特征等。身份信息属于非实值变量，是对目标的详细分类描述，如目标的类型、种类、级别和发射机型号等。辐射源参数包括可被电子支援措施（ESM）检测到的辐射源名称和类别，如载频、重频、脉宽和脉幅等。

面对各种异质传感器组合的多传感器系统，传感器的物理探测原理不同，获取的目标信息有图像和非图像类等较大的性质差异，并且信息量巨大。如何选择特征提取方法，提取出目标独有的、可用于区别其他目标的最本质的信息属性是特征级融合目标识别的难点，也是关键点。多传感器获取的目标特征有代数特征、图像视觉特征、图像统计特征、变换特征等。

特征融合的过程就是将特征提取后，把特征信息通过融合处理，获得多个特征数据的特征，并综合成一种新的联合特征量，为目标的识别处理、决策提供服务。总之，特征融合算法就是获得有利于目标识别的有效的、低维的特征表示向量。

特征融合在部分文献和研究者口中也被称为特征选择，有些系统的特征提取和特征选择是合在一起的，有些是分开的，算法中它们没有明确的界限，即特征提取和特征选择、特征融合是融合在一起的算法。特征融合分为目标状态信息融合和目标特性信息融合。目标状态信息融合用于目标跟踪，主要是实现状态矢量的估计和参数的相关计算。而目标特性信息融合主要是实现目标属性特性的联合，实现目标属性种类的判定。

特征融合算法按特征向量的产生方式可划分为特征选择和特征组合两类实现方法。特征选择方法是将待融合的所有特征量放在一起，用某种方法从原向量选择产生一个新的特征向量，如遗传算法、Tabu 搜索算法等。特征组合方法将所有特征向量按某种规则组合成新的特征向量，如串行和并行融合策略。串行和并行融合策略是简单而有效的特征融合方法，其缺点就是所有特征信息都被保留，存在大量的冗余特征量，数据维数高，计算复杂，影响识别的精确性和实时性。

特征级融合的目标识别算法目前都是基于模式识别的方法，可分为统计模式识别、句法模式识别、模糊模式识别、人工神经网络识别。统计模式识别、句法模式识别这两种方法比较成熟，发展得较早，但是自身缺点很多，现在用得较少。后两种方法目前都是研究的热点，应用也较多，由于模糊模式识别和人工神经网络识别都允许样本有较大的缺损、畸变，目前这两种方法都在积极探索中。

① 统计模式识别。统计模式识别又称统计决策法，它的理论基础是概率论和数理统计。其主要方法包括线性分类、非线性分类、贝叶斯决策、聚类分析等分类方法，是发展较早，也比较成熟的一种方法。为此而引入鉴别函数，由特征矢量计算出对应于各类别的鉴别函数值，通过鉴别函数值的比较进行分类。其主要优点是比较成熟、能考虑干扰噪声等影响、识别模式基元能力强；缺点是对结构复杂的模式抽取特征困难，不能反映模式的结构特征，难以描述模式的性质，难以从整体角度考虑识别问题。

② 句法模式识别。句法模式识别也称为语言学方法、结构方法。句法模式识别的方法是用简单的子模式组合描述一个模式，更简单的子模式的组合又可描述子模式，结构描述最终得到一个树形，模式基元就是在底层的最简单的子模式。在句法模式中选取基元就是目标识别中的选取特征。对模式提供紧凑并反映其结构关系的描述就是对基元的要求，并且抽取可以用非句法方法。重要的结构信息并不包含在基元本身。模式描述语句就是基元与基元的组合关系形成模式的描述，类似于语言中词组合成为短语和句子的作用，而词是用字符组合而成的。语法用来指定基元组合成模式的规则。一旦基元被鉴别，识别过程可通过句法分析进行，即分析给定的模式语句是否符合指定的语法，满足某类语法的即被分入该类。

③ 模糊模式识别。面对甲、乙两类归属问题，传统的二值逻辑模式认为样本 A 或者属于甲或者属于乙。Zadeh 在 1965 年提出模糊集理论，将传统的二值 0 和 1 的逻辑模式转化为逻辑 $(0,1)$ 区间，此种对事物刻画的模式改变了片面、单纯地通过事物内涵描述其特征的方式，并且提出了综合事物内涵与外延形态的数学模型，构建了隶属度函数。模糊逻辑面对甲、乙两类归属问题，认为 A 既属于甲，又属于乙，判断两者归属的结果是根据 A 在甲、乙两类中的隶属度，即归属程度不同。模糊模式识别与普通的模式识别方法相比，具有客体信息表达更加合理、信息利用充分、各种算法简单灵巧、识别稳定性好、推理能力强的特点。模糊模式识别思想方法对解决模式识别问题起到了很大的推动作用。如何建立合理的隶属度函数是模糊模式识别的关键，也是难点，是需要进一步解决的问题。模糊统计法、模糊分布法、二元对比排序法、相对比较法和专家评分法等是目前的主要方法。这些方法虽然具有一定的客观规律性与科学性，也已经开始应用并取得巨大成果，但建立时也受到人为的主观因素影响，因此，

如何建立准确合理的隶属度函数还需要进一步摸索出合理的、普适的理论和方法。

④ 人工神经网络识别。人工神经网络是模拟动物神经系统的某些功能，采用软件或硬件的方法建立许多处理单元（即节点），处理单元间使用（加权值的）互联的拓扑网络进行模拟的方法。这种方法可以看作对原始特征空间进行非线性变换，产生一个新的样本空间，使得变换后的特征线性可分。同传统统计方法相比，其分类器是与概率分布无关的。人工神经网络的主要特点在于其具有信息处理的并行性、自组织性和自适应性，具有很强的学习能力和联想功能以及容错性能等，在解决一些复杂的模式识别问题中显示出了其独特的优势。

人工神经网络识别是一种复杂的非线性映射方法，其物理意义比较难解释，在理论上还存在一系列待解决的问题。例如，在设计上，网络层数的确定和节点个数的选取带有很大的经验性和盲目性，缺乏理论指导，网络结构的设计仍是一个尚未解决的问题。在算法复杂度方面，神经网络计算复杂度大，在特征维数比较高时，样本训练时间比较长；在算法稳定性方面，学习过程中容易陷入局部极小，并且存在欠学习与过学习的现象，泛化能力不容易控制。这些也是制约人工神经网络进一步发展的关键问题。

多源图像成像传感器在拍摄图像的过程中，由于使用器件的局限性，在一定程度上会增加噪声，严重影响了多源图像的视觉效果，甚至影响了正常识别。因此，去除多源图像中的噪声是多源图像预处理的一项重要的步骤。目前，在多源图像系统中，扫描多维图像并转换为一维信号，再进行存储传输、转换和处理，最后通过信号的重组，变成多维图像信号输出。与此同时，多源图像中携带的图像噪声也同样受到分解和合成，在这个过程中，由于受外界和电气系统本身的影响，多源图像的噪声变得相当复杂。多源图像的噪声按其起源不同，常被分为电子噪声、抖动噪声、光电子噪声、胶片颗粒噪声。

电子噪声是由于阻性器件中的电子不规则热运动而形成的，经常使用均值为零的高斯白噪声表示电子噪声的模型，并用零均值高斯白噪声的标准差来完全代表电子噪声的强弱。抖动噪声是由承载物体或采集装置等的机械运动引起的一种噪声。光电子噪声的本质是光的统计性质和传感器中光诱导的电转换引发的一种噪声，经常使用泊松分布作为其模型，特别地，当在光线较强时，泊松分布趋于高斯分布。胶片颗粒噪声是因为在曝光过程中只有个别被曝光，引起颗粒密度发生转变而产生的一种噪声。通常情况下，胶片颗粒噪声采样用高斯白噪声表示其有效模型，其分布呈现一种随机性。多源图像中可见光图像的噪声除了电子噪声、抖动噪声、光电子噪声、胶片颗粒噪声之外，还有转移噪声、复位噪声、散粒噪声、暗流噪声等。

多源图像中的红外图像，由于受环境的干扰和本身物理量转变的影响，使得红外图像的噪声情况极为复杂。红外图像中的噪声有热噪声、1/f噪声、散粒噪声、辐射噪声、温度起伏噪声、有色噪声。其中，热噪声是由于分子热运动引发载体分子的热运动而产生的噪声；1/f噪声是电流运动而产生的噪声，其功率谱随频率成反比变换，因而在低频段时，1/f噪声较显著；散粒噪声是由半导体器件中产生的重组载体的变化率引发的；辐射噪声通常称为光子噪声，是接收器件的极限噪声且属于白噪声，该噪声功率谱是均匀的，且该噪声与频率无关；有色噪声的光谱响应是非均匀的。

总之，多源图像的噪声是集内、外部噪声于一体的综合噪声源，为了减少多源图像噪声对分割结果的影响，提高多源图像的品质，对多源图像进行有效的去噪处理是特别重要的。多源图像理想消噪效果体现在消除多源图像噪声的同时保护或加强图像的特征信息，于是，多源图像消噪的研究工作也是围绕这一效应开展的。只有在兼顾去噪和保留多源图像正确的轮廓信息的前提下，才能保证通过去噪处理后的多源图像最大程度地接近不含噪声的原始图像。因此，多源图像去噪方法的研究具有重要意义，主要体现在以下几个方面：

① 多源图像的去噪处理使得多源图像的信息能够被正确识别。由于成像机理的不同，当多源图像中含有的噪声比较严重时，多源图像就变得极为模糊，不仅使多源图像失去了存储信息的实际意义，而且也影响了对多源图像的观察，同时也干扰了对多源图像信息的正确理解。

② 多源图像的去噪处理使视觉识别信息的精度得到了提高。

③ 多源图像的去噪处理为多源图像做进一步图像预处理提供了有力的保证。

④ 多源图像的去噪处理方法依据有差异的数学理论知识，这些方法的内部机理及之间的相应关系，对探求出较好消噪效果起着重大作用。

⑤ 多源图像去噪方法的研究具有广阔的应用前景。

多源图像经常使用的消噪方式有空间域去噪和变换域去噪。空间域去噪方法是原图像上的像素对灰度值进行数据运算操作。这种数据运算又包含点运算和局部运算。点运算是对像素点逐点运算；局部运算是对图像中像素点域的相关空间域的运算。变换域去噪方法是对多源图像进行某种变换处理，即将多源图像从空间域转到变换域后，对其变换后的系数采取相应的处理，最终将处理后的系数通过反变换再转换到空间域，来达到多源图像消噪的目的。

空间域去噪方法拥有较完整的理论基础并且是典型的去噪方法。局部平均法是一种空间域去噪方法中的经典方法。局部平均法的基本思想是将像素灰度值用像素邻域各像素的均值灰度值代替，从而实现图像去噪的目的。在此方法中，图像被认为是由多个灰度值不变的小块构成，邻域像素之间空间相关性极强，而图像中的噪声则是统计独立的，因此由于噪声的统计独立性，该方法能简单快速地去除噪声。局部平均法中普通的方法是非加权邻域平均法，该方法的优点是邻域中的每个像素被均等地对待，缺点是在去噪的同时会在边缘和细节处发生模糊现象。

变换域去噪方法又称频域去噪法，该方法利用噪声信号和有用信号在变换域表现出的不同特征来有效地去除噪声。常见的变换域去噪方法有基于独立分量分析的去噪算法、基于傅里叶变换的去噪算法、基于沃尔什-哈达玛变换的去噪算法、基于小波变换的去噪算法、基于离散余弦变换的去噪算法和基于多尺度几何分析的去噪算法。变换域去噪方法可以对那些在空间域中无法进行有效分析的信号进行去噪，并且具有良好的效果。下面介绍几种具有代表性的变换域去噪方法。

① 基于独立分量分析的去噪算法。基于独立分量分析的去噪算法起源于20世纪90年代的盲信号分离，能够对图像实施特定的线性分解，并使图像的像素分解成为独立统计分量，从而达到去除噪声的目的。该方法的缺陷是运算复杂度高并且运算时间较长，其突出的优点是，由于该方法假设图像中独立成分为非高斯分布，因而能够有效地区分有用信号和噪声。

② 基于傅里叶变换的去噪算法。基于傅里叶变换的去噪算法的基本原理是图像中的有用信号频谱主要集中在某个限定的低频带，而高频带主要是噪声的频谱，利用低通滤波方法在频域内完成图像去噪。该算法的性能优劣关键依靠于低通滤波器的性能优劣和截止频率的选择。此算法的优点是能够有效地去除高频噪声，缺点是去噪后的图像具有模糊的边缘和细节。

③ 基于小波变换的去噪算法。基于小波变换的去噪算法的原理是利用一个母函数在空间尺度上的伸缩与时间上的平移获得一个函数族，然后用这个函数族去逼近或表示信号，从而获得一种能自适应各种频率成分的有效信号分析手段。基于小波变换的去噪算法不仅能够解决非整体信息的图像去噪处理问题，而且还能获得图像的局部频谱信息，具有不同频率特性，弥补了基于傅里叶变换的去噪算法中不能描述随时间变化的频率特性的不足。

由于在分割过程中会出现微小琐碎、无语义学含义的分割小区域，因此，为了克服分割的区域数众多的弊端，需要采用图像平滑算法对去噪后的多源图像进行处理，目的是补充邻域信息同时填补空穴，并且连接细小零碎的区域断口，以减少初始分割的区域数。

常见的图像平滑方法有线性方法和非线性方法。线性方法一般使用一个固定的平滑模板作用于图像，或称其为移动平均法。非线性方法一般采用不同方向系数的平滑模板平滑图，然而这种模板是由某些统计特性的图像中相邻像素的分类排序所决定的。线性方法包括：均值平滑法、邻域平均法、算术均值平滑法、几何均值平滑法、谐波均值平滑法、逆谐波均值平滑法、阿尔法均值平滑法等。非线性方法包括：加权平均法、梯度倒数加权法、算术加权法等。综合上述讨论，本节将重点研究均值平滑法、邻域平均法、加权平均法以及图像平滑方法中一种典型的算法，即选择式掩模平滑法。

对多源图像实施分割操作，要求以梯度图像输入，因此采用基于形态学开闭运算的预处理将多源图像转变成梯度图像，但是这种载入的梯度图像极易受噪声的影响，可能会使图像中的局部分割线发生偏移，严重时可能会丢失局部分割线而造成多源图像中的目标和背景粘连在一起，从而导致不能完成分割。因此，对平滑处理后的多源图像的梯度图像进行滤波处理，去除梯度图像中的噪声和杂波，并且提高输出的梯度图像的质量及信噪比，对改善分水岭的分割效果有极其重要的作用。

目前，主要的滤波方法有低通滤波、高通滤波、中值滤波、维纳滤波等。其中，低通滤波又包括理想低通滤波、指数低通滤波和巴特沃兹（Butterworth）低通滤波；高通滤波又包含理想高通滤波、指数高通滤波和巴特沃兹高通滤波。

由于多源图像的不规则性，其局部区域中会隐含一些虚假的局部极小值，并且这些局部极小值的数量远远大于目标提取的个数，因而在对多源图像进行分割操作时，就会产生过分割现象，从而造成图像的目标轮廓难以被提取，目标不能被正确分割的后果。因此，为了解决虚假的局部极小值过多与过分割问题，可以结合阈值分割，对多源图像进行阈值优化操作，不仅消除了易造成过多区域的极小值，而且得到了具有一定意义的边界特征的分割图像，从而改善了传统分割易产生过分割的缺陷。采用结合阈值分割的对多源图像进行阈值优化操作的方法，消除了易造成过多区域的极小值及大多数的过分割区域，但由于易受图像中的量化误差的影响，在算法结束后仍有一些过分割区域。因此，为了得到良好的分割效果，可以再采用聚类分割算法合并那些无语义学意义的过分割的小区域，从而进一步改善传统算法中易产生过分割的缺陷，并能获得更有意义的分割效果。

之后就是对特征进行提取与融合，无论采用什么融合算法进行自动目标识别，特征提取是关键。目标的特征是目标所具有的最基本的内容，是该目标特有的、用于区别其他类型目标的最本质的属性。在实际目标识别应用系统中，如何使目标特征化、提取能够全面描述目标的特征是实现实时、准确目标识别的关键所在。作为目标识别的关键步骤，特征提取的目的是获取一组能准确描述目标的"少而精"的分类特征向量，通过对图像目标的特征提取，可以有效地减少冗余信息，减少系统的计算量，从而增强识别系统的可靠性。

在现有的目标识别系统中，常用的特征有角点特征、矩特征、纹理特征、变换特征、统计性特征等。

① 角点特征。在形状分析中，目标轮廓上的角点是形状常用的特征。相对于其他特征量而言，不受目标遮挡、缺损的影响，因此，角点特征在目标识别中非常重要。然而，角点的定义一直很模糊，近年来学者提出了许多角点检测算法：卢汉清等人把形心到相邻两角点的直线所成的夹角作为特征量用于目标识别；Shutali 等人把角点与线矩进行融合用于缺损目标识别，其有较高的识别率（由于检测角点时容易出现漏检，通常将角点和其他特征相结合，可以取得较好的识别效果）；曹健等人提出了一种不变性的角点构造方法，用于目标识别。

② 矩特征。不变矩是具有平移、比例和旋转不变性的几何矩。它是利用各阶矩的组合矩作为特征量，进行目标识别。Hu 于 1962 年定义了连续函数矩，给出了 7 个不变矩，证明了矩具有平移、比例以及旋转不变性，并用于字母自动识别中。Hong 在 Hu 不变矩的基础上，推导出了离散函数不变矩的多项式。近年来，几何矩应用越来越多，许多学者在理论方面进行了较多研究，并提出了一些新的矩定义和性质。针对多项式不变矩含有冗余信息，引入了正交矩。人们提出了 Zernike 矩的基本定义和性质，及其计算方法和应用领域。进而，为了满足径向和角度旋转不变性，把几何矩推广到径向矩。随着小波理论的发展，Shen 等提出了基于小波变换的小波不变矩，不仅能描述目标全局特征，还能描述目标局部特征。

③ 纹理特征。图像的纹理是图像像素值在灰度空间上的重复和变化，或是反复出现的局部纹理模式及其排列规则。纹理特征是图像最基本的特征，并在

视觉系统中起着关键作用，为理解和分析图像提供了重要信息。Sutton 和 Hall 研究了利用纹理特征来分类识别肺病。Herlidou 等人利用纹理特征对磁共振脑组织进行识别。

④ 变换特征。图像变换特征就是首先把图像变换成频域，利用频域中变换系数的相关性来识别目标。在图像有随机噪声时，不影响变换特征的分类效果，较为常用的傅里叶变换就是用的图像频谱特征。

⑤ 统计性特征。基于统计参数特征的目标识别是将一幅图像看成一个二维随机过程的一次实现，这样便可以使用各种统计参数来描述图像的特征，这些统计参数有均值、方差、能量、熵等特征量。Haralick 等用灰度共生矩阵纹理特征对遥感图像进行分类研究，并获得了大约 80% 的分类精度。目前，国内外计算机视觉、模式识别与人工智能等领域都对图像的目标特征提取及其应用进行了深入研究，并取得了快速发展，一些成果已具备初步的实用价值。随着遗传算法、神经网络、形态学、统计学、小波理论等深入研究及广泛应用，图像目标特征提取发展趋势如下：

a. 多种特征融合。除了利用图像的原始灰度特征外，还可利用图像的高层次特征，如视觉特征、统计特征、变换系数特征等，通过多种特征的融合，能够更全面地描述图像目标，提取的特征更准确。多特征融合已得到广泛应用。例如，张建军等人把小波能量信息特征与图像矩特征结合起来，用于制导武器红外图像的目标识别，结果表明，这有较高的使用价值。

b. 多种提取方法结合。由于目标的多样性和复杂性，单一的特征提取方法难以对含复杂目标的图像进行提取，在这种情况下，除需要利用多种特征的融合外，还需要将多种提取方法结合使用，使提取方法充分发挥各自的优势，避免各自的劣势。例如，于吉红等人把部分 Hu 矩、仿射矩和小波矩组合在一起，用于舰船图像目标的分类识别，提高了识别率；张劲锋等人把 Hu 不变矩的部分分量和仿射不变矩结合成新的特征向量，用于空间目标的识别。

c. 多种传感器融合。由于采用单一传感器不能全面、准确地描述目标，因此需要利用多种传感器的互补特性，提取目标的不同特征，进行多传感器特征融合，全面描述目标特征，提高识别系统的鲁棒性和识别率。例如，熊大容等人利用红外和可见光的互补优势，对远距离的目标进行检测，增强了系统的可靠性；凌虎等人分别提取不同传感器的轮廓特征，融合在一起用于目标检测。

d. 与图像分割方法相适应。由于图像目标的多样性和各种应用需求的复杂性，图像的特征提取应与图像的分割方法相结合，特定的提取方法选择特定的分割方法，来获得最好的图像识别结果。

由于图像目标特征的复杂性和多样性，与图像分割一样，现有的方法不能满足实际要求，一些根本问题有待进一步研究，还未有统一应用到所有模式识别的特征提取方法。虽然各种特征提取方法在提取能力和处理速度方面各有优势，但是在通用性、性能、准确率、自动化程度方面还有很多不足。因此，对于图像目标特征提取方法的研究需要付出更多努力和关注。

在各种环境下对目标进行有效的特征提取并识别是非常困难的，仅仅依靠一种或几种特征很难准确地进行特征级融合的目标识别，必须尽可能利用异类多传感器收集到的多种目标特征信息，综合出完善的目标特征信息及有效的识别算法进行目标特征级融合识别。在努力提高特征提取的有效性和可分性的同时要兼顾识别效率，使目标特征信息数据少而精，从而使识别算法能实时地在工程应用中发挥效用。基于异类传感器特征级融合的目标识别技术正在迅猛发展，已经逐步渗透到现代生活的各个领域。如何恰当和充分地利用这一技术和概念进行信息处理，解决关键问题，提高目标识别的准确率，从而增强识别的效率，还有诸多课题、算法需要探索和研究。

4.4　数据融合的位置结构模型及分类

从多传感器系统的信息流通形式和综合处理层次上看，在位置融合级，其系统结构模型主要有四种，即集中式、分布式、混合式和多级式。

集中式融合的结构框图如图 4-11 所示。集中式结构将传感器录取的检测报告传递到融合中心，在那里进行数据对准、点迹相关、数据互联、滤波、预测与综合跟踪。这种结构的最大优点是信息损失最小、精度高、算法灵活。集中式将各传感器获得的原始数据直接送至中央处理器进行融合处理，可以实现实时融合，但数据互联较困难，并且要求系统必须具备大容量，计算负担重，系统的储存能力也较差。

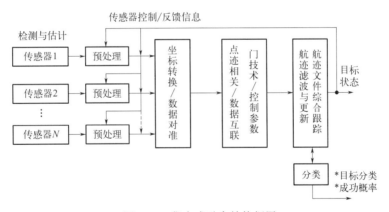

图 4-11　集中式融合结构框图

集中式传感器前融合保留了原始传感器数据，可做出更精确的决策。自动驾驶系统通常依靠一套专门的传感器来收集关于其环境的底层原始数据。每种类型的传感器都有优势和劣势，融合了毫米波雷达、激光雷达和摄像头等多传感器后可最大限度地提升所收集数据的质量和数量，从而生成完整的环境图像。多传感器融合，相对于传感器单独处理的优势已经被自动驾驶汽车制造商普遍接受，但这种融合的方式通常发生在"目标级"的后处理阶段。在这种模式下，物体数据的收集、处理、融合和分类都发生在传感器层面。然而，数据综合处理前，单个传感器通过对信息的预先分别过滤，使自动驾驶决策所需的背景信息也几乎都被剔除了，这使得目标级融合很难满足未来的自动驾驶算法的需要。

集中式传感器前融合则很好地规避了此类风险。毫米波雷达、激光雷达和摄像头传感器将底层原始数据发送到车辆中央处理器进行处理，这种方法最大限度地提高了自动驾驶系统获取的信息量，使得算法能够获取全部的有价值的信息，从而能够实现比目标级融合更好的决策。

如今，自动驾驶系统已经实现集中式处理摄像头数据。但当涉及毫米波雷达数据时，集中式处理仍然是不现实的。高性能的毫米波雷达通常需要数百个天线通道，这就大幅增加了产生的数据量。因此，本地处理就成了一个更具性价比的选择。AI增强的毫米波雷达感知算法在不需要额外物理天线的情况下，可以提高雷达角分辨率和性能。来自较少信道的原始雷达数据可以通过使用标准汽车以太网等接口，以较低的成本传送到中央处理器。当自动驾驶系统将原始的AI增强雷达数据与原始摄像头数据相融合时，它们就能充分利用这两种互补的传感方式来建立一个完整的环境图像，使融合后的结果更加全面，超越任何单一传感器所获得的信息。

分布式融合的结构框图见图4-12，其特点是每个传感器的检测报告在进入融合之前，先由它自己的数据处理器产生局部多目标跟踪航迹，然后把处理后的信息送至融合中心，中心根据各节点的数据完成数据关联和融合，形成全局估计，这类系统应用很普遍。特别是在军事系统，它不仅具有局部独立跟踪能力，而且还有全局监视和评估特征的能力。系统的造价也可限制在一定的范围内，并且有较强的自下而上能力。这种结构还被称作分级式和自主式。分布式结构有人称作是委员会结构，也就是说分布式结构可以进一步细分成分级式和委员会式。

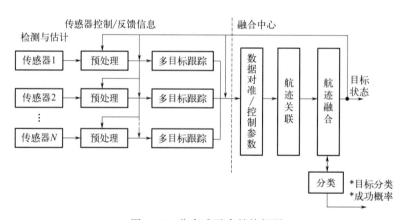

图 4-12　分布式融合结构框图

自动驾驶汽车是复杂的分布式系统。它结合了视觉、雷达、接近传感器、地图、导航、规划和控制等组件。这些不同的模块必须组合成可靠、安全、牢固的系统，并可以实时分析复杂的环境并对其做出正确反应。

如果发生了短至5毫秒级别的停机事件，自动驾驶系统必须不受影响，可以继续稳定运转，并恢复至正常状态。如果发生了长达5分钟以上的停机事件，该系统还可以切换至可靠的备用系统，并将该车移动到安全的区域供乘客安全离开。作为一辆高速行驶的自动驾驶汽车，不同的分布式元件在工作时会持续地进行实时运算，它需要在毫秒，甚至微秒级别进行数据量巨大的实时数据的搜集、运算、融合工作。如果系统性能没有达到预期要求，则自动驾驶的基础功能将无法得到实现。

对于分布式系统，以数据为中心的中间件是一个较新的概念。与数据库数据表类似，以数据为中心的中间件允许应用程序通过显式的数据模型进行交互，并可检测模块之间的接口差异，以适应于架构的模式向每个端点递送其所期望的数据内容。因此，通过使用以数据为中心的中间件可使应用程序接口去耦合，在大型项目中以并行的方式逐步完善软件接口，可以将自主驾驶汽车系统中的多个组件方便地集成在一起。以数据为中心的接口意味着模块间的相互作用都将得到严格的控制，包括：模式匹配、速率、可靠性和系统运行状况。每一个组件都是一个复杂的模块。有力的系统集成方法可让团队安心地独立工作，因为它可保证系统框架直接支持系统范围内所囊括的所有数据交互需求。同时，分布式系统以数据为核心，以数据为中心的设计意味着只关心数据交互，因此，模块可以在系统中的任何地方运行，甚至可以有运行可靠性模块的冗余副本。而且位置、芯片架构、语言和操作系统的差异是完全透明的。数据中心将物理位置、传输、芯片架构、语言和操作系统与操作分离开来。因此，系统设计者可以在物理位置之间移动模块。只要满足数据关系，系统就会工作。分布式融合应用示意见图4-13。

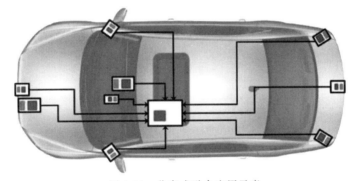

图4-13　分布式融合应用示意

分布式融合的优点包括：传感器模块与中央ECU之间可以使用更低带宽、更加简单且更加便宜的接口。在很多情况下，小于1Mb/s的CAN总线就足够用了。中央ECU只将对象数据融合在一起，因此，其所需处理能力更低。对于某些系统来说，用一个高级的安全微控制器就足够了。模块更小，所需功耗也就更低。由于很多处理都是在传感器内部完成的，传感器数量增加不会大幅增加对中央ECU的性能需求。同时也有一定的不足：传感器模块需要有应用处理器，这样的话就会使得体积更大、价格更高且功耗更大。由于本地处理和决策制定，传感器模块的功能安全要求也就更高。当然，增加更多的传感器，成本也会大幅上升。中央决策制定ECU只能获取对象数据，而无法访问实际的传感器数据。因此，想要"放大"感兴趣的区域很难实现。

同时，分布式融合还具有以下特殊优点：

① 分布性。分布式系统由多台计算机组成，它们在地域上是分散的，可以

散布在一个单位、一个城市、一个国家，甚至全球范围内。整个系统的功能是分散在各个节点上实现的，因而分布式系统具有数据处理的分布性。

② 自治性。分布式系统中的各个节点都包含自己的处理机和内存，各自具有独立处理数据的功能。通常，彼此在地位上是平等的，无主次之分，既能自治地进行工作，又能利用共享的通信线路来传送信息，协调任务的处理。

③ 并行性。一个大的任务可以划分为若干个子任务，分别在不同的主机上执行。

根据系统中所使用传感器的数量与种类，以及针对不同车型和升级选项的可扩展性要求，将两个拓扑混合在一起就可获得一个优化解决方案。一个全分布式系统可以使用现有的传感器模块与对象数据融合 ECU 组合在一起。诸如环视和后视摄像头系统中的"传统"传感器模块可以让驾驶员看到周围的环境情况。可以将更多的 ADAS 功能集成到驾驶员监测或摄像头监控系统等融合系统中，但是传感器融合的原理还是一样。

混合式融合结构框图见图 4-14。混合式结构同时传输探测报告和经过局部节点处理后的信息，它保留了上述两类系统的优点，但在通信和计算上要付出昂贵的代价。对于安装在同一平台上的不同类型传感器，如传感器群，也许用混合式结构更合适。例如，汽车多传感器数据融合系统的混合式应用见图 4-15。

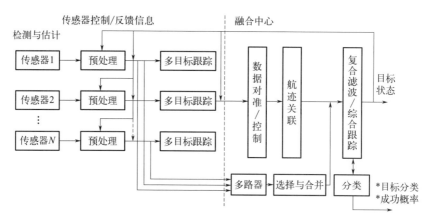

图 4-14　混合式融合结构框图

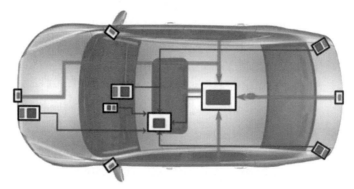

图 4-15　混合式结构应用示意

多级式融合结构框图见图 4-16。在多级式结构中，各局部节点可以同时或分别是集中式、分布式或混合式的融合中心，它们将接收和处理来自多个传感器的数据，而系统的融合节点要再次对各局部融合节点传送来的数据进行关联和融合，也就是说，目标的检测报告要经过两级以上的位置融合处理，因而把它称作多级式系统。为了提高局部节点的跟踪能力，对于分布式、混合式和多级式系统，其局部节点也经常接收来自融合节点的反馈信息。

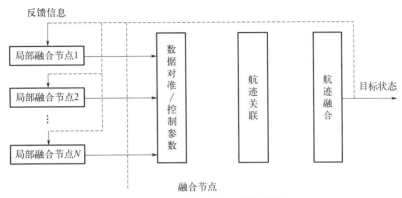

图 4-16　多级式融合结构框图

下面以卷积神经网络对图像去雾处理为例，介绍多级式融合结构。

雾霾会导致数码相机拍摄的图像质量下降。在一些关键场景下，雾霾会导致现代计算机视觉系统的故障，如自动驾驶系统和监控系统。因此，图像去雾在许多更高层次的视觉任务中起着重要作用。

经典的物理模型方法试图借助中间变量来近似雾霾效应。早期的图像去雾工作依赖于外部信息，如从其他来源获得的线索、现有的地理参考模型，以及使用在不同天气条件下拍摄的同一场景的多张图像。传统的解决方案是先利用一定的假设或先验估计透射图和大气光，然后通过大气散射模型恢复清晰的图像。例如，用一种用于表面遮光和场景传输的细化图像形成模型来解决图像去雾问题；或者通过观察到无雾图像比有雾图像具有更高的对比度，并在此基础上开发了局部对比度最大化去雾方法；抑或在非雾霾斑块像素在至少一个颜色通道中具有低强度的假设下，利用暗通道先验（Dark Channel Prior，DCP）来实现；还有利用随机森林回归器开发了各种与雾霾相关的先验，如颜色衰减先验，用于恢复清晰图像的深度信息等。尽管上述基于先验的去雾方法已经取得了很大的成功，但它们的性能受到假设或先验的准确性的影响。与此同时，这些假设或先验可能无法反映自然图像的固有属性。

经典的大气散射模型包括大气光和透射图。通过估计这些中间变量，最终可以得到潜在的清晰图像。这些方法在一定程度上取得了成功，但并没有完全解决问题。基于物理模型的方法有几个问题。首先，如前所述，物理模型是对现实世界雾霾过程的近似值，因此所采用模型的合理性是值得怀疑的。其次，由于物理模型中的步骤是分开的，最终结果的恢复质量严重依赖于中间变量的估计，使得整个方法难以调优。

最近，深度学习技术的快速发展和大规模合成数据集的可用性激发了各种基于学习的去雾方法。一般来说，基于学习的去雾方法不依赖先验，可以大致分为两类：一类是在前面提到的传统解决方案的基础上采用深度学习技术，另一类是使用卷积神经网络（CNN）直接从模糊图像中恢复清晰图像。例如，DehazeNet 由三层 CNN 组成，直接从给定的雾霾图像估计传输图，并在网络中引入了由粗到细的方式，以此来估计去除雾霾的传输图。具体来说，首先采用粗比例尺网络对传输图进行估计，然后设计细比例尺网络对传输图进行细化。或者通过对散射模型的重新定义提出了一种一体化去雾网络（AOD-Net），该模型计算了一个包含大气光和透射图的新变量。抑或提出了一种用于图像去雾的多尺度卷积神经网络（MSCNN），该网络学习了模糊图像及其传输映射之间的映射。与这些方法相比，有些方法在给出模糊图像后直接恢复清晰图像。例如，有研究者将图像去雾问题转化为图像到图像的平移问题，开发了 Enhanced Pix2pix Dehazing Network（EPDN），直接恢复无雾图像。再例如有人提出一种编码器-解码器网络（GFN）和一种新的基于融合的策略，来从模糊图像中恢复清晰图像。

基于此，针对上述问题可以使用一个包含两个模块的深度网络。第一个模块称为多级融合模块（MFM），它融合了来自不同抽象级别的不同层次的特征表示。通过这类模块的集合，既可以学习到对应于低级特征的局部精细细节，也可以学习到对应于高级特征的全局语义，这对于去除图像中的雾霾至关重要。图 4-17 描述了四幅图像，分别是输入的模糊图像、仅使用低级特征得到的去雾结果、仅使用高级特征得到的去雾结果以及融合低级和高级特征表示方法得到的去雾结果。显然，只使用低级特征所对应的结果在某些区域是暗的，这可以归因于语义的缺乏。使用高级特征可以去除大部分雾霾，但无法展示细节。相比之下，融合低级和高级特征的方法在语义和更精细的细节上恢复图像。GFN 建立在多尺度的不同图像融合之上，但这种融合策略忽略了不同层次特征之间的互补性。基于多级特征融合的原理构建网络，既利用了低层次特征，又利用

(a) 输入的模糊图像

(b) 使用低级特征

(c) 使用高级特征

(d) 融合低级和高级特征

图 4-17　去雾效果图

了高层次特征，达到了更好的图像去雾效果。

如图 4-17 所示，对给出相同输入模糊图像的不同方案进行比较，为了方便比较，裁剪了一个补丁，并将其放大版本放置在每个单独图像的右下角。当只使用低级特征时，图像（b）中的面部区域变暗。当只使用高级特征时，图像（c）中的人脸是模糊的，没有图像（b）和（d）中的人脸那么清晰。该方法将低级特征和高级特征融合在一起，得到的图像（d）颜色更加清晰，细节更加丰富。

第二个模块是残差混合卷积注意模块（Residual Mixed-convolution Attention Module，RMAM）。在本模块中，有混合类型的卷积运算，包括群卷积、深度卷积和点卷积。这些混合卷积运算的结果提出的网络效率优于其同行。我们还实现了一个基于点级和深度级卷积运算的注意力块。这个块中的注意力机制允许网络更多地关注重要的特征，而忽略冗余的特征。

利用这两个模块，得到了一个端到端网络，它可以直接有效地从给定的模糊图像中恢复清晰图像，而不依赖于任何物理模型。

首先用卷积层处理模糊图像，然后在网络中存在四个阶段，在每个阶段，通过卷积层特征提取模块特征，并加入 ReLU 和卷积层。采用三个融合模块，融合不同级别的特征，从阶段 1 到阶段 4。同时提出了残差混合卷积注意模块，其中有一个注意力块。利用 RMAM 算法对给定的模糊图像进行残差学习，然后用得到的残差恢复清晰的图像。

如前所述，网络中有四个阶段。在每个阶段中，都有一个特征提取模块，该模块被实现为卷积层、ReLU 和卷积层的序列。具体来说，特征提取从一个 3×3 卷积层开始，将给定的模糊图像转换为 16 个特征图。然后对这些特征图进行四个阶段的处理，以获得不同层次的特征，每个阶段由四层组成。第一层是一个步幅为 2 的 3×3 卷积，它用于将特征映射的分辨率降低到 1/2 和宽度（通道数量）的 2 倍。第二层和第三层分别包括一个 3×3 卷积、一个 ReLU 激活函数和一个 3×3 卷积。第四层是 1×1 卷积，它将第三层产生的特征的宽度减少到 64，作为每个阶段的输出。

低级特征（即所提出的网络中的阶段 1 和阶段 2）通常代表局部线索，如边缘和模式。随着接受域的增加，高级特征能够在全局范围内捕获语义。由于不同层次的抽象能力，CNN 在不同的任务中取得了成功。不同层次特征融合的概念在目标检测、目标跟踪、图像恢复等方面得到了应用。然而，对于具体的图像去雾任务，现有方法忽略了多级特征融合的优势。不难观察到，如果我们只使用图像中的低级特征，尽管主要维护了细节，但更全局范围内的语义并不能很好地恢复，如图 4-17（b）所示。相反，如果我们只使用高级特性，就会缺少更精细的细节，如图 4-17（c）所示，恢复后的图像不如图 4-17（b）和（d）中的图像清晰，与其他玩具相比，玩具的眉毛看起来很模糊。

特征融合技术的发展促使人们提出了一种多层次的图像去雾特征学习融合模块。从上到下共有三个特征融合模块。第一个模块融合了高级别（阶段 4）和低级别（阶段 3）的特征，得到的特征作为高级特征，然后通过第二个特征融合模块与阶段 2 中的低级特征融合。同样，生成的特征被视为高级特征，并由第三个特征融合模块与阶段 1 中的低级特征融合。对于每个特征融合模块，给定高级和低级特征，融合被实现为这两类特征之间的元素乘法。在被下一个融合模块处理之前，融合特征将被转发到卷积层、BatchNorm 层和 ReLU 层。

多级特征融合模块输出图像的局部细节特征和全局语义特征，利用这些特征，进一步提出了一种用于学习残差的残差混合卷积注意模块。学习残差元素被明智地添加到给定的模糊图像中，以恢复清晰的图像。所提出的残差混合卷积注意模块的结构有三个连续的组卷积层，后面是一个注意力块。它们对给定的特征进行处理，并将其添加到残差中，得到输出特征。一般情况下，将输入特征划分为组，并对各个组分别进行卷积运算。由于组的划分，flop 大大减少，从而提高了效率。

按照组卷积层的顺序，开发了一个注意力块。注意力块利用以下两个步骤完成注意力机制。第一步，利用深度卷积后的 ReLU 和点卷积后的 Sigmoid 来获得特征的权重；第二步，使用得到的权重乘以原始输入特征。具体来说，深度卷积和点卷积背后的核心思想是将过滤和组合步骤拆分为两个步骤。深度卷积作用于输入的每个通道（每个通道使用一个滤波器），点卷积是一个规则的 1×1 卷积，将深度卷积处理过的通道映射到一个新的通道空间。这些卷积提高了模型的效率。例如，基于这些卷积设计了一个模型，以便在图像生成中更快地推断。通过执行以下步骤，可以获得与输入特征具有相同维度的权重映射。权重映射应用于输入特征，通过元素明智的乘法输出最终特征。由注意力模块导出的权重图引导网络放弃冗余特征，专注于更重要的特征。采用的深度卷积运算和点卷积运算提高了该模块的效率。除组卷积层外，该模块中还有混合卷积层，该模块以混合卷积层命名。

如果从数据融合系统的五个层次上看，任何一个多传感器系统都可以看成多级式融合结构。关于位置融合级还有有序融合模式，对多传感器被动定位还有单、多基地系统之分。另外，多传感器系统还有许多其他分类方法，这里不再赘述。

第
5
章

分布式检测
与数据融合

5.1 数据融合的主要结构与判决

在许多实际应用中，传感器配置在一个很宽广的地理范围上，而传感器之间可容许的通信容量是受到限制的。在这种情况下，可以在各传感器处完成一定量的计算和处理任务，将经过压缩的传感器数据传送到融合中心，然后融合中心把接收到的信息进行适当的组合，产生全局推理。这个融合中心面临的是判决问题，即它必须对从各传感器收到的信息做出判决。需要讨论的有关问题还有各传感器中的信号处理方案，及由传感器到融合中心所发送信息的特性。例如，传感器可做出硬判决，并把这些结果发送到融合中心用于判决组合，其他的方案包括发送软判决或传输量化了的观测到融合中心。各种传输方案中所需要的通信量是各不相同的。分布式检测系统与集中式检测系统相比，具有造价低、可靠性高、生成能力强等特点，并且两者也具有相近的性能。因此，在许多应用中，应用多传感器进行分布式检测是有吸引力的。

从分布检测的角度看，检测级融合的结构模型主要有五种，即分散式结构、并行结构、串行结构、树状结构和带反馈的并行结构，见图5-1～图5-5。

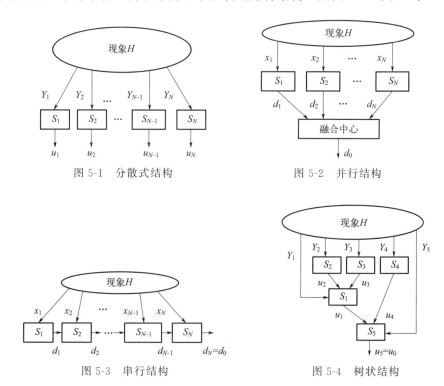

图 5-1　分散式结构

图 5-2　并行结构

图 5-3　串行结构

图 5-4　树状结构

在分布式检测系统中，并行结构融合网络是基本结构，其他一些网络则是它的派生。例如，融合中心也可以直接获得现象的观测，这种结构则称作具有宽带信息的并联网络。在有些情况下并不需要全局推理，各传感器观测共同的现象，在优化某种目标函数的同时获得局部判决。这种系统结构称作没有融合

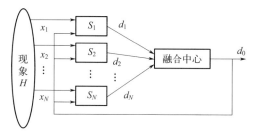

图 5-5 带反馈的并行结构

的并行结构，也就是图 5-1 中的分散式结构。

在并行结构网络中，人们可以从融合中心到各传感器引入反馈信息。在这种情况下，观测信息顺序到达局部检测器，每个局部检测器都基于它自己的观测和从融合中心接收到的反馈信息做出判决。然后，把各局部判决传送到融合中心，在那里它们被组合产生全局判决，最后新产生的全局判决又反馈到各局部节点作为下次局部判决的先验信息。另一种经常使用的分布式检测网络是串行结构，如图 5-3 所示。在这种系统中，第一个检测器观测现象，做出判决，并把它传送到下一个检测器；第二个检测器，基于来自节点 1 的判决和它自己的观测，计算其判决，并把判决传送到下一个检测器；这一过程一直持续到最后一个检测器为止，且在最后一个检测器形成全局判决。

在分布式检测系统中需要获得全局推理，这时问题的关键是如何组合或融合来自各局部节点的判决。为此，讨论局部判决融合规则的设计问题，这里的融合规则并不考虑包括局部节点在内的全局优化问题。一般有硬判决融合规则、软判决融合规则、带直接观测的融合规则和异步判决的融合规则。

（1）硬判决融合规则

硬判决融合是考虑一个二元假设检验问题，两个假设 H_0、H_1 对应的先验概率分别为 P_0、P_1。设有 N 个局部检测器，每个检测器都做出一个局部判决 d_i：

$$d_i = \begin{cases} 0, & \text{检测器 } i \text{ 判决 } H_0 \text{ 为真} \\ 1, & \text{检测器 } i \text{ 判决 } H_1 \text{ 为真} \end{cases}$$

局部判决输入全局系统中获得的全局判决 d_0 为：

$$d_0 = \begin{cases} 0, & \text{判决 } H_0 \text{ 成立} \\ 1, & \text{判决 } H_1 \text{ 成立} \end{cases}$$

满足上述两式的判决称作硬判决，现在的问题是确定如何组合局部判决的优化融合规则，即硬判决融合规则。

融合规则是一个具有 N 个二元输入和一个二元输出的逻辑函数，共存在 2^{2N} 个融合规则。通常使用的逻辑函数是"与"（AND）和"或"（OR）逻辑。表 5-1 中融合规则 f_2 代表"与"规则，f_8 代表"或"规则。

表 5-1　两个二元判决可能的融合规则

输入		输出 d_0														
d_1	d_2	f_1	f_2	f_3	f_4	f_5	f_6	f_7	f_8	f_9	f_{10}	f_{11}	f_{12}	f_{13}	f_{14}	f_{15}	f_{16}
0	0	0	0	0	0	0	0	0	0	1	1	1	1	1	1	1	1

输入		输出 d_0															
d_1	d_2	f_1	f_2	f_3	f_4	f_5	f_6	f_7	f_8	f_9	f_{10}	f_{11}	f_{12}	f_{13}	f_{14}	f_{15}	f_{16}
0	1	0	0	0	0	1	1	1	1	0	0	0	0	1	1	1	1
1	0	0	0	1	1	0	0	1	1	0	0	1	1	0	0	1	1
1	1	0	1	0	1	0	1	0	1	0	1	0	1	0	1	0	1

最优融合规则的设计：

进入融合中心的每个局部判决都是一个二元离散随机变量，设 P_{Fi}、P_{Di}、P_{Mi} 分别表示检测器的虚警、检测和漏警概率，即：

$$P_{Fi}=P(d_i=1|H_0), P_{Di}=P(d_i=1|H_1), P_{Mi}=P(d_i=0|H_1) \quad (5-1)$$

在融合中心的判决也用虚警和检测概率来描述，系统的虚警、检测和漏警概率分别为 P_F、P_D、P_M，即：

$$P_F=P(d_0=1|H_0), P_D=P(d_0=1|H_1), P_M=P(d_0=0|H_1) \quad (5-2)$$

根据贝叶斯极小化平均代价的判决准则，最优融合规则可由如下似然函数给出：

$$\frac{P(d_1,d_2,\cdots,d_N|H_1)}{P(d_1,d_2,\cdots,d_N|H_0)} \mathop{\gtrless}\limits_{H_0}^{H_1} \frac{P_0(C_{10}-C_{00})}{P_1(C_{10}-C_{11})}\eta \quad (5-3)$$

进一步有：

$$\sum_{i=1}^{N}\left[\ln\frac{P_{Di}(1-P_{Fi})}{P_{Fi}(1-P_{Di})}\right]d_i \mathop{\gtrless}\limits_{H_0}^{H_1} \ln\left[\eta\prod_{i=1}^{N}\frac{1-P_{Fi}}{1-P_{Di}}\right] \quad (5-4)$$

最优融合规则通过构成局部判决的加权和与一个门限比较来实现。权值和门限由局部检测器的漏警和虚警概率、先验概率和代价函数来确定。

（2）软判决融合规则

将观测空间分成多个检测区域，每个区域表示一个不同的判定门限，将检测判定量化，并且检测报告含有该判定的一个可信度度量。

在 M 元分类中，使用每一个假设的可信度（不确定性）的定量来报告最可能假设的一个选择子集。如假设每个局部检测器的观测域都可被分成 J 个互不相容的子区域，如果检测器的观测位于第 j 个子区域，则设置 $d_i=j(j=0,1,\cdots,J-1)$。这些软判决被送到融合中心，产生全局判决 d_0。

（3）带直接观测的融合规则

令 X_0 表示融合中心的直接观测，此时融合中心的输入是连续随机变量 X_0 和离散随机向量 $d=(d_1,d_2,\cdots,d_N)$。最优融合规则由下面的似然比检验给出，只接收来自局部检测器的软、硬判决，融合中心也直接接收关于现象观测的情况。

$$\frac{f(y_0|H_1)}{f(y_0|H_0)} \times \frac{P(u_1,u_2,\cdots,u_N|H_1)}{P(u_1,u_2,\cdots,u_N|H_0)} \mathop{\gtrless}\limits_{u_0=0}^{u_0=1} \eta \quad (5-5)$$

大家都知道，基于相对定位或者递推方法的定位导航，随着运行时间的增加会发生大的漂移，如惯性导航、视觉 SLAM、VIO 等系统。

其中，VIO 表示"Visual Inertial Odometry"，是一种基于视觉相机和惯性传感器融合的位置跟踪技术，它能够同时使用视觉信息和惯性信息来实现位置和方向的估计。在机器人、自动驾驶等领域，VIO 技术被广泛应用于姿态估计、自主导航等任务中。VIO 技术能够在没有 GPS 信号或者 GPS 信号受到干扰的情况下，通过视觉相机和惯性传感器的融合，实现精确的位置和方向估计。VIO 技术主要可用于以下领域：

① 帮助自动驾驶汽车跟踪车辆的位置和方向信息，从而实现自主导航和避障。

② 帮助机器人在复杂的环境中进行自主导航和环境建模。

③ 可以帮助飞行器快速高效地确定自己的位置和方向，实现精准的飞行控制和导航。

④ 可以帮助 VR/AR 设备实现精确的位置跟踪和姿态估计，提高用户的沉浸感和交互体验。

而 GNSS 定位属于绝对定位，它的位置与之前的位置没有关联，因而不存在漂移的影响。但是其定位精度非常有限，一般 GPS 定位精度在米级。有学者考虑用 VIO+GNSS 的融合方案来实现两种方法的互补，既可以实现全局无漂移的定位，又可以在局部轨迹获得更高的精度。在实际应用过程中往往不只有视觉和 IMU 的融合，还有其他很多传感器（如 GPS、激光、里程计等），这些传感器数据和 VIO 进行融合能够极大提高 VIO 的精度和稳定性。融合的方式分为松耦合和紧耦合，常见的做法是将 VIO 看成一个独立的传感器，与其他传感器进行松耦合，但有时为了提高 VIO 本身的精度，也可以将部分传感器信息加入到 VIO 融合框架中。

在大多数工程实现和论文中，VIO+GPS 的方案就是用 GNSS 的直接观测建模。直接观测的意思是直接利用 GNSS 输出的位置信息，与局部定位算法（如 VO、VIO）输出的局部轨迹进行对齐。即构建如下两个观测方程：

$$z_t^1 - h_t^1(\Delta X) = z_t^1 - h_t^1(x_{t-1}, x_t) = \begin{bmatrix} q_{t-1}^1(p_t^1 - p_{t-1}^1) \\ q_{t-1}^{1\,-1} q_t^1 \end{bmatrix} \ominus \begin{bmatrix} q_{t-1}^{w\,-1}(p_t^w - p_{t-1}^w) \\ q_{t-1}^{w\,w} q_t^w \end{bmatrix}$$

(5-6)

式中，(q_{t-1}^1, p_{t-1}^1) 和 (q_t^1, p_t^1) 是来自 VO/VIO 的局部坐标系中 $t-1$ 和 t 时刻的位姿，(q_{t-1}^w, p_{t-1}^w) 和 (q_t^w, p_t^w) 是世界坐标系下的位姿；$\ominus$ 是四元数的减法运算。中括号内，第一行表示两个位姿之间的相对位置误差，第二行表示两个位姿之间的相对旋转误差。局部测量的协方差等于 VO/VIO 算法产生姿态的协方差。但是单从这一个方程是无法求解 (q_t^w, p_t^w) 的，所以要加入第二个观测方程：

$$z_t^{GPS} - h_t^{GPS}(\Delta X) = z_t^{GPS} - h_t^{GPS}(x_t) = p_t^{GPS} - p_t^w \qquad (5\text{-}7)$$

该方程给出 GPS 测量相关的约束。GPS 的原始测量值是经度、纬度和高度，它们不在 x、y 和 z 轴坐标中。一般来说，可以将经度、纬度和高度转换为 ECEF（地心地球固定）、ENU（东北天坐标系）和 NED（北东地坐标系）坐标。以 ENU 坐标作为世界坐标，通过将第一个 GPS 测量值设置为原点，得到 GPS 在 ENU 世界框架中的测量值，从而使观测结果变得可观，GPS 测量直接约束每个节点的位置。协方差由接收测量时的卫星数量决定，接收的卫星越多，它的协方差就越小。

状态向量中某些量可能会被其他传感器直接观测到，如 GPS 可以给出位置观测或速度观测。直接观测有两类：

一类是传感器直接测量到的观测：如 GPS 位置、GPS 速度、轮式里程计等；

一类是基于先验信息给出的观测：如平面机器人可以假设 z 轴变化为零。

此外，还有零速检测（Zero-velocity UPdaTe，ZUPT），当检测到 IMU 处于静止状态时，可以认为速度为 0，陀螺仪观测的均值作为陀螺仪的 bias。直接观测融合十分简单，采用松耦合的方式加入 GPS 观测。同时，直接观测的方法模型比较简单，从更长期的运行（VIO 的协方差超过了 GPS 协方差）来看，系统的定位误差会收敛到 GPS 的水平。

（4）异步判决的融合规则

局部判决以同步方式到达融合中心，即组合是基于共同时钟的，但局部判决也可能以异步方式到达融合中心，这就需要研究异步判决的融合规则。其不是同步到达的，定义一个观测区间 $[0,R]$，H_0、H_1 不发生变化，局部检测器在 $[0,R]$ 内的不同时刻做出假设判决并送到融合中心，融合中心不断组合到达的局部判决，在 $[0,R]$ 结束时产生全局判决。

假设 $H_i(i=0,1)$ 在时间和空间上独立，假定每个检测器在观测区间做出的判决次数服从 Poisson 分布，因此到达融合中心的判决总数目也服从 Poisson 分布。设 λ_{0i} 和 $\lambda_{1i}(i=1,2,\cdots,N)$ 分别表示在 H_0 和 H_1 条件下由第 i 个检测器做出的单位时间内的平均判决次数。第 i 个检测器在观测区间 $[0,R]$ 做出 k_{Ri} 次判决的条件概率是：

$$P(k_{Ri}|H_j)=\frac{\mathrm{e}^{-\lambda_{ji}R}(\lambda_{ji}R)^{k_{Ri}}}{k_{Ri}!}, \quad i=1,\cdots,N;j=0.1;k_{Ri}=0,1,\cdots \quad (5\text{-}8)$$

把 $P(k_{Ri}|H_i)$ 代入，两边取对数可得：

$$\sum_{i=1}^N \lg\frac{P(u_i|k_{Ri},H_1)}{P(u_i|k_{Ri},H_0)} \underset{u_0^R=0}{\overset{u_0^R=1}{\gtrless}} \lg\eta + \sum_{i=1}^N(\lambda_{1i}-\lambda_{0i})R + \sum_{i=1}^N k_{Ri}\lg\frac{\lambda_{0i}}{\lambda_{1i}} \quad (5\text{-}9)$$

左边可表示为：

$$\sum_{i=1}^N\sum_{k=1}^{k_{R1}}\left[u_{ik}\lg\frac{P_{Di}}{P_{Fi}}+(1-u_{ik})\lg\frac{1-P_{Di}}{1-P_{Fi}}\right] \quad (5\text{-}10)$$

最优规则最后可写为：

$$\sum_{i=1}^N\left[k_{\tau i}\lg\frac{1-P_{Di}}{1-P_{Fi}}+\sum_{k=1}^{k_{\tau i}}u_{ik}\lg\frac{P_{Di}(1-P_{Fi})}{P_{Fi}(1-P_{Di})}\right] \underset{u_{ij}^\tau=0}{\overset{u_{ij}^\tau=1}{\gtrless}} \lg\eta +$$
$$\sum_{i=1}^N(\lambda_{1i}-\lambda_{0i})\tau + \sum_{i=1}^N k_{\tau i}\lg\frac{\lambda_{0i}}{\lambda_{1i}} \quad (5\text{-}11)$$

5.2 并行结构与串行结构的分布检测

本节研究系统的二元假设检验问题。所有局部检测器都观测相同的现象，局部检测器的观测用 $y_i (i=1,2,\cdots,N)$ 表示，并且它们的联合条件概率密度为 $f(y_1,\cdots,y_n|H_j)(j=0,1)$，假定是已知的。假设每个局部检测器基于它自己的观测 y_i 做出局部判决 $u_i (i=1,2,\cdots,N)$。信息融合中心对局部判决进行融合并产生全局判决。仅考虑硬判决，每个局部判决可能的值为 0 或 1，它取决于检测器 i 是判决 H_0 还是 H_1 成立。融合中心基于接收到的判决向量 $\boldsymbol{u}'=(u_1, u_2,\cdots,u_N)$ 产生全局判决。假定全局判决只取决于局部判决向量 $\boldsymbol{u}'$，而不是直接依赖于单个传感器的观测 y_i。对应于检测器的虚警、漏警和检测概率分别表示为 P_{Fi}、P_{Mi} 和 P_{Di}，对应于融合节点的这三个参数分别为 P_F、P_M 和 P_D。

对于并行结构来说，贝叶斯假设检验的目的就是获得极小化全系统运行的平均代价 $R(\Gamma)$，其判决规则集合 $\Gamma=\{\gamma_0,\gamma_1,\cdots,\gamma_N\}$，其中，$\gamma_0$ 表示融合规则，$\gamma_i (i=1,2,\cdots,N)$ 表示局部检测器的判决规则。这些判决规则是从观测空间到判决空间的映射，即 $u_i=\gamma_i(y_i),i=1,2,\cdots,N$ 和 $u_0=\gamma_0(u_1,u_2,\cdots,u_N)$。

我们希望极小化的贝叶斯风险函数（即平均代价）$R(\Gamma)$ 可表示为：

$$R(\Gamma)=\sum_{i=0}^{1}\sum_{j=0}^{1}C_{ij}P_jP_r(\text{决策 } H_i | H_j \text{ 成立}) \tag{5-12}$$

错误判决的代价较正确判决的代价大，全系统的虚警和检测概率可分别表示为：

$$P_F=\sum_u P_r(u_0=1|u)P_r(u_0),P_D=\sum_u P_r(u_0=1|u)P_r(u|H_1) \tag{5-13}$$

这样就可通过极小化 $R(\Gamma)$ 来获得判决规则，进而设计融合系统。就系统的优化来说，对这种队（team）决策问题可采用"逐个优化"（Person By Person Optimation，PBPO）方法来解决分布检测，系统也可描述为由两个成员组成的队。融合中心是一个队成员，而局部检测器的集合体是一个队成员。第二个队成员也可进一步描述为由局部检测组成的一个队。当优化一个队成员时，假定其他队成员已经被设计好并保持固定。为确定全局最优解，一般来说，形成这种逐个优化过程的系统设计方程代表了必要条件，但不是充分条件。为了获得希望的"逐个优化"解，需要求解整个系统设计的联立方程组。为了获得局部检测器 $k(k=1,2,\cdots,N)$ 判决规则，需要通过极小化 $R(\Gamma)$ 得：

$$f(y_k|H_1)\sum_{u^k}\int_{r^k}A(u^k)C_DP_r(u^k|Y^k)f(Y^k|y_k,H_1)\mathrm{d}Y^k$$
$$\underset{u_{ij}=0}{\overset{u_{ij}=1}{\gtrless}}f(y_k|H_0)\sum_{u^k}\int_{r^k}A(u^k)C_FP_r(u^k|Y^k)f(Y^k|y_k,H_0)\mathrm{d}Y^k \tag{5-14}$$

其中：

$$u^k = (u_1, \cdots, u_{k-1}, u_{k+1}, \cdots, u_N)'$$

$$A(u^k) = P_r(u_0 = 1 | u^{k1}) - P_r(u_0 = 1 | u^{k0}), Y = (y_1, \cdots, y_N)'$$

$$Y^k = (y_1, \cdots, y_{k-1}, y_{k+1}, \cdots, y_N)'$$

$$u^{kj} = (u_1, \cdots, u_{k-1}, u_k = j, u_{k+1}, \cdots, u_N)', \quad j = 0, 1$$

为了获得融合规则需要极小化 $R(\Gamma)$，按照 PBPO 方法，假定所有局部检测器已设计好并保持固定，局部判决向量 $\boldsymbol{u}$、条件分布 $P_r(\boldsymbol{u} | H_j)(j = 0, 1)$ 假定是已知的。因为元素是二元值，因而 $\boldsymbol{u}$ 有两种可能取值，这两种取值的一种融合规则也可表示为：

$$\frac{P_r(\boldsymbol{u}^* | H_1)}{P_r(\boldsymbol{u}^* | H_0)} \underset{u_0=0}{\overset{u_0=1}{\gtrless}} \frac{C_F}{C_D} \tag{5-15}$$

这样，就获得了 $N + 2^N$ 个非线性联立方程的解，这些解就产生了对二元分布贝叶斯假设的 PBPO 解。

在式(5-15) 中所描述的局部判决规则通常并不是阈值检验。但是如果假定局部检测器的观测是条件独立的，则局部判决规则退化成阈值检验。在条件独立的假定下：

$$f(Y | H_j) = \prod_{i=1}^{N} f(y_i | H_j), \quad j = 0, 1$$

因此式(5-15) 可以改写为：

$$\frac{f(y_k | H_1)}{f(y_k | H_0)} \underset{u_k=0}{\overset{u_k=1}{\gtrless}} \frac{\sum_{u^k} C_F A(u^k) \prod_{i=1, i \neq k}^{N} \int_{Y^k} P_r(u_i | y_i) f(y_i | y_k, H_0) dy_i}{\sum_{u^k} C_D A(u^k) \prod_{i=1, i \neq k}^{N} \int_{Y^k} P_r(u_i | y_i) f(y_i | y_k, H_1) dy_i}$$

$$\tag{5-16}$$

要求解的非线性联立方程数量仍然保持不变，但计算难度降低了，这是由于局部判决规则已退化成阈值检验。另外，融合规则也可通过形成加权和把它与一个门限比较来实现。

介绍完并行结构后，可以开始讨论串行结构中的分布检测与融合，并讲解串行结构中的二元假设检验问题。所有的检测器都以串行结构连接，并直接接收它们对共同的对象的观测。第一个检测器的判决只是基于它自己的观测，这一判决传送到第二个检测器；第二个检测器使用第一个检测器的判决连同自己的观测完成判决，并发送到下一个检测器。这一过程在网络中的每个检测器都重复一次，最后那个检测器的判决为网络的最终判决。

二元假设检验中一般有两种情况，分别为高斯分布情况与瑞利分布情况。正态分布又叫高斯分布，图像有集中性、对称性、均匀变动性的特征。瑞利分布是一个均值为 0，方差 σ^2 的平稳窄带高斯过程，其包络的一维分布是瑞利分布。瑞利分布是最常见的用于描述平坦衰落信号接收包络的一种分布类型。图 5-6、图 5-7 分别介绍了两种情况下错误概率随检测器数量和 P_0 变化的关系曲线。

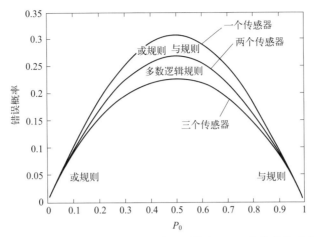

图 5-6　高斯情况下错误概率随检测器数量和 P_0 变化的关系曲线

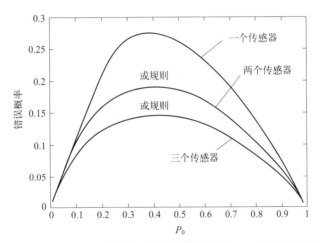

图 5-7　瑞利情况下的错误概率随检测器数量和 P_0 变化的关系曲线

　　下面举例分析两个检测器的串联网络。

　　假定两个检测器的观测是条件独立但非同分布的，两检测器在 $H_0 H_1$ 的条件下都是具有单位方差的高斯分布。对较好的检测器（B）来说，其均值分别为 0 和 2，但对于较差的检测器（W）来说，其均值分别为 0 和 1。在这些条件下得到的平均错误概率与 P_0 的关系的曲线示于图 5-8 中，图中给出了三种情况。其中，BW 是指把 W 放在最后，而 WB 是指把 B 放在最后，WW 则是指两个局部检测器都是较差的检测器。从图 5-8 可以看出，WB 性能最好，BW 次之，而 WW 最差。

　　再考虑一个三检测器的串联网络，其中有两个检测器与上例中的 W 相同。一个与上例的 B 相同。当 B 作为第一个检测器、中间检测器或最后一个检测器时，在图 5-9 中描述了它们的系统性能，并且当三个检测器都为 W 时，系统的性能也描述在图 5-9 中，见 WWW 曲线。这个例子再一次表明了较好的检测器放在串联网络中的最后将产生最好的性能。

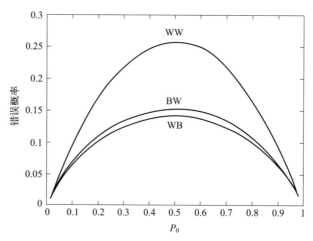

图 5-8　两节点串联网络中不同检测器顺序时的系统性能

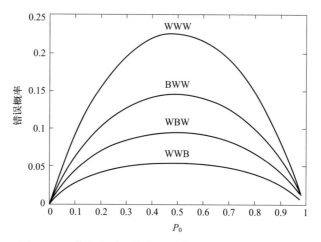

图 5-9　三节点串联网络中不同检测器顺序时的系统性能

5.3　数据融合的层次扩展

　　下面简单介绍融合的层次扩展，其扩展层次一般有三层：第一层是直接的也是常用的，融合处理是将多源信号划分为目标与背景两个部分，即将目标从含有背景的原始多源信号中分离出来；第二层的内涵是扩充的，融合处理根据一个时间段前后的多源信号检测目标或者地域存在的变化，即发现目标或者地域等的变化，又称融合变化检测；第三层的内涵是引申的，融合处理基于多源信号的内容线索或者特性从一个数据库中检测需要的目标对象，即进行融合检索。

5.3.1 第一层融合

下面介绍第一层。以图像处理为例，将目标与背景分离是一个重要的课题，运动目标的检测是计算机图像处理与图像理解领域里一个重要课题，在机器人导航、智能监控、医学图像分析、视频图像编码及传输等领域有着广泛的应用。运动可以分为摄像机的运动与目标的运动两种。

目标检测方法分类有两种。第一种是已知目标的先验知识。在这种情况下检测目标有两类方法：第一类方法是用目标的先验知识训练一堆弱分类器，然后这些弱分类器一起投票来检测目标，如 boosting、random forest 都是这个思路，大家熟知的 adaboost 人脸检测也是如此；第二类方法是根据先验知识找到目标和非目标的最佳划分线，如 SVM 这类方法。第二种是未知目标的先验知识。此时不知道要检测的目标是什么，于是什么是目标就有了不同的定义。一种方法是检测场景中的显著目标，如通过一些特征表达出场景中每个像素的显著性概率，然后找到显著目标。另一种方法就是检测场景当中的运动目标。

经典目标检测方法有很多，简要介绍以下三种：

（1）背景差分法

背景差分法是在检测运动目标时，如果背景是静止的，利用当前图像与预存的背景图像做差分，再利用阈值来检测运动区域的一种动态目标识别技术。背景差分法是一种对静止场景进行运动分割的通用方法，它将当前获取的图像帧与背景图像做差分运算，得到目标运动区域的灰度图，对灰度图进行阈值化提取运动区域，而且为避免环境光照变化影响，背景图像根据当前获取图像帧进行更新。

根据前景检测、背景维持和后处理方法，存在几种不同的背景差分法。若设 I_t、B_t 分别为当前帧与背景图像，T 为前景灰度阈值，则其中一种方法流程如下：

① 取前几帧图像的平均值，将其作为初始的背景图像 B_t；

② 将当前帧图像与背景图像做灰度减运算，并取绝对值，公式即为 $|I_t(x,y)-(B_t(x,y)|$；

③ 对于当前帧的像素 (x,y)，若有 $|I_t(x,y)-B_t(x,y)|>T$，则该像素点为前景点；

④ 对前景像素图进行形态学操作（腐蚀、膨胀、开闭操作等），用当前帧图像对背景图像进行更新。

背景差分法的优点是算法比较简单，一定程度上克服了环境光线的影响；缺点是不能用于运动的摄像头，同时对背景图像实时更新困难。背景差分法适用于背景已知的情况，MATLAB 中单纯的背景差分直接使用函数 imabsdiff (X,Y) 就可以。

（2）帧差分法

利用视频序列中连续的两帧或几帧图像的差来进行目标检测和提取。在运动的检测过程中，该方法利用时间信息，通过比较图像中若干连续帧获得对应像素点的灰度差值，如果均大于一定的阈值，则可以判断该位置存在运动的目标，较适合于动态变化场景。

帧差分法的优点是算法简单，不易受环境光线影响；缺点是不能用于运动的摄像头中，也无法识别静止或运动速度很慢的目标，而且在运动目标表面有大面积灰度值相似区域的情况下，在做差分时图像会出现孔洞。

（3）光流场法

在讨论光流之前，首先需要了解什么是图像以及图像的产生过程。如图 5-10 所示，光信号经过眼睛的视觉细胞感知后，通过视觉神经和视神经中枢传递给大脑的相应分区，对其刺激形成视觉。可以说，图像是人类的视觉基础，是自然景物的客观反映，是指客观事物经过光的反射和投射在大脑中形成的印象或认识。图像是图和像的完美结合，"图"反映了物体的客观存在，"像"反映了人的视觉系统对图的印象或认识。图像是一种信息载体，是一种客观的表示方法。广义上图像分为模拟图像和数字图像，这里我们只讨论数字图像。

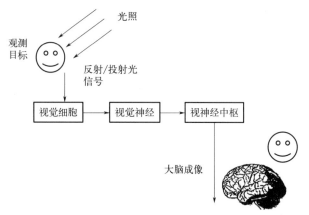

图 5-10　图像及图像生成原理

光流可以被认为是在一幅图像中亮度模式的表面运动分布，有些学者也将其称为图像流。它是图像中所有像素点的二维速度场，其中每个像素的二维运动向量可以理解为一个光流，所有的光流构成光流场。如图 5-11 所示为光流场中目标的运动向量在成像平面上的投影。估计光流的目的是为图像帧中的每一个像素点赋予一个运动向量。对于整幅图像来讲，光流估计的过程就是建立一个包含所有运动向量的运动场。光流的估计是处理图像序列研究领域中的一个基础课题，本节只讨论光流场中每个运动向量的计算方法。

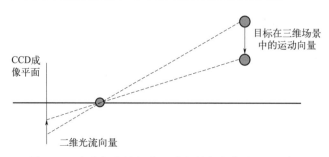

图 5-11　光流场中目标的运动向量在成像平面上的投影

只关注部分像素的运动向量时，我们称之为稀疏光流；当关注所有像素时，我们称之为稠密光流。显然，稀疏光流和稠密光流的用途不同，如果用作估计相机运动，可能稀疏光流就够用了。如果分析场景中的目标运动信息，稠密光流将有较大的优势。通常情况下，由于观察者（相机）和场景（对象）之间产生了相对运动，进而形成了光流。二者之间的相对关系可以分为如下几个方面：

① 场景在运动，相机是静止的；

② 相机在运动，场景是静止的；

③ 相机和场景二者都在运动。

图 5-12 两幅图像是①和②的两种情况，③比较复杂，这里不举例子。

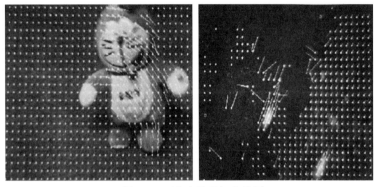

图 5-12　运动关系与光流图

此外，针对相机的变化也会导致光流的产生，主要表现在镜头拉近、镜头拉远、镜头平移、相机旋转或其中的几种（图 5-13～图 5-15），场景中存在运动物体（图 5-16）时，显然会出现光流场中部分光流与周围的光流不一致的情况。

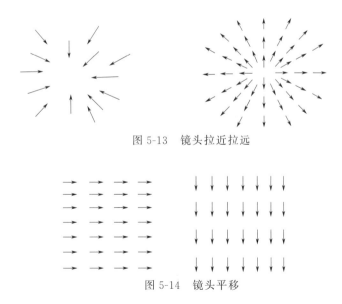

图 5-13　镜头拉近拉远

图 5-14　镜头平移

利用相邻两帧中对应像素的灰度保持原理来评估二维图像的变化，能够较好地从背景中检测到相关前景目标，甚至是运动物体中的部分运动目标，适用于摄像机运动过程中相对运动目标的检测。

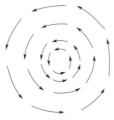

图 5-15　相机旋转

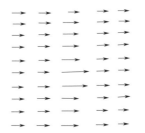

图 5-16　场景中存在运动物体

举例如下：

① 首先在一帧图像内随机均匀选取 k 个点，并滤除邻域纹理太光滑的点，因为这些点不利于计算光流。

② 计算这些点与上一帧图像的光流矢量，如图 5-17 所示，此时已经可以看出背景运动的大概方向了。计算矢量图见图 5-18。

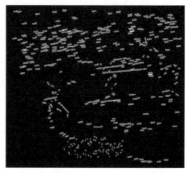

图 5-17　对图像内随机点进行处理

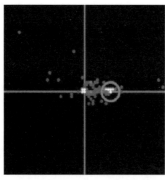
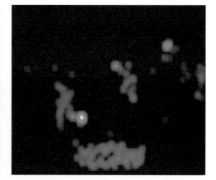

图 5-18　计算矢量图

③ 这一步主要是对特征进行提取，其方法有很多，思路也因人而异。例如，CVPR 的一篇文章 "Detection and segmentation of moving objects in highly dynamic scenes" 中的方法是把这些光流点的 (x,y,dx,dy,Y,U,V) 7 个特征通过 meanshift 聚类来聚合到一起，最后形成运动目标轮廓。

当摄像机存在运动时，对场景中运动物体的分割往往是视频分析领域里的一个典型难题。当摄像机拍摄角度不合适、环境光照不均以及前景和背景颜色相近等情况发生时，均会给图像的分割带来极大的困难。通过对场景中的运动计算致密光流，可以容易地识别出运动大小或方向存在不同的区域，这些区域往往能够标注为特定的运动区域。利用这个性质可以分割出运动物体或前景。

实际上，场景中光流的观测是在三维空间上得到的，但光流却是在二维空间上表达。显然，光流场和运动场之间确实在某些时候存在很难理解的对应关系，这是因为空间在降低维度的时候丢失了许多必要的信息。运动场上，我们很容易理解目标的运动状态，但从光流场上，我们却非常难以想象目标正处在何种运动中。

对于一个简单物体的平移运动，显然运动场和光流场几乎是一样的，但是想象一个球在光照下，即使球不动，光源的一点细微变化也会导致光流场发生变化，实际上运动场是不变的。因此，在正常情况下，光流场与运动场表现一致，但在一些特殊的场合，光流场并不等于运动场。

5.3.2　第二层融合

第二层为融合变化检测，一般在遥感方面有广泛应用，要点在于对多时相影像数据时间相关性进行建模。其相关的方法有很多，如直接比较法、基于图像分割的方法。用前一种方法进行图像建模通常需要考虑遥感图像本身的概率分布，并且当变化类和非变化类的概率分布重叠严重时，利用后验最大化也很难将变化与非变化的类别分开，因此直接比较法常常会受制于具体的应用。基于图像分割的遥感图像变化检测则是将变化检测问题转化为对差异图像的分割，而不去考虑具体遥感图像的概率分布。因此，chan-vese 模型作为经典的分割模型，就被引入到变化检测中。

变化向量分析法（Change Vector Analysis，CVA）可结合无监督阈值选择与数据分类，如莱斯-瑞利混合模型与 EM 算法相结合，还有变化贝叶斯方法与分类贝叶斯方法，其中一种方法是将多元数据正交投影到主成分子空间，从而进行特征抽取、数据降维、数据压缩。还有神经网络的方法，各种大气散射条件、复杂的光散射机制和内部可变性导致的变化检测本质上是非线性的。因此，基于学习的方法以及深层神经网络可以应用到变化检测方面。

CNN 空间扩展是神经元与特征卷积同时用于静态输出；RNN 时间扩展是神经元与多个时间输出计算，可以用于描述时间上连续状态的输出，有记忆功能。CNN 与 RNN 可以联合，CNN 特征提取用于 RNN 语句生成图片标注，RNN 特征提取则用于 CNN 内容分类视频标注。

5.3.3　第三层融合

第三层为基于特征进行融合检索，仍以图像处理为例进行解读。在实际应用中，综合利用各种不同的特征进行图像检索，其有很多优点。其中最主要的是：

① 可以达到不同特征之间的优势互补效果。例如，在颜色特征的基础上增加纹理特征，既能弥补颜色特征缺乏而无法有效识别空间分布信息的不足，又能保留颜色特征计算简单的优点。在颜色特征的基础上增加形状特征，不仅能描述图像整体色彩性质，还可以描述目标局部的彩色性质。而在颜色特征的基础上加上空间关系特征，能较好地表达景物的结构并且更加直观。

② 可以提高图像检索系统的灵活性和系统的功能，满足实际应用的要求。例如，将颜色特征和纹理特征结合可用于对彩色 B 超图像的检索。在人体组织里蕴含着丰富的纹理信息，而彩色 B 超图像的应用又借助了颜色信息。以肝脏组织彩色 B 超图像为例，由于肝脏组织纤维不同，对超声波吸收/衰减/反射均有差异，反映在颜色和纹理上都会有可用于检索的特征。

特征融合包括直接将特征进行融合并检索和在检索之后通过融合不同特征的检索结果进行检索。前者特征融合的方法有以下几种：串联融合法、并行融合法和典型相关分析（CCA）。基于图像的多特征融合方法可以提高图像检索效果，适用于大规模图像检索，但对小型数据库存在局限性。

传统图像检索算法有局部敏感哈希算法（LSH）、谱哈希算法（SH）、局部聚合向量法、K-D 树算法等。

① 局部敏感哈希算法是一种针对海量高维数据的快速最近邻查找算法。在信息检索、数据挖掘以及推荐系统等应用中，我们经常会遇到的一个问题就是面临着海量的高维数据，查找最近邻。如果使用线性查找，那么对于低维数据效率尚可，而对于高维数据，就显得非常耗时了。为了解决这样的问题，人们设计了一种特殊的哈希函数，使得两个相似度很高的数据以较高的概率映射成同一个哈希值，而令两个相似度很低的数据以极低的概率映射成同一个哈希值。我们把这样的函数叫作局部敏感哈希（LSH）。LSH 最根本的作用就是能高效处理海量高维数据的最近邻问题。该函数作用说得直白一点，就是当足够相似时，映射为同一哈希值的概率足够大；而足够不相似时，映射为同一哈希值的概率足够小。

② 谱哈希算法中，谱哈希将编码过程视为图分割过程，对高维数据集进行谱分析，将问题转化成拉普拉斯特征图的降维问题，从而求解得到图像数据的哈希编码。首先对高维数据样本集进行谱分析，在数据集服从高维平均分布的前提下给出哈希函数。通过主成分分析法对高维数据进行降维，得到各个维度互不相关的低维数据，进而对结果直接进行二元索引结果计算。

基本算法流程是：

a. 采用主成分分析（PCA）算法获取图像数据的各个主成分方向；

b. 在每个主成分方向计算特征值，并选取前 r 个最小的值，总共得到 $r \times d$ 个特征值，再将其按从小到大的顺序排序，取前 r 个最小的特征值，计算其对应的特征函数值；

c. 将特征函数值在零点进行二元量化（sign 函数）得到哈希编码。

主成分分析（PCA）算法中，每个主成分方向上的方差是不同的，方差较大的主成分方向包含更多的信息，因此谱哈希为方差大的主成分方向分配更多的比特。

最终的图像检索就是通过二进制编码的距离来进行匹配。

③ 局部聚合向量法是一种利用图像的局部描述子（如 SIFT、SURF、ORB 等）做一些聚合的操作，然后用一个长向量来表征一幅图像的方法。把图像表征成向量，是图像检索的先决条件。因为图像检索的思想是对查询图像和检索库中的图像做相似性度量，然后输出相似性最大的值，数学本质是向量间的相似性度量。当然也可以用两幅图像直接进行相似性度量，如像素值做差或者是计算颜色直方图的分布的相似性，这样的操作对于小数据可以，但是对于大型数据，首先是存储图像需要很大的空间，其次是这样做的检索速度太慢。

局部聚合向量法流程如下：

a. 提取图像的 SIFT 描述子；

b. 利用提取到的 SIFT 描述子（是所有训练图像的 SIFT）训练一个词典，训练方法是 k-means；

c. 把一幅图像所有的 SIFT 描述子按照最近邻原则分配到词典上（也就是分配到 k 个聚类中心）；

d. 对每个聚类中心做残差和（即属于当前聚类中心的所有 SIFT 减去聚类中心然后求和）；

e. 对这个残差和做 L2 归一化，然后拼接成一个 $k \times 128$ 的长向量，128 是单条 SIFT 的长度。

④ K-D 树算法是通过每次寻找所有数据方差最大的维度作为判别标准进行树的构造，中位数作为节点，小于节点的在左子树，大于节点的在右子树，之后对每个子树也相同。

查找过程为：将查询数据 Q 从根节点开始，按照 Q 与各个节点的比较结果向下遍历，直到到达叶子节点为止。到达叶子节点时，计算 Q 与叶子节点上保存的所有数据之间的距离，记录最小距离对应的数据点，假设当前最邻近点为 p-cur，最小距离记为 d-cur。进行回溯操作，该操作的目的是找离 Q 更近的数据点，即在未访问过的分支里，是否还有离 Q 更近的点，它们的距离小于 d-cur。

除传统算法外，特别提一种 BOF（Bag-of-Features）算法。Bag-of-Features 模型仿照文本检索领域的 Bag-of-Words 方法，其可以视为一种文档对象，图像中不同的局部区域或其特征可看作构成图像的词，其中相近的区域或其特征可以视作一个词。这样，就能够把文本分类及检索的方法用到图像分类及检索中去。

图像中的每个特征都将被映射到视觉词典的某个词上，这种映射可以通过计算特征间的距离去实现，然后统计每个视觉词的出现次数或频率，图像可描述为一个维数相同的直方图向量，即 Bag-of-Features，如图 5-19 所示，可用直方图向量来表示或表达图像。

由图 5-19 可知，对同一词典，不同图像得到的直方图不同，因此可以用直方图向量来表示图像。

首先我们构造一个词典（也称 visual vocabulary），方法如下：

① 特征提取（对所有的训练图像提取 SIFT 特征）：利用 SIFT 等局部描述

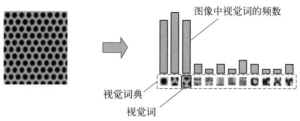

图 5-19 直方图向量表达图像

子（SIFT 方法最为常用，OpponentSIFT 在各类 SIFT 改进方式中综合表现最为优秀）提取图像的特征点，这个过程一般会生成非常多的特征点，如图 5-20所示。

图 5-20 提取特征点

② 特征聚类：由于一般提取的特征点实在太多（每张训练图片上都会提取到成千上万的特征点），不太适合分析和操作，所以一般会利用 k-means 聚类等方法将所有特征点分成 k 类，这里将每个类称为一个词（codeword/visual word），对提取的所有图的 SIFT 特征使用 k-means 算法得到 k 个聚类中心。

③ 形成词典：所有的类（词 codeword/visual word）就构成词典（codebook/visual vocabulary）。

对于每个输入图像的特征，根据视觉词典进行量化，量化的过程是将该特征映射到距离其最近的视觉词，并实现计数。这里要注意选择视觉词典的规模。若规模太小，视觉词无法覆盖所有可能出现的情况；若规模太大，则计算量大，容易过拟合。

5.4 数据融合系统的构成（耦合）

传感器融合系统体系结构主要包括松耦合（loosely coupled）、紧耦合（tightly coupled）以及深耦合（deep coupled）等组合结构。耦合是两个或多个模块之间的相互关联。下面以高精度导航系统为例讲解松耦合、紧耦合、深耦合。

高精度定位是自动驾驶车辆一切丰满理想实现的前提。它用于判断自动驾驶功能是否处于可激活的设计运行条件内；它用于支撑自动驾驶车辆的全局路径规划；它用于辅助自动驾驶车辆的变道、避障策略。不同的场景特点、不同的驾驶自动化级别、不同的精度要求、不同的传感器配置也催生了异常丰富的高精度定位方法，包括但不限于：

① 通过 GNSS 获取定位卫星信号，辅以地面参考基准站差分信号，实现高精度定位；

② 通过 INS 测量载体自身的三轴加速度和三轴角速度，进行航迹推算，实现高精度定位；

③ 激光雷达实时扫描的点云与预存的高精度地图进行点云配准，实现高精度定位；

④ 比较相机拍摄到的同一物体在前后多帧图像中的差异，运用视觉里程计方法，实现高精度定位。

在多传感器融合的大方针指引下，融合定位也成为高精度定位的主流方案，以便提供更加精确、可靠、稳定的定位方案。而对于自动驾驶车辆全局定位来说，功能最为强大的非融合 GNSS、RTK、INS 于一身的高精度组合导航莫属，空旷地带、短暂遮挡场景都是它施展才华的舞台。

（1）GNSS

全球卫星导航系统（Global Navigation Satellite System，GNSS）是一种能在地球表面或近地空间的任何地点，为用户提供全天候的三维坐标、速度以及时间信息的空基无线电导航定位系统。中国的北斗、美国的 GPS、俄罗斯的 GLONASS 和欧洲的 Galileo 均属于 GNSS。GNSS 主要由空间卫星、地面监控系统、用户接收机三部分组成。空间卫星按照一定的频率昼夜不停地通过高频载波信号广播自己的位置和发送时间戳。用户接收机收到卫星高频载波信号后，通过光速乘以载波传播的时间，便可以计算出与卫星的距离，但由于内部和外部误差的存在，包括卫星高频载波穿透电离层和对流层产生的误差、卫星高速移动产生的多普勒效应引起的误差、轨道误差、卫星钟差、星历误差等，单纯 GNSS 的定位精度只能达到米级，无法满足自动驾驶对厘米级的定位需求。而为了更好地消除误差，提高定位精度，GNSS 通常会引入一些天基或地基的辅助手段。现在比较常用的，是通过地基的无线通信网络，传送增强修正数据，提供辅助信息，加强和加快卫星导航信号的搜索跟踪性能和速度，缩短定位时间，提高定位精度。

（2）RTK

实时动态差分（Real-Time Kinematic，RTK）技术便是地基增强系统的关键技术，一种可实时处理两个测量站载波相位观测量的差分方法。RTK 系统组成和通信链路示意图如图 5-21 所示。

通过在地面建设参考基准站，并进行测绘，我们能够获知这个参考基准站的准确位置数据，并将这个位置数据写入参考基准站控制器内部。参考基准站内部接收机同时接收卫星载波信号来获取观测数据（伪距观测值、相位观测值），并将测绘数据和观测数据打包作为差分数据，通过无线通信网络广播给覆盖范围内的接收机。接收机收到参考基准站差分数据后，结合自身观测数据，调用 RTK 算法，修正观测数据误差，从而获得厘米级的定位。对于一个参考基

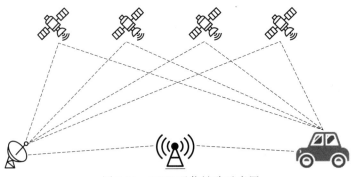

图 5-21　RTK 通信链路示意图

准站来讲，与其半径几十公里覆盖范围内的接收机产生的误差认为是相同的，因此，RTK 的网络建设也是一个超级基建工程。

但融合了 RTK 技术的 GNSS 还是存在如下缺点：

① 在完全遮蔽或严重遮蔽的场景（如隧道、高层密集建筑、浓密树荫等），由于无法接收到卫星信号或可接收的卫星信号数量较少，无法输出准确的定位数据；

② 在无线通信网络无法覆盖或通信链路断连时，无法获得参考基准站的差分数据，导致无法输出准确的定位数据；

③ 在不增加额外硬件条件下，无法输出载体的姿态（航向、俯仰、横滚角）数据；

④ 在多金属的工作场景，由于严重的多径影响，会导致定位数据的假固定；

⑤ 定位数据输出频率较低（通常为 10Hz 左右），短期精度较低。

从以上缺点可以看出，GNSS＋RTK 在大部分场景下表现优秀，是全局定位当之无愧的主心骨。但在部分恶劣场景下存在短期的定位不准情况，因此自然而然地想增加一位成员，来弥补这方面的不足，INS 便是在这样的背景下被引入。

（3）INS

惯性导航系统（Inertial Navigation System，INS）是一种彻底自主的导航系统，它不需要从外部接收信号，只靠内部的硬件，并在牛顿三大定律的"魔法"下，输出定位和姿态数据。惯性测量单元（Inertial Measurement Unit，IMU）是 INS 系统里的主流硬件，主流产品中一般集成了一个三轴加速度计和陀螺仪，俗称六轴 IMU。加速度计可以测量物体在其坐标系下的三轴加速度，陀螺仪可以测量物体在其坐标系下的三轴角速度，通过对加速度和角速度数据进行积分运算，可以解算出载体一个相对的定位和姿态数据。

与 GNSS 一样，IMU 也是起源于军工。长期以来，受限于高昂的成本，一直仅为国防和航天所用。随着价格更加亲民的微机电系统（Micro-Electro-Mechanical System，MEMS）加速度计和陀螺仪出现，普通民众才开始享受 IMU 的红利。手机屏幕的自动旋转功能、智能手环的计步功能、虚拟现实头盔、无人机，无不是 IMU 发光发热的地方。IMU 可以输出高频（200Hz 左右）

定位和姿态数据，具有优秀的短期定位精度，但是单独使用 INS 同样存在以下缺点：

① 由于解算模块存在积分计算，因此存在累积误差，随着时间的延长，误差会越来越大；

② 高频振动会降低 INS 中 IMU 硬件的可靠性和精度；

③ 高精度的 IMU 成本（光纤陀螺）依旧很高。

但是这些缺点又是 GNSS＋RTK 可以完美解决的，既然 GNSS＋RTK 和 INS 各有所长，又都是定位界的"狠角色"，那就将两者组合在一起，共同实现全局高精度定位，这就是高精度组合导航名称的由来。

从硬件层面划分，高精度组合导航包括射频芯片、基带芯片、IMU 模组、数据处理单元等硬件部分，如图 5-22 所示。

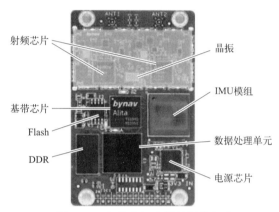

图 5-22　高精度组合导航硬件组成

从系统架构层面划分，高精度组合导航主要由 GNSS 模块、INS 模块和数据处理模块三大得力干将组成。

① GNSS 模块又可细分为射频前端、信号捕获、信号跟踪、RTK 解算四大模块。射频前端是最重要的硬件部分，主要用于频率搬移、信号放大、噪声抑制；信号捕获是指通过伪码对齐、载波对齐实现对信号的捕获；信号跟踪通过动态调整策略，实现对捕获到的伪码和载波信号的稳定跟踪；RTK 解算结合伪距值和差分数据，输出 RTK 定位结果。

② INS 模块主要包括测量单元 IMU 和解算单元。IMU 负责测量三轴加速度和三轴角速度数据，解算单元负责处理 IMU 输入数据及数据处理模块反馈的误差数据。

③ 数据处理模块是组合导航的核心，是实现"天人合一"境界的关键。卡尔曼滤波是数据处理模块最常用的算法，通过建立运动方程和测量方程，不仅考虑当前所测得的数据，而且还充分利用过去测得的数据，以后者为基础推测当前应有的输出，而以前者为校正量修正，从而获得当前参量值的最佳估算。

可是在将两者组合的时候，问题又出现了。是选择在卫星信号跟踪阶段与 INS 惯性测量数据融合，还是在观测量生成阶段再与 INS 惯性测量数据融合，抑或是等到 RTK 解算完成进入滤波器后再与 INS 惯性测量数据进行融合？

不同的融合方式，将高精度组合导航分成了松耦合、紧耦合和深耦合三种形态。目前业界普遍认为在定位精度、定位稳定性、定位可靠性等方面，深耦合最好，紧耦合次之，松耦合次次之。下面将逐一介绍三种耦合方式的系统原理。

① 松耦合。

单从名字来看，"松耦合"是最简单的一种组合方式。在松耦合结构中，GNSS模块和INS模块独立工作，GNSS模块低频输出RTK定位结果，INS模块高频输出惯性测量结果，两者都将数据送入数据处理模块中。在没接收到RTK定位结果的时候，卡尔曼滤波器以INS模块测量结果为基础推测当前应有的定位数据。在接收到RTK定位结果的时候，卡尔曼滤波器通过比较RTK和INS模块计算结果的差值，建立误差模型，估计INS模块的累积误差，并将误差补偿反馈给INS模块，同时输出定位数据的最佳估计值。INS模块收到误差补偿后，修正累积误差，循环往复。松耦合系统原理如图5-23所示。

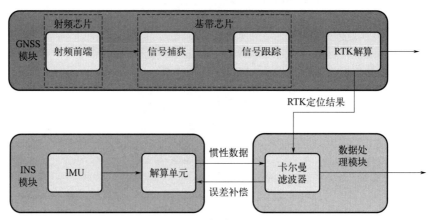

图 5-23　松耦合系统原理图

松耦合的优点是易于实现，性能比较稳定；缺点是当卫星少于一定数量时，GNSS模块的输出就会失效。在信号存在遮挡的场景中，松耦合的定位稳定性、可靠性都不如另外两种耦合方式。

② 紧耦合。

紧耦合从名字来看，两者融合的程度加深。在紧耦合结构中，将GNSS模块输出的观测量（伪距、伪距率）与INS模块输出的惯性测量结果相减，并将差值输出给卡尔曼滤波器，用于估计INS模块测量累积误差。将计算出来的误差补偿反馈给INS模块，经过校正的INS模块惯性测量结果同步输入到数据处理模块的卡尔曼滤波器中，结合RTK定位结果最终得到组合导航解。紧耦合系统原理如图5-24所示。

紧耦合在原始GNSS观测量端进行融合，因此当卫星少于一定数量时，RTK解算模块无法求得固定解，紧耦合的模式依然可以提供GNSS信号的更新。但紧耦合在结构上会比较复杂，复杂带来的好处就是在相同硬件配置下，紧耦合的鲁棒性会更上一层楼。

紧耦合的难点在于RTK算法需要高精度组合导航的厂家自研。若非RTK

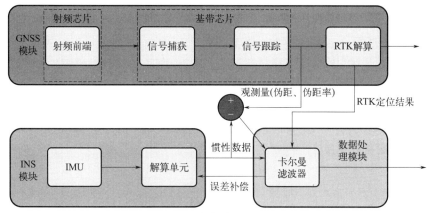

图 5-24　紧耦合系统原理图

专业厂家很难把算法打磨到行业一流水平。毕竟卫星离我们 3 万公里，运行速度 4km/s，通过载波相位双差，要使得行驶在各种场景下的载体保持实时厘米级精度，且无论何时、何地都稳定运行还是有很大难度的。

③ 深耦合。

深耦合在紧耦合的基础上，将 INS 模块的部分数据直接送到基带芯片里，将 INS 的惯性数据作为 GNSS 解算的一部分。通过 INS 准确的相对多普勒变化信息，辅助信号跟踪，提高恶劣环境下多普勒的估计准确度，从而提高载波相位、伪距等观测量的精度和连续性，减少观测量中断和跳变的问题，进而有效提高组合导航精度和可靠性。深耦合系统原理如图 5-25 所示。

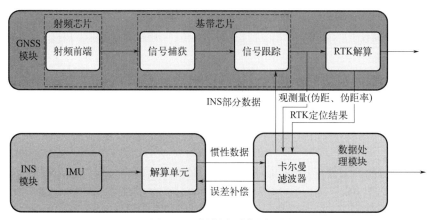

图 5-25　深耦合系统原理图

从图中可以看到，深耦合直接在基带模拟端进行融合。因此，除了具备紧耦合算法能力外，还需要具备 GNSS 基带芯片模拟端接收能力，因此只有具备自研基带芯片能力的公司才有做深耦合的能力。这也导致目前仅有少数公司掌握深耦合技术。

在空旷、无遮挡环境，三种耦合方式都能稳定地接收到三四十颗卫星的信号，实现厘米级的定位精度，因此在这种环境下，三者没有多大差别。

在完全遮挡环境下（地库、隧道等），三种耦合方式也几乎没有差别，都是一颗卫星也搜不到，这个时候即使深耦合可以辅助信号跟踪，可射频前端没有输入信号，后端再强也无济于事。因此，在这种完全遮挡环境下，只能靠 INS 的输出结果，累积误差大小完全取决于 INS 中 IMU 的精度及对接入车辆里程计数据的处理逻辑。因此，三种耦合的区别主要体现在有部分遮挡的环境（如高楼林立的城市、高大金属林立的港口等），卫星信号时有时无、时好时坏（搜星数量多时可达 40 多颗，少时不超过 10 颗）的情况下，此时极易出现频繁失锁、观测量跳变等引发定位异常的问题。而基于更前端融合的深耦合可以通过辅助信号跟踪来解决这个问题，紧耦合次之。有厂家实测，在部分遮挡环境下，深耦合定位精度是紧耦合定位精度的 3 倍，是松耦合定位精度的 5 倍。深耦合绝对是定位 Corner Case 领域的重要技术。

然而，深耦合固然是好，但是系统复杂，成本高，而且也不是所有场景都需要深耦合。在高速行驶的工况下，卫星信号追踪存在实时性和精准性的问题，所以深耦合会很合适；在低速行驶的工况下，不存在卫星追踪的实时性和精准性问题，也就不需要 INS 的惯性测量数据进行辅助，松耦合反而会更加经济实惠。这一细节，也充分体现自动驾驶对场景理解能力的高要求。

归根结底，无论哪种耦合算法，对于最终结果来讲，上得了高速公路，下得了城市道路，那才是终极目标。

第
6
章

多传感器数据融合技术在自动驾驶实际场景中的应用

6.1 行人及非机动车辆斑马线通过场景

自动驾驶汽车是当前引起广泛关注而令人兴奋的研究领域之一。不仅仅在其技术领域，甚至在无人驾驶汽车周围的哲学和社会科学领域都进行了重要的讨论，可以看出其重要性。在前面将多传感器融合的相关技术已经介绍得差不多了，下面着重在自动驾驶多场景应用层面上，对其应用内容进行简单说明。

目前大多数市面上的自动驾驶汽车都是首先从高速场景开始的，因为高速场景没有其他大陆交通参与者，也没有红绿灯等交通信号灯，路况相对来讲比较简单，车速也相对稳定。随着高速自动驾驶的场景逐渐成熟，各大传统车企与互联网车企开始把研究对象转向更为复杂但是需求更多的城市道路场景，而行人、非机动车过路又是其场景中的一个重要的研究内容。

由于大多数致命事故都是在行人与非机动车意外或不经意过马路时发生的，因此处理行人路径预测算法的重要性不仅与自动驾驶汽车领域有关，而且在警报系统中也非常有用，这有助于提高驾驶员对过路行人的注意。由于行人与非机动车的动态特性（方向和速度的快速变化），确定其是否要踏上道路并过马路是一个极具挑战性的问题，因此无法在之前进行准确的预测。此外，该任务也十分复杂，不仅需要在尽可能短的时间内执行高精度的预测，而且空间精度要求非常高，往往使用神经网络帮助改进感知方案。

不同于障碍物检测系统，在上述情景下，行人及非机动车是否会成为汽车通过的障碍物，其实是未知的，这就需要对行人是否真实需要通过、是否会通过进行行为的预测，这也需要在感知中去高度抽象与提取其特征，进一步做后续判断。

在卷积神经网络出现之前，传统的目标检测算法是通过人工设计特征学习的方式实现的，并针对检测目标的不同有相应的方法。早期目标检测虽然满足当时的检测需求，但仍有许多弊端。首先，基于手工设计的前提是必须拥有丰富的先验知识，具备较强的专业性；其次，传统的特征提取常基于形状、颜色、纹理、边缘、角点等视觉特点进行，那么特征的质量就决定了检测性能，当面对遮挡、光线等不可避免的实际问题时，并没有很好的鲁棒性。

经典的神经网络 Le Net 诞生于 1998 年，由于当时更倾向于基于手工设计特征的传统目标检测技术，其并没有掀起波澜，在该技术停滞了两年之久后才终于在 2012 年得到发掘，神经网络学习依靠逐步发展的 GPU 算力成为以深度神经网络为核心的人工智能技术的基础，也成为从学者的实验室走向大规模产业应用的转折点，迎来了历史性的突破。卷积神经网络依靠其强大的特征提取和卷积核自适应学习能力逐渐替代传统方法，获得了更可靠的结果，使计算机大数据呈现爆炸式发展并延续至今。

行人重识别（person re-identification）也称行人再识别，是利用计算机视觉技术判断图像或者视频序列中是否存在特定行人的技术，被认为是一个图像检索的子问题。给定一个行人图像，检索该行人图像，旨在弥补固定的摄像头的视觉局限，并可与行人检测/行人跟踪技术相结合，可广泛应用于智能视频监控、自动驾驶等领域，作为轨迹预测的前瞻性工作。同时行人兼具刚性和柔性的特性，可使用的运动特征又多种多样，甚至包括姿态和视角等影响，使得行人重识别成为计算机视觉领域中一个既具有研究价值同时又极具挑战性的热门课题。因而也衍生出人体行为识别。

人体行为识别的目标是从一个未知的视频或者是图像序列中自动分析其中正在进行的行为。简单的行为识别即动作分类，给定一段视频，只需将其正确分类到已知的几个动作类别；复杂点的识别是视频中不仅仅只包含一个动作类别，而是有多个，系统需自动识别出动作的类别以及动作的起始时刻。行为识别的最终目标是分析视频中哪些人在什么时刻、什么地方在干什么事情，即所谓的"W4系统"。

在视觉上，人体运动分析和识别的方法论体系有很多种。例如，Forsyth等人侧重于将动作从视频序列中人的姿态和运动信息恢复过来，这属于一个回归问题，而人体行为识别是一个分类问题，这两个问题有很多类似点，如其特征的提取和描述很多是通用的；Turaga等人将人体行为识别分为三部分，即移动识别、动作识别和行为识别，这三种分类分别与低层视觉、中层视觉、高层视觉相对应；Gavrila采用二维和三维的方法来分别研究人体的行为。

对于行为识别方法论的划分中，出现了一种新的划分，Aggarwal将人体行为研究分为两大类：其一是基于单个层次来实现，其二是基于等级体系来实现。单层实现又分为时空特征和序列特征两种，等级体系实现分为统计方法、句法分析法和基于描述的方法三种。该分类体系比较完善，也能很好地体现目前的研究进展。按照Turaga的三个层次划分理论，目前关于行为识别基本上还停留在第二个阶段，即action识别。而action识别比现实生活中的行为简单，所以我们识别这些行为只需对这些行为进行正确的分类即可。这样一个行为识别系统就分成了行为特征提取和分类器的设计两个方面，通过对训练数据提取某种特征，采用有监督或无监督来训练一个分类模型，对新来的数据同样提取特征并送入该模型，得出分类结果。行为识别发展至今，取得了很大的进展，在低层、中层和高层都取得了一定的突破，但是行为识别算法并不成熟，目前不存在一个算法适合所有的行为分类，三个视觉层次中都还有很多严峻的问题有待解决。其研究的难点主要体现在以下几个方面：

① 同一动作不同类之间的变化太大。对于大多数的动作，即使是同一动作都有不同的表现形式。例如，走路可以在不同的背景环境中完成，走路的速度也可以从慢到快，走路的步长亦有长有短。其他的动作也有类似的结果，特别是一些非周期的运动，如过马路时的走路，这与平时周期性的走路步伐明显不同。由此可见，动作的种类本身就很多，再加上每一种类又有很多个变种，所以给行为识别的研究带来了不少麻烦。

② 环境背景等因素带来的影响。环境背景等因素带来的影响可谓是计算机视觉各个领域的最大难点。主要有视角的多样性，同样的动作从不同的视角来观察会得到不同的二维图像；人与人之间、人与背景之间的相互遮挡也给计算机对动作分类的前期特征提取带来了困难。目前为了解决多视觉和遮挡问题，

有学者提出了多摄像机融合，通过三维重建来处理。另外，其影响因素还包括动态变化和杂乱的背景、环境光照的变化、图像视频的低分辨率等。

对动作特征的提取可分为全局特征提取和局部特征提取。

全局特征是对检测出来的整个感兴趣的人体进行描述，一般是通过背景减除或者跟踪的方法来得到，通常采用的是人体的边缘、剪影轮廓、光流等信息。而这些特征对噪声、部分遮挡、视角的变化比较敏感。下面分别从其二维特征和三维特征做介绍。

Davis 等人最早采用轮廓来描述人体的运动信息，其用 MEI 和 MHI 两个模板来保存对应的一个动作信息，然后用马氏距离分类器来进行识别。MEI 为运动能量图，用来指示运动在哪些部位发生过；MHI 为运动历史图，除了体现运动发生的空间位置外，还体现了运动的时间先后顺序。这两种特征都是从背景减除中获取的。

除了利用剪影轮廓信息外，人体的运动信息也经常被采用，如基于像素级的背景差法、光流法等。当背景差法不能很好地工作时，我们往往可以采用光流法，但是这样经常会引入运动噪声。有学者提出只计算人体中心点处的光流，这种方法在一定程度上减少了噪声的影响。

在三维空间中，通过给定视频中的数据可以得到三维时空体（STV），STV 的计算需要精确定位、目标对齐，有时还需背景减除。Blank 等人首次从视频序列的剪影信息中得到 STV，如图 6-1 所示。然后用泊松方程导出局部时空显著点及其方向特征，其全局特征是通过对这些局部特征加权得到的。为了处理不同动作的持续时间不同的问题，另外有研究提出对每一个视频采用一系列的 STV，并且每个 STV 只覆盖时间维上的一部分信息。

图 6-1　跳跃、走、跑 3 个动作的 STV 图

还有一种途径是从 STV 中提取相应的局部描述子，这一部分将在局部特征提取中介绍，在这里，我们还是先把 STV 特征当作全局特征。Batra 存储了 STV 的剪影，并且用很小的三维二进制空间块来采样 STV。Yilmaz 提取了 STV 表面的不同几何特征，如其极大值点和极小值点。当然，也有学者将剪影的 STV 和光流信息结合起来，作为行为识别的全局特征。

人体行为识别局部特征提取是指提取人体中感兴趣的点或者块，因此不需要精确的人体定位和跟踪，并且局部特征对人体的表观变化、视觉变化和部分遮挡问题也不是很敏感。因此，在行为识别中采用这种特征的分类器比较多。下面从局部特征点检测和局部特征点描述两部分来进行介绍。

行为识别中的局部特征点是视频中时间和空间中的点，这些点的检测发生在视频运动的突变中。因为在运动突变时产生的点包含了对人体行为分析的大部分信息，所以当人体进行平移直线运动或者匀速运动时，这些特征点就很难被检测出来。将 Harris 角点扩展到三维 Harris，这是时空兴趣点（STIP）族中的一个。这些时空特征点邻域的像素值在时间和空间都有显著的变化。在该算法中，邻域块的尺度大小能够自适应时间维和空间维。该时空特征点如图 6-2 所示。

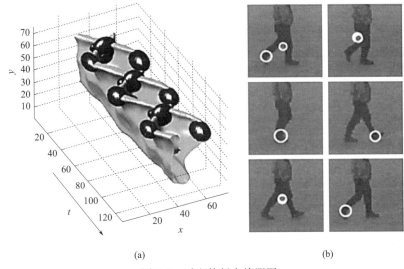

(a)　　　　　　　　　(b)

图 6-2　时空特征点检测图

但是上述方法存在一个缺点，即检测出来稳定的兴趣点的数量太少，因此有学者单独在时间维和空间维上先采用 Gabor 滤波器进行滤波，这样的话检测出来的兴趣点的数目就会随着时间和空间的局部邻域尺寸的改变而改变。同时，为了整合颜色和运动信息，可以加入颜色和运动信息来计算其显著点。

局部特征点描述是对图像或者视频中的一个块进行描述，其描述子应该对背景的杂乱程度、尺度和方向变化等均不敏感。一个图像块的空间和时间尺寸大小通常取决于检测到的兴趣点的尺寸。图 6-3 显示的是 cuboids 描述子。

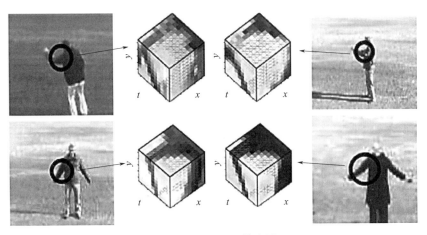

图 6-3　cuboids 描述子

特征块也可以用基于局部特征的网格来描述，因为一个网格包括了局部观察到的邻域像素，将其看成一个块，这样就减少了时间和空间的局部变化的影响。

二维的 SURF 特征被 Willems 扩展到了三维，这些 eSURF 特征的每个 cell 都包含了全部 Harr-wavelet 特征。之后有学者将 HOG 特征（梯度直方图特征）扩展到三维，即形成了 3D-HOG。3D-HOG 的每个 bin 都是由规则的多面体构成，3D-HOG 允许在多尺度下对 cuboids 进行快速密度采样。这种将二维特征点检测的算法扩展到三维特征点类似的工作还有是将 SIFT 算法扩展到三维 SIFT Scovanner。随后各种研究比较了各种局部描述子，并发现在大多数情况下整合了梯度和光流信息的描述子其效果最好。

另外还有一种描述子比较流行，即单词袋，利用了单词频率直方图特征。

最后就是对运动特征进行融合检索。全局和局部特征的融合，结合了全局特征的足够信息量和局部特征的对视角变化、部分遮挡问题不敏感，抗干扰性强的优点。学者 Thi 的方法就将这两种特征结合得很好，其全局特征是采用前面介绍的 MHI 算子，并且采用 AIFT 算法进一步选择更好的 MHI；局部特征也是采用前面提到的 STIP 特征，并且采用 SBFC（稀疏贝叶斯特征选择）算法过滤掉一些噪声比较大的特征点；最后将两种特征送入到扩展的三维 ISM 模型中，ISM 是一种目标识别常用算法，即训练出目标的隐式形状模型。

不同的模型使用图片或视频的不同特征来预测行人是否会过马路。这些模型大多数都测量行人到车辆的距离、行人到路缘石的距离或到车辆行驶的车道的距离。大多数模型还研究行人的速度。为了预测行人的运动，卡尔曼滤波器是一种非常普遍且广泛使用的工具。卡尔曼滤波器用于描述物理系统的许多学科，包括物理学、计量经济学或工程学。卡尔曼滤波器可以确定人体的位置、加速度和速度，因此被广泛应用于交通检测问题。卡尔曼滤波器的适用性极高，多种不同版本的滤波器间相互比较、扩展卡尔曼滤波器与不同滤波器的相互作用，使得这些滤波器可用于检测运动的不同运动学特征，如恒定速度、加速度、转弯等，这些特征被用来进行行人及非机动车路径预测规划。

除了行人及非机动车的运动之外，其他各种特征也都可以用于预测即将发生的动作。可以通过以下事实来推断其他特征的有用性，例如，在行人不完全可见的情况下，或使分辨行人及非机动车是否会通过马路的能力较低，在数据集中，这些情况可以通过部分或完全遮盖图片中的行人并让人们仅看到身体的一部分或行人的位置来重新创建空白的边界框。从 2014 年开始的一项工作，研究了行人头部位置与通过性关系，研究行人是否能通过观察对向来车，改变可能发生的事件。这些也标志着这一场景在实际应用中实现起来十分困难。

我们当然可以选择只要检测到行人、非机动车或斑马线，就通过感知传感器进行障碍物检测并让行的方法，但是这会大大降低交通的效率，自动驾驶时代的目标是提高交通安全性、效率和便利性。自动驾驶技术可以帮助减少人为驾驶错误和事故发生的可能性，提高道路交通的流畅性和整体效率，而这一行为大大降低了通行的效率。或者通俗地讲，当行人及非机动车成为自动驾驶汽车通过的障碍物时，我们需要对其进行让行，但这只是这一场景的最低级要求，保障了安全性，我们仍需要通过对其运动特征进行检测、提取、抽象、融合，对其轨迹进行合理规划预测，来提高交通运输的效率。

还有一种方式是通过 V2P 来进行行人及非机动车通过让行场景处理。前面的方法都是我们可以探测到行人及非机动车，但是如果行人及非机动车被遮挡，无法被感知呢？V2P 提供了一个解决方案。如果行人被障碍物遮挡，车辆搭载的摄像头和雷达无法感知行人横穿马路的行为。此时，若行人手机安装了 V2P 通信单元，车辆就能收到其移动设备发出的 V2P 信号，并模拟出行人的位置和轨迹，以便于自动驾驶汽车决定是否进行自动减速，甚至完全停止。

日常生活中经常能够见到如下场景：机动车不礼让斑马线上的行人；行人无视交通信号灯而任性地与机动车抢道；低头族过马路；儿童在斑马线上玩耍；残障人士通过斑马线；等等。

斑马线是城市道路的生命线，很多人员伤亡都发生在人行横道，特别是夜间或者雨雪天气，车辆很难看清人行横道，尤其是非灯控制路口和道路中间的人行横道。同时，目前仍有一部分司机还没形成停车让行的安全意识，再加上使用智能手机的"低头族"在行人中普遍存在，导致过马路的时候安全隐患大大增加。上述原因导致的交通事故也是屡见不鲜，成为困扰广大机动车驾驶员、行人及交通主管部门的难题。而传统方案又很难从根本上解决这个问题。

基于这些问题，很多科技公司基于 AI 算法技术、视觉感知技术与多传感器融合技术，针对斑马线识别与礼让研发出斑马线视觉感知系统，见图 6-4。

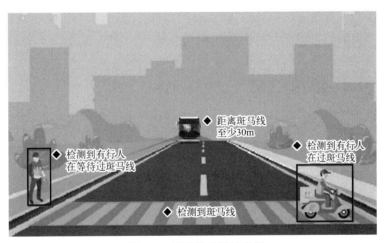

图 6-4　该系统检测示意图

该系统主要通过多摄像头融合补足画面，并且填充画面的速度与距离信息，提高信息可靠性与冗余性，搭配神经网络等方法，对目标进行检测识别，随后进行不同场景规划与让行。该系统可进行斑马线识别、礼让与预警，依靠视觉感知快速灵敏地提醒车辆司机在行人通过斑马线时进行减速慢行、紧急制动等，同时具备斑马线超速预警功能，可很好维护道路交通秩序，减少和预防交通事故的发生。

此类系统一般将行人及非机动车过斑马线分为六大核心场景，不同场景应对不同的控制及提醒的策略。该六大场景为：斑马线检测、斑马线上有行人及非机动车通行、斑马线外有行人及非机动车等待、斑马线识别、斑马线超速、斑马线未礼让行人及非机动车。

6.2　交通指示信号灯处理场景

过马路是参与交通路权的重要交通场景之一。车辆驾驶员和行人之间通常使用非语言交流，来相互判断、协商人行横道是否可以通行，而没有驾驶员的自动驾驶汽车很难将车辆的驾驶意图传达给十字路口的行人，这可能会使行人和其他道路使用者的安全性降低。目前检测红绿灯，往往是自动驾驶汽车距离交通灯越近，识别的状态越好；距离越远，红绿灯在图像中的感兴趣区域越小，其识别难度越大。但是自动驾驶汽车走到停止线附近再识别出红绿灯，显然无法让车辆更加平稳地停车，只有在远处准确识灯，才能让车辆更加平稳地停在停止线前。此外，识别红绿灯容易受到车外天气环境的影响，如太阳强光、弱光导致灯盘颜色分辨困难，夜晚红绿灯旁边的灯管干扰，夜晚抓拍违章的强灯光干扰，摄像头受到水渍污渍等干扰，等等。同时，红绿灯的样式也并不统一，安装规范也各式各样。通常我们看到的交通灯为横条灯或竖条灯，其组合方式包括单灯、两灯、三灯甚至是四灯，除了我们常见的箭头、圆头，还有读条灯等，安装背景也各式各样，这些都为自动驾驶识别红绿灯带来非常大的挑战。解决自动驾驶汽车准确识别红绿灯的问题对于所有车辆安全性都至关重要。与人类驾驶的汽车不同，自动驾驶汽车处理交通指示信号灯的方式一般有两种：一种基于视觉图像识别，一种基于 V2X 识别。

6.2.1　基于视觉图像识别

基于视觉图像识别，即通过对二维图像进行检测、分类、识别，获取交通灯的各项状态信息。该方法目前也有两种实现方案：一种基于高精度地图位置获取感兴趣区域而后检测分类识别，另外一种完全基于二维图像检测分类识别。

基于高精度地图位置获取感兴趣区域，而后对目标区域进行检测分类识别红绿灯状态是业界比较通用的做法。以 Apollo 开源为代表，便是使用该方法。该方法的输入包括自车位置（IMU），查询地图中红绿灯的位置信息，以及当前位置摄像头图像；输出为地图中红绿灯的 ID、颜色状态等信息。其中，摄像头图像的获得往往至少需要两个摄像头配合完成，包括一个短焦看近处的镜头、一个长焦看远处的镜头，两个摄像头都可以检测到红绿灯，它们相互冗余，但是同一时刻只能以一个为主，见图 6-5、图 6-6。

长焦相机能看得很远，但视野窄，短焦相机正好相反。Apollo 红绿灯模块定义了红绿灯五种状态：红、黄、绿、黑、未知。在 Apollo 中，红绿灯模块有一套固定的处理流程，这套流程分预处理阶段与处理阶段。

预处理阶段的第一个任务就是要根据车辆定位信息，从高精度地图中查询

图 6-5　长焦相机中信号灯

图 6-6　短焦相机中信号灯

信号灯的物理位置信息（图 6-7），得到信号灯的物理坐标，然后再通过相机模型和标定好的相机内参，将信号灯从三维世界中投影到二维图像当中变成一个边界框。三维世界坐标系中的边界点随后被投射到每个摄像头图像的二维坐标系。对每个信号灯而言，远距摄像头图像上展示的四个投射点区域更大，这比广角摄像头更容易检测信号灯。

预处理阶段还要进行主体相机的选择，一般来说优先选择长焦相机，因为

```
1   signal info:
2   id {
3       id: "xxx"
4   }
5   boundary {
6       point { x: ...   y: ...   z: ... }
7       point { x: ...   y: ...   z: ... }
8       point { x: ...   y: ...   z: ... }
9       point { x: ...   y: ...   z: ... }
10  }
```

图 6-7　信号灯物理位置信息

长焦相机能将远处的信号灯显示得比较大且清晰，容易做颜色识别。当长焦相机没有办法检测到所有红绿灯的时候，就必须选择使用短焦相机了。同一个算法处理周期，只有一个摄像头的图像能够进行处理。预处理阶段还涉及图像信息及缓存同步。

图像信息包含了摄像头 ID 和时间差。摄像头 ID 和时间差的组合用来找到可能存在的缓存信息。如果能在缓存区找到和该图像的摄像头 ID 一样且时间差相差很小的缓存信息（图 6-8），则该图像会被传输到处理阶段。所有不合适的缓存信息会被丢弃。在自动驾驶中，所以考虑到车辆行驶速度很快，所以障碍物的识别一般要求实时，也就是 30fps 以上。但相对于障碍物，红绿灯的位置信息没有那么重要，重要的是它的语义信息，也就是红绿灯颜色变化，但这种频率是非常低的，所以对于红绿灯检测而言，不需要那么高的频率，也因此不需要针对每一帧图像都做红绿灯处理。因此，可以隔一个固定的时间周期去查询高精度地图中的红绿灯信息，然后选择最近的图像缓存一起送入到红绿灯处理模型当中，其他的图像就可以丢掉了，这样可以提高模型的硬件部分适配性。

```
1  struct ImageLights {
2  CarPose pose;
3  CameraId camera_id;
4  double timestamp;
5  size_t num_signal;
6  ... other ...
7  };
```

图 6-8　被选择的摄像头 ID 与时间差

处理阶段主要分为三个步骤，分别是调整、识别与修正。

调整是指被定位信息、校准信息和高精度地图信息影响的投射点不是完全可靠的。通过投射的信号灯位置计算的一个大的感兴趣区域（Region of Interest，ROI），被用来确定信号灯精确的边界盒。

在图 6-9 中，小的长方形框表示被投射的信号灯的边界盒，实际上和信号灯的准确位置有一定的偏差。大的长方形框是 ROI。信号灯检测是一个常规的

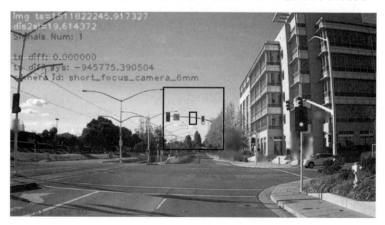

图 6-9　调整在 ROI 中检测到的信号灯边界盒

卷积神经网络检测任务，它接收带有 ROI 信息的图像作为输入数据，顺序输出边界盒。输出结果中的信号灯数量可能多于输入数据。Apollo 会根据输入信号灯的位置、形状及检测的评分选择合适的信号灯。如果 CNN 在 ROI 内找不到任何的信号灯，则输入数据中的信号灯将被标记为未知，且跳过剩下的两个步骤。

信号灯识别是一个常规的卷积神经网络鉴别任务，它接收带有 ROI 信息的图像和一组边界盒信息作为输入数据。输出数据表示每个边界盒是黑色、红色、黄色和绿色的概率。当且仅当概率足够大时，有最大概率的类别会被识别为信号灯的状态。否则信号灯状态被设置为未知，表示状态未确定。

因为信号灯可能会闪烁或者被遮挡，并且识别阶段也并不是完美的，输出的信号灯状态可能不是真正的状态，那么修正信号灯状态是很有必要的。如果修正器接收到一个确定的信号灯状态，如红色或者绿色，则修正器保存该状态并直接输出。如果接收到黑色或者未知，修正器会检测状态保存列表。如果信号灯状态已经确定持续了一段时间，那么将保存的状态输出，否则将黑色或者未知输出。因为时间顺序关系的存在，黄色只会在绿色之后红色之前出现，所以为了安全考虑，在绿色出现之前任何红色之后的黄色都会被设置为红色。

这种方法的优势是通过地图投影到图像中，获取先验的感兴趣区域，能够有效地聚焦车辆关注的交通灯，减少其他交通灯及检测模型误检测、误识别等问题，能够较好地实现自动驾驶车辆"看"灯的过程，为决策层提供较为可靠的信号灯信息。

但是这种方法让简单的红绿灯识别功能变得十分臃肿，且扩展性降低，由于交通灯识别强依赖地图信息，导致自动驾驶识别交通灯必须有高精度地图，而高精度地图的构建过程非常烦琐，且红绿灯异常问题往往需要联合排查，无法实现该功能的快速闭环更新。

6.2.2　基于 V2X 识别

V2X 处理方案，即红绿灯自己实时发送信号状态，再由车辆低延迟接收信号。该方法要对红绿灯进行改造，不仅对基础设备信号能力要求过高，而且对网络传输要求也不低。V2X 技术又称为车用无线通信技术，本质上是一种物联网技术，V 代表的是车辆，X 代表的是道路、车、设备等一切可以连接的物体，见图 6-10。

整个系统主要由路侧单元 RSU 设备、信号机、交通信号灯、MEC、毫米波雷达以及车载单元 OBU 设备组成，同时还有云控系统，可以对基础设备进行状态查询、设置以及升级等工作，并且该系统可支持后装完成。路侧单元 RSU、毫米波雷达可后装于信号灯支架上，MEC 设备可后装于支架旁。车载单元可以后装于测试的车辆上，同时保证设备能够正常连接网络，方便云控系统对设备的访问即可。

V2X 的本质就是通过道路、行人、车辆间的协调实现整个道路运输的智能化。例如，前面有车要并线了，前车可以发一个指令给基站，基站再通知后方

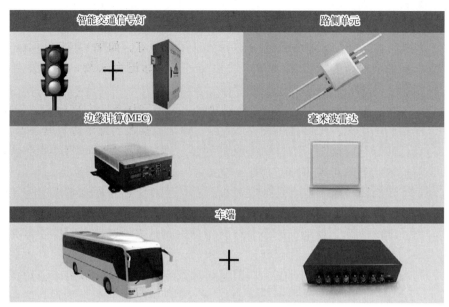

图 6-10　V2X 系统组成部分

的车辆；有个人过马路了，可以提前通过手机发指令，要求即将通行的车辆注意避让。诸如此类的协同，需要车辆生产商、通信设备厂商、运营服务商的通力配合，是一个庞大的产业链协调分工，需要国家有相关标准推动。中国在V2X 领域的投入很早，从 2017 年开始有相关文件发出到最近的 IMT-2020（5G）推进组推动的 V2X 白皮书可以看出中国在相关领域的决心。另外，中国也是少数在全领域可以构建完整产业链的国家。

　　V2X 包括多个场景（图 6-11），如车与车之间（Vehicle to Vehicle，V2V）、车与路之间（Vehicle to Infrastructure，V2I）、车与人之间（Vehicle to Pedestrian，V2P）、车与网络之间（Vehicle to Network，V2N）的交互。目前，在国内主推的是我国主导的 LTE-V2X 和 5G-V2X，从技术角度讲，LTE-V2X 可以支持向 5G-V2X 平滑迁移。

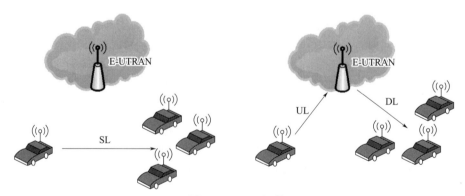

图 6-11　V2X 场景

　　从技术角度讲，V2X 比较核心的技术是如何解决通信问题。试想一下，如果一台速度 200km/h 的车向红绿灯行驶，想有效解决这之间的通信问题，需要解决高多普勒频率扩展问题以及信道时变问题。目前来看，V2X问题的关键是需要一个标准，如上下行数据传输的性能标准是什么、可靠性标准是什么、如何构建业务仿真环境。目前国内大概有一个初步意见，就是消息发送的频率为10Hz，通信的时延为100ms，通信的距离为150m或300m。

信号灯数据的显示指的是在路侧单元RSU和车载单元OBU的配合下，可以将信号灯的数据，如信号灯的灯色、倒计时信息在驾驶员易于观察的屏幕上进行显示，该功能的实现需OBU和RSU在一定的距离之内。目前，该距离的设置为可以配置的模式，可以根据驾驶人的行为习惯将距离配置为200m、300m等，但该距离要在设备间的通信范围内。

该显示功能有助于驾驶员在各种环境下更为准确地获取信号灯的数据，如在雾天雨天对视野有影响的环境下、在前方公交车遮挡视野的情况下、在肉眼无法获取到信号灯信息的情况下、信号灯只显示灯色而不显示倒计时的路口等，提前并且准确地获取信号灯数据有助于驾驶员更好地做出驾驶决策，从而提高交通效率，同时也可以有效地避免事故的发生。

可以给出绿波车速建议（图6-12）。绿波车速建议指的是在路侧单元RSU和车载单元OBU的配合下，在车辆还未通过信号灯路口前，根据车辆与路口的距离、信号灯的倒计时，给驾驶员一个合理的通过信号灯路口的速度区间并显示在屏幕上，从而辅助驾驶员在不停车或者少停车的情况下安全顺畅地通过信号灯路口。该功能场景不仅能够有效地提高交通效率，还可以提高车辆的燃油使用率。同时，不仅可以给驾驶员带来良好的驾驶体验，还可以有效避免驾驶员在通过信号灯路口猛踩油门或者制动给乘客带来的不适感。

图6-12　绿波车速建议面板及红绿灯信号显示

该方案也可以有效地利用现在道路上的信号灯设备，不会影响现有信号灯对交通路段的使用。避免公共交通的额外投资，但能显著提升车辆的通行效率以及乘员乘坐的平稳性和舒适性。本方案不但适用于常规乘用车辆，同样也适用于消防车、救护车、警车、校车等执行紧急任务的特殊车辆，保障其优先通行。

虽然目前5G已经投入商用，但在每一个红绿灯上安装这样一个设备，成本可想而知。除基础的要求外，对异常信号的处理等同样需要论证。

6.3 地下通道及林荫路段通过场景

除了广阔的城市道路与高速公路外，在车辆行驶中还有如隧道（图6-13）、林荫路段（图6-14）等遮蔽场景也需要自动驾驶汽车去处理。自动驾驶汽车能够自主通过遮蔽路段场景是其在实际应用中非常重要的一个方面。遮蔽路段场景指的是在车辆行驶过程中，路面上出现了一些遮挡物，如树木、建筑物、广告牌等，这些遮挡物会影响车辆的视线和感知能力，给车辆行驶带来一定的困难。自动驾驶汽车要在这样的场景下能够准确地判断和预测路况，做出合理的行驶决策，确保行车安全和效率。

图 6-13　隧道

图 6-14　林荫路段

在实际道路场景中，遮蔽路段是非常常见的情况。例如，在城市中，高楼大厦和树木经常会挡住车辆行驶的视线，使得驾驶员无法及时观察到前方的路况。而在郊区或乡村地区，路边的乔木和灌木丛也会成为遮蔽物。此外，道路路标和交通标志牌也经常被其他车辆或者路边建筑物所遮挡，给车辆的导航和行驶带来一定的困难。

能够自主通过遮蔽路段场景对于自动驾驶汽车来说至关重要，具有以下几个方面的意义：

① 安全性。在遮蔽路段场景下，驾驶员很难准确地判断前方路况，容易发生事故。而自动驾驶汽车能够通过激光雷达、摄像头、超声波传感器等多种感知装置获得周围环境的信息，并利用深度学习等技术对这些信息进行处理和分析，从而能够准确地判断路况，做出合理的行驶决策，降低事故风险。

② 便利性。自动驾驶汽车能够自主通过遮蔽路段场景，可以减少驾驶员的工作负担，提高驾驶的便利性。驾驶员不需要专注于观察路况，可以将更多的精力放在其他事务上，如工作、休息或者娱乐。这对于长途驾驶或者繁忙的城市交通来说尤为重要。

③ 行驶效率。在遮蔽路段场景下，驾驶员常常需要停下车辆，下车查看路况，然后再决定是否继续行驶。而自动驾驶汽车能够通过感知装置准确地判断路况，避免了这种停车查看的过程，提高了行驶的效率。此外，自动驾驶汽车能够根据交通流量和路况实时调整行驶速度和路线，避免拥堵和交通事故，进一步提高行驶效率。

④ 应对复杂场景。遮蔽路段场景往往伴随着复杂的道路情况，如弯道、交叉路口、施工区域等。自动驾驶汽车需要具备良好的感知、判断和决策能力，才能够应对这些复杂场景，确保行车安全和顺畅。通过在遮蔽路段场景中的自主通过，自动驾驶汽车能够积累更多的经验和数据，提高对复杂场景的应对能力。

⑤ 技术发展。自动驾驶汽车能够自主通过遮蔽路段场景是对自动驾驶技术发展的挑战和推动。在遮蔽路段场景下，车辆需要准确地感知周围环境，做出合理的行驶决策，这对自动驾驶技术提出了更高的要求。通过在这个场景下的研究和实践，可以推动自动驾驶技术的发展，提高其在实际应用中的可靠性和安全性。

这种技术可以通过以下几种方式实现。

（1）传感器融合方法

自动驾驶汽车通常配备了多种传感器，如激光雷达、摄像头等。这些传感器可以收集到路面上的各种信息，如车道线、障碍物等。通过将不同传感器的数据进行融合，可以更准确地判断路面情况。在开阔路段，融合的 GNSS、RTK 以及 IMU 将作为感知与决策的主力，其他传感器或做车距保持，或做障碍物检测系统，而在遮蔽路段上，由于 GNSS 等信号被遮蔽，信号传输不稳定且可能存在定位漂移等情况，将以激光雷达或视觉定位为主，通过激光雷达与摄像头，对周围环境进行感知，从而在遮蔽路段上做出正确的决策，并且安全通过。

（2）高精度地图方法

自动驾驶汽车通常使用高精度地图来辅助导航和决策。这些地图可以提供路面的详细信息，包括道路标志、交通信号和障碍物等。传统导航地图是利用装载了摄像头、GNSS 等多种传感器的汽车进行道路数据采集，随后经由专业人员绘制、编码、纠偏等复杂工序制作而成。高精度地图成图过程与之类似，但由于地图精度要求极高，采集车主要利用激光雷达来进行点云采集，然后利用当前领先的深度学习进行语义分割，提取点云中的地面标线、交通设施等高精度地图要素进行矢量化处理而成图。在遮蔽路段上，通过与地图数据的对比，自动驾驶汽车可以更好地判断路况，避免碰撞或违规行驶。

相比于其他传感器，激光雷达具有探测距离远、探测精度高、可靠性强等特点，因此它也被认为是自动驾驶所必需的传感器器件，同时也是高精度地图采集不可或缺的基础设备。目前，L4及L5级的自动驾驶高精度地图广泛采用激光雷达、IMU、RTK等与视觉传感器兼具的综合解决方案，以达到安全冗余的目的。网联化的车路协同系统对高精度地图有"实时性"的要求，这与传统导航地图一贯采用的按季度/月度等更新机制完全不同。高精度地图一般采取通过路侧设备及众包等方式更新，以配合ITS（智能交通系统）的高频并发与响应。

根据推算，最低高精度定位需要实现25cm的定位精度，更新频率需要大于100Hz，因此需要与激光雷达、摄像头等感知设备相结合。

实现该定位方案的三个关键环节：

a. 高精度地图的绝对坐标精度，以及包含道路信息的丰富、细致程度；

b. 摄像头、激光雷达等设备的感知能力；

c. 匹配算法的性能。

此外，还有不依靠高精度地图支持，单纯通过视觉里程算法实现定位的思路。据高德高精度地图团队成员透露，高德基于"激光雷达＋摄像头"的相对位置定位方案，能够实现平均误差9cm的定位精度。

高精度定位由多个定位导航子系统交叉组成，彼此之间相互冗余。按照百度Apollo的划分，适用于自动驾驶汽车的定位技术可由六部分组成，分别为：惯性导航（定位）、卫星定位、磁力导航（定位）、重力导航（定位）、激光点云定位、视觉定位。不同部分之间优势互补，定位结果之间相互重叠以校正误差，提高定位精度和鲁棒性。

相对位置与绝对位置代表思考高精度定位的不同角度，在实际运用中是兼而有之。自动驾驶汽车在实际行驶过程中，会遭遇各种路况环境，特别是遮蔽路段，卫星信号中断、视线模糊等，都是自动驾驶的挑战。为实现L3及更高级别的自动驾驶，仅仅依靠某一定位方案远远不够，需要多传感器、多系统的融合定位方案。

相对位置定位可以分为（激光雷达）点云匹配和视觉定位两大技术路线。点云匹配以激光雷达为核心：激光雷达向外发射激光脉冲，从地面或物体表面反射，形成多个回波，返回到激光雷达传感器，处理后的反射数据称为点云数据。采集到的点云数据与高精度地图进行匹配，以实现汽车在当前场景的高精度定位。目前主流的匹配算法包括概率地图与NDT（正态分布变换）算法两种。

视觉定位以摄像头为核心，分为两种路径：视觉匹配与视觉里程定位。视觉匹配通过提取图像中的道路标识、车道线等参照物体与高精度地图进行匹配，实现精准定位。基于视觉里程算法的定位技术，以双目摄像头为主，通过图像识别，以及前后两帧图像之间的特征关系，计算车辆当前位置。但该方案依赖摄像头的成像质量，在光线不佳、视线遮挡等环境下定位可靠性有待考量，特别是林荫路段，难以单独作为感知主力。

在隧道或林荫路段等遮蔽场景下，激光雷达进行点云对准定位，视觉传感器进行道路及地面交通指示标志物的识别，点云与视觉融合，补充其他交通标识信息。实际场景中地面标识种类繁多，在内容、颜色、形状、尺寸等方面均有不同分布，因而也是检测识别的难点。颜色如黄色、红色、白色等，形状如箭头形、各种文字数字形状、条形、多条形、面状、丘状等，国标定义的标准箭头（图 6-15）长度为 9m，但也存在 1～2m 甚至 1m 以下的地面标识元素，尤其减速带（图 6-16）、人行道等，尺寸差异会更大，反映到图像中，像素个数以及长宽比均会有较大差异。同时，地面元素长年累月受车辆、行人等碾压会造成磨损，经常存在的堵车等场景，更是加大了地面要素被遮挡的可能。从激光雷达获取的点云数据、由相机获取的可见光图像数据的质量，均参差不齐，给地面标识识别带来了极大的挑战。

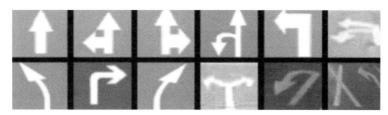

图 6-15　地面箭头

图 6-16　地面减速带

地面标识识别（图 6-17）是将地面标识这部分区域提取出来，最直观的方法是对其进行阈值分割、骨架提取、连通域分析等。首先获取点云中地面点集合，接着获取集合中高反射率部分的骨架集合，然后对每个局部骨架区域计算强度截断阈值，最后对区域进行连通区域搜索以及附加降噪措施等。另外也可使用 GrabCut 等算法对地面标识进行提取，对前景和背景分别聚类，得到 k 组类似的像素集合，对前景和背景分别进行高斯混合模型（GMM）建模，判断像素属于地面标识还是背景。在提取疑似地面标识区域后，再经过机器学习模型（SVM 等），进行细分类以获得更好的识别效果。

高精度地图定位方法离不开大数据的支持，同时由于激光雷达的价格昂贵，故一般通过大数据进行高精度地图建立，再通过多维毫米波雷达进行简单的定

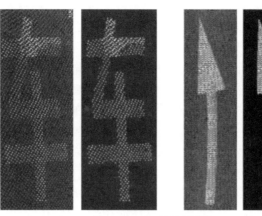

图 6-17　地面标识识别

位及决策。大数据的支撑使得算法拥有更好的鲁棒性与识别能力。结合算法中各种策略，以及多种数据源（点云、可见光等），不断提升地面标识识别精度，其位置精度在 Ground Truth 5cm 范围区间内达到 99％以上。基于大数据的多源数据融合高精度地图见图 6-18。对比单车智能的技术路线而言，如果在路侧安装摄像头和激光雷达等感知设备，探测周围环境的三维坐标来进行信息融合，优势则相当明显。由于传感器安装的高度基本可让其拥有"上帝视野"，不容易被遮挡，视距条件更好，可最大化减少盲区，提高数据获取的准确性，数据实时发送到 ITS 中心（智能交通系统）以及车端，那么车侧的部分激光雷达成本可以被节省下来，从而大幅降低车载成本。

图 6-18　基于大数据的多源数据融合（可见光与点云）高精度地图

我国已发布了一项自动驾驶地图标准《自动驾驶地图采集要素模型与交换格式》，还有些标准正在制定中，该领域标准处于起步阶段，重点在地图数据模型与交换、数据审查、数据表达、技术要求方面。从预研标准项目来看，标准正从基础通用类、交换格式和接口协议、数据处理、数据应用、数据测试、数据安全方面逐步开展工作。

（3）基于 RSU（路侧单元）的 V2X 方法

近年来，我国大力推行智能交通基础设施等新基建的建设，其中车路协同是自动驾驶与新基建的交汇点，也是新基建在自动驾驶行业的重要投资点。而作为部署在路侧的通信网关，RSU 又是车路协同中的重要组成部分。简单来说，RSU 的主要功能就是提高交通效率、辅助自动驾驶以及辅助车辆进行高精度定位导航。RSU 会通过接入的外部传感设备，对道路交通状况开展数据统计分析，再通过与 OBU（车载单元）通信为驾驶者提供车速引导、限速预警、拥堵提醒等应用，从而提高交通效率。

当下基础的自动驾驶主要是通过车载雷达和摄像头认知道路状况来实现的。而一些如道路遮蔽物后的车辆和路人等移动物体，以及道路前方气象状况等非视距的道路信息，就需要 RSU 发挥作用了。传统的 GNSS 导航在车辆驶入林荫路段或隧道等遮蔽路段后，卫星信号会因受到遮挡而变差，进而影响车辆定位导航的精度。而 RSU 可以作为一个差分定位基站，对过往车辆高精度定位，引导车辆进行合理的行驶。

一般的 RSU 往往需要这些功能：

a. 厘米级高精度位置，可提供多源冗余的厘米级高精度差分服务。

b. 纳秒级时间基准，可进行微秒/毫秒级时间同步服务。

c. C-V2X、5G、ETC-X 连接端、边、云，协同人、车、路、网信息流转。

d. 5G 移动网络、大链接、C-V2X 直连通信。

e. 基于 V2X 的定位，在隧道、林荫路段、地下车库等无 GNSS 信号场景，支持 RSU 和 OBU 之间的 PC5 空口同步，并以此实现对 OBU 的授时和 OBU 定位功能。

由此可以与高精度地图深度结合，从地图抽取交通路网信息，快速感知和发布 V2X 地图服务。通过 V2X 通道提供差分数据，不依赖运营商 4G/5G 网络，即在 RSU 覆盖区域可以形成 V2X 和 4G/5G 双网络冗余，从而提升差分数据服务的可用性，满足自动驾驶的高可靠要求。RSU 通过 NTP/PTP 协议对局域网内其他设备进行时间同步，双协议按需选用；搭建分布式时间同步系统，以此规避现有的中心服务器授时方案对整体网络的高依赖，以分布式时间同步的形态，提升时间同步服务的可用性。

综上，一款 RSU 产品需要满足以下要求：

a. 具备强大的数据处理能力；

b. 具备高速数据上行和下发能力；

c. 适应复杂的户外场景要求；

d. 具备多种通信模组集成能力；

e. 支持设备远程升级、管理；

f. 体积小，便于安装。

如果没有 RSU，也能进行车辆位置定位，但是在隧道等遮蔽路段，该定位无法稳定工作；如有 RSU 的加入，多出了一部分数据，而多出的数据使得定位更加精确可靠，从而弥补了遮蔽路段 GNSS 信号弱这一问题，这就是数据冗余产生的作用。很多数据系统都会用到这一原则，即宁可数据重复，也要尽量多一些，"宁滥勿缺"，这样能让系统运行更加可靠。RSU 的数据冗余作用不仅体现在差分定位上，在其他很多应用场景中也有。例如，RSU 可以检测某点位的车流量，也许不远处有个摄像头也能检测车流量，同时云端通过车辆位置信息也能得到车流量，不同途径的数据进行核对校正，能得到更准确的数据。再例如，前后行驶在路上的两辆车，可以 V2V 通信，距离太近就预警，实现防碰撞；路边的 RSU 也同时得到两车的位置和速度数据，可以和 V2V 数据进行核对，确保万无一失，这也是一种数据冗余。

（4）机器学习和人工智能方法

自动驾驶汽车可以通过机器学习和人工智能技术不断改进、提升自身的驾驶能力。通过对大量实际驾驶数据的分析和学习，自动驾驶汽车可以逐渐提高对遮蔽路段的处理能力，做出更加准确和安全的驾驶决策。总的来说，自动驾驶汽车可以通过传感器融合、高精度地图、智能决策算法以及机器学习和人工智能等技术，实现在遮蔽路段上的自主行驶。这些技术的综合应用可以提高自动驾驶汽车的安全性和可靠性，为未来的智能交通系统带来更多的便利和效益。

总之，自动驾驶汽车能够自主通过遮蔽路段场景对于实现安全、便利、高效的交通系统具有重要意义。通过准确地感知和判断路况，做出合理的行驶决策，自动驾驶汽车能够提高行车安全性、减少驾驶员的工作负担、提高行驶效率、应对复杂场景，并推动自动驾驶技术的发展。因此，研究和发展自动驾驶汽车在遮蔽路段场景下的能力具有重要的现实意义和深远的影响。

6.4　紧急情况车辆让行场景

自动驾驶汽车具有将人类驾驶员从驾驶任务中解放出来的能力。我们都知道，在驾驶过程中，如果汽车司机长时间处于高度紧张状态，他们就会出现精神疲劳、注意力下降、反应能力降低等情况。虽然自动驾驶汽车可以将司机从这种高度紧张的状态中解脱出来，但是如果司机不能及时调整自己的状态，就有可能出现严重的事故。在这种情况下，如果自动驾驶汽车采取了某些紧急措施来避免发生事故，就可以在一定程度上减少事故的发生率。下面介绍在紧急情况下传感器如何为自动驾驶汽车提供帮助，并讨论自动驾驶汽车如何应对紧急情况。

与人类驾驶员相比，自动驾驶汽车存在很大的不同。主要原因在于：

① 自动驾驶汽车的决策通常由计算机系统完成，而人类驾驶员则可以自己做出决定；

② 自动驾驶汽车是一种高度自动化的车辆，它不会受到司机个人情绪和状态的影响。

如果自动驾驶汽车在紧急情况下采取了让行措施，那么它所面临的挑战很大，首当其冲的就是让行改变了原有的通行策略与轨迹，并且是在紧急情况下，可能车辆自身传感器对外界还未感知充分，就会导致其他问题发生。但是如果自动驾驶汽车没有及时采取行动，那么就会对当前的情况造成一定的影响，可能导致更多的事故发生。此外，如果自动驾驶汽车没有采取行动，那么也就可能无法确保自动驾驶汽车安全行驶。因此，这些挑战都是自动驾驶汽车必须要面对的。

一般将紧急情况让行分为两类：一类是行驶中道路其他车辆或交通参与者出现问题，需要我们进行让行；另一类则是对特种作业车辆及紧急车辆进行让行，如让行正在执行任务的消防车、警车与救护车等。

前者可以根据避障算法，通过多传感器融合提高感知的距离和信息的冗余度，在发生紧急情况时快速反应，通过障碍物探测，进行避让绕行操作。

目前避让绕行算法主要有几何轨线算法、人工势场法、模型预测算法、遗传算法和模糊算法等。一般常用的绕行路径规划是根据紧急情况发生的位置和类型，使用相关算法来计算最优的绕行路径，然后对计算出的绕行路径进行拟合处理，得到一条几何光滑的曲线，把它作为汽车的实际行驶目标路径。下面简单介绍一下几何轨线算法。

假设自动驾驶汽车的轴距为 L，转向车轮转角为 β，转弯半径为 R，以此来建立车辆的运动学模型，车辆的转向几何关系如图 6-19 所示。根据车辆的阿克曼几何关系得：

$$R = \frac{L}{\sin\beta} \tag{6-1}$$

设车辆转向时转向角速度为 ω（定义顺时针为负，逆时针为正），车辆速度为 v，则 ω 的计算公式如下：

$$\omega = \frac{v}{R} = \frac{v\sin\beta}{L} \tag{6-2}$$

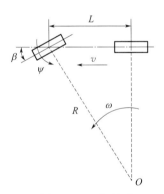

图 6-19　几何关系

车辆在第一绕行阶段行驶，假设这时车辆的转向车轮逆时针转动绕行，设绕行行驶时的转动角速度为 ϕ（定义顺时针为负，逆时针为正），转向操作时间为 t，那么 t 与 β 之间的关系是 $\beta = \phi t$，可得：

$$\omega = \frac{v\sin\beta}{L} = \frac{v\sin(\phi t)}{L}$$

假设车辆行驶时的航向角为 θ，在 t 时刻，θ 的计算公式是：

$$\theta = \frac{v}{L\phi}[1 - \cos(\phi t)]$$

设行驶轨迹的横坐标为 x，纵坐标为 y，车速为 v，车辆在其行驶轨迹点 (x, y) 时，其航向角为 θ，在行驶时间为 dt 时，行驶的距离为 ds，如图 6-20 所示。由此得：

$$ds = v\,dt; \quad dx = \cos\theta\,ds = v\cos\theta\,dt; \quad dy = \sin\theta\,ds = v\sin\theta\,dt \tag{6-3}$$

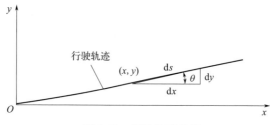

图 6-20　行驶轨迹坐标

设绕行阶段的初始航向角 $\theta_0 = 0$，行驶时间为 t_1，由此可得绕行阶段的行驶轨迹曲线方程为：

$$\begin{cases} x(t) = \int_0^t v\cos\left\{\dfrac{v}{L\phi}\big[1 - \cos(\phi t)\big]\right\} dt \\ y(t) = \int_0^t v\sin\left\{\dfrac{v}{L\phi}\big[1 - \cos(\phi t)\big]\right\} dt \end{cases} \tag{6-4}$$

式中，$x(t)$、$y(t)$ 分别为行驶轨迹曲线上各点在 t 时刻的坐标，$t \in [0, t_1]$。

车辆完成绕行阶段行驶后进入回正行驶阶段，这时初始航向角为 θ_1，转向轮以角速度 $-\phi$ 反方向转动。

可得转向行驶时的转动角速度 ω 为：

$$\omega = \frac{v\sin\beta}{L} = \frac{v\sin[\phi(t_1 - t)]}{L} \tag{6-5}$$

车辆在回正阶段行驶过程中，t 时刻的航向角 θ 为：

$$\theta = \frac{v}{L\phi}\{1 + \cos[\phi(t_1 - t)] - 2\cos\phi t_1\} \tag{6-6}$$

假设车辆在绕行阶段结束时，轨迹点的坐标为 (x_1, y_1)，由此可得车辆在回正阶段的行驶轨迹曲线方程为：

$$\begin{cases} x(t) = x_1 + \int_0^1 v\cos\left\{\dfrac{v}{L\phi}\big[1 + \cos[\phi(t_1 - t)] - 2\cos(\phi t_1)\big]\right\} dt \\ y(t) = y_1 + \int_0^1 v\sin\left\{\dfrac{v}{L\phi}\big[1 + \cos[\phi(t_1 - t)] - 2\cos(\phi t_1)\big]\right\} dt \end{cases} \tag{6-7}$$

式中，$x(t)$、$y(t)$ 分别为行驶轨迹曲线上各点在 t 时刻的坐标，$t \in [0, t_2]$，t_2 为回正阶段的行驶时间。

汽车 a 点避障行驶轨迹如图 6-21。

根据上述汽车行驶轨迹曲线算法，可以计算出在不同车速、不同转向轮转向角速度、不同避障行驶时间和不同汽车轴距等参数下汽车的行驶轨迹，从而构建出行驶轨迹曲线库。

而对紧急车辆或重大紧急情况进行绕行则需要应用我们耳熟能详的 V2X 技

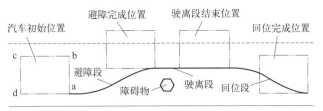

图 6-21 汽车 a 点避障行驶轨迹

术。对于单车智能来说，特定车辆乃至人物的识别都是一个难题，但 V2X 则可以将其简单化。紧急车辆（如救护车或消防车）可将自身信息通过 V2V 传输给附近车辆，并以 HAD 功能识别到有一辆应急车辆从后面靠近，实现前车的自动让行。借助这项技术，可以不受单车传感器的限制，但也需要紧急车辆上装载 V2X 设备，并通过设备广播出自身车速及方向角位置，方便前方车辆提前变道。同时，当遇到车辆向着错误方向行驶时，在 V2V 的帮助下，车辆可以更早地检测到行驶路线上的逆行车辆，并及时变道或靠边停车。当一辆车试图驶入存在视野盲区的主干道时，在 V2V 的帮助下，两辆车可以相互共享驾驶信息，如位置、速度和加速情况等，并协作寻求最佳的让行解决方案，同时最大限度地减少对主干道交通的影响。

自动驾驶车辆彼此通信，提供范围超出其他传感器范围的实时信息。使用 V2X，其他具有更好视野的车辆可以警告所有车辆即将到来的紧急车辆。V2X 系统也能以类似的方式与局部结构上的传感器一起工作，如灯杆，甚至是行人的识别，并且可以传输紧急警告。

6.5 自动泊车场景

自动泊车是指汽车不需要人工控制，系统能够自动将车辆停入车位，在倒车入库方面可谓是驾驶者的一项利器。当我们找到一个理想的停车地点，只需轻轻启动按钮、坐定、放松，其他一切可自动完成。人类为了泊车，不可谓不努力，在 20 世纪分别发明了辅助泊车轮、车载后摄像头、倒车雷达、360°环视等一系列工具。但这些手段都还是只能作为司机手动停车的辅助手段。后来，市面上还出现了半自动泊车车辆。车辆自动搜寻到车位以后，司机只需按照提示完成换挡、控制油门和制动，而方向盘由车辆控制。虽然半自动泊车在一定程度上帮助司机减轻了泊车的负担，但泊车过程中的很多操作最终仍然需要司机手动完成，所以实际使用起来还是不太方便。而直到今天，自动泊车技术已经非常成熟，司机只需按一下，系统即可自动完成泊车的全部过程。

自动泊车的模式有两种，分为正向自动泊车和侧向自动泊车，两种仅在泊车路径规划方面存在差距。一般的正向泊车或侧向泊车场景的标配传感器是 4 个环视摄像头与 12 个超声波雷达，它们分别进行车位线识别和障碍探测功能，还有一些系统搭配了 GNSS、IMU、激光雷达等传感器进行更精确的感知与融合定位。

自动泊车的原理是利用分布在车辆周围的雷达探头测量出汽车自身与周围物体之间的距离和角度，通过车载电脑计算出操作流程，从而操控方向盘。不需要人工控制，汽车就可自动驶入车位。自动泊车系统（图 6-22）由环境数据采集系统、中央处理器和车辆策略控制系统三部分组成。环境数据采集系统包含图像采集系统和车载距离探测系统，可对车身周围环境各项参数进行采集，并将采集到的数据通过数据线传输至中央处理器。中央处理器作为计算机系统的运算和控制中心，可将采集到的数据进行分析处理，确定汽车当前所在的位置、目标位置以及周围的环境参数，并自动计算出自动泊车方案，并将其转换成电信号。车辆策略控制系统接收到从中央处理器传出的电信号后，依据方案中的指令使汽车做出相应的行驶操控，直至停车入位。

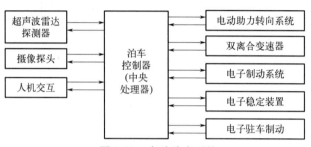

图 6-22　自动泊车系统

　　自动泊车主要包括环境感知、停车位检测与识别、泊车路径规划、泊车路径跟随控制以及模拟显示五大环节。环境感知是指在泊车过程中利用超声波雷达检测行车过程中车身周围的障碍物，从而有效避免剐蹭等意外的发生。停车位检测与识别主要通过分布在车身侧面的超声波传感器，对车辆侧面的障碍物进行探测，可完成车位探测及精准定位。泊车路径规划是为确保泊车的精准性，完成泊车的路径所涉及的动作尽可能少，因为每个动作产生的误差会依次传递至下一个动作，因此动作越少，误差越小，精度就越高。泊车路径跟随控制过程可以通过传感器对车身周围环境进行实时探测，估算出车辆位置，通过实际运行路径与理想路径进行对比，必要时进行校正。模拟显示是通过传感器反馈构建泊车环境模拟，具有提示与交互作用，可提示用户在泊车过程中进行必要操作，并将处理器信息及时传送给用户。

　　自动泊车技术的提升需要算法的不断进步。数据作为自动驾驶的基础，有着重要作用。数据标注是将非结构化数据进行标注处理，以供机器学习，为算法提供优质养料，从而提升机器学习能力，可解决汽车自动泊车时经常遇到的找不到车位、速度控制差、障碍物识别困难等难题。

　　一般标注有几大要求：

　　① 若路沿上有停车位，则需要经过路沿进行泊车，若路沿不作为障碍物，则不进行标注。

　　② 若水泥柱和墙壁相连接，则需要分开标注。

　　③ 当车位线截断点与车位角点距离很近时，则不需要标注。

　　④ 图片中出现的禁停区域不做标注，其他车位正常标注。

⑤ 分隔线与图片边缘相连围成的区域，视为可行驶区域。

⑥ 当车位线磨损、模糊或本身就不是连续实线时，需要根据车位结构脑补出后面需要标注部分。

360°环视下的数据标注见图 6-23。

图 6-23　360°环视下的数据标注

如今，自动泊车系统多种多样（图 6-24），下面列出几种常用的泊车方式，层次由低到高分别是半自动泊车、全自动泊车、记忆泊车与自主代客泊车。

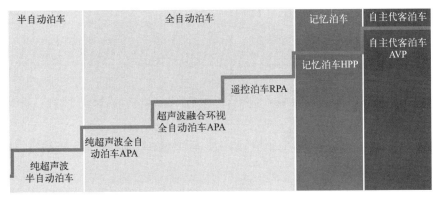

图 6-24　泊车系统等级介绍

（1）半自动泊车（S-APA）

半自动泊车（S-APA）是基于车辆的超声波传感器实现车位感知，向驾驶员提供车位信息，并进行路径规划，系统自动控制车辆转向系统，驾驶员仅需按照仪表盘的提示对车辆纵向进行控制，仅控制加速踏板和制动踏板即可的泊车方法。半自动泊车需要驾驶员实时监督，并控制挡位、加速和减速，对应SAE 分级的 L1 级自动驾驶；对驾驶过程要求较高，且操作流程复杂，用户体验较差。

（2）全自动泊车（F-APA）

与半自动泊车相比，全自动泊车（F-APA）更加智能化。全自动泊车系统可以对车辆进行横向和纵向的控制，就是由车辆来控制转向、加速和制动，驾驶员只需监控和在特定情况下接管即可，同时需要驾驶员对车辆进行持续监控和有效接管，以保障泊车安全，属于 SAE 分级的 L2 级别的泊车辅助系统。按照传感器组成的不同，全自动泊车分为基于超声波雷达的全自动泊车、基于超声波与视觉融合的全自动泊车。其中，基于超声波雷达的全自动泊车方案仅能在由障碍物组成的车位实现泊车功能，应用场景有限，用户满意度不高；而基于超声波与视觉融合的全自动泊车系统有更强的探测物体的能力，可以对车辆周遭环境进行分类，能帮助泊车系统实现更丰富的感知。

全自动泊车的另一种产品形态是遥控泊车（RPA）。遥控泊车系统在 APA 的基础上增加了遥控部分，允许驾驶员在车外一定可视范围内使用遥控装置，如手机 APP 或遥控钥匙，控制车辆实现泊入、泊出、直进、直出等自动召唤或泊车功能，避免了停车后难以打开自车车门的尴尬场景。

RPA 组成结构见图 6-25。

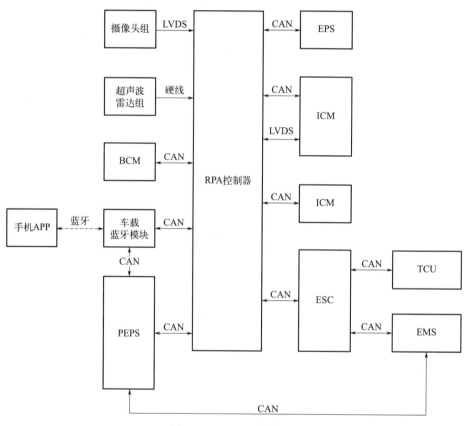

图 6-25　RPA 组成结构图

遥控泊车一般使用手机 APP 或遥控钥匙作为遥控设备，遥控钥匙与整车之间采用现有 LF/RF 射频通信，无需增加其他通道。手机 APP 可采用蓝牙、Wi-Fi 或 4G 等不同通信方式，目前较为常见的为蓝牙，手机 APP 通过与车载蓝牙模块进行通信，控制遥控泊车系统。车载蓝牙模块通常可集成在 T-BOX 上或 PEPS 上，由于 T-BOX 大都带有蓝牙模块，所以是遥控泊车首选方案。遥控泊车系统在传感器配置上与全自动泊车完全相同，可仅使用 12 个超声波雷达，也可使用 12 个超声波雷达加 4 个环视摄像头的融合方案。最早诞生的遥控泊车功能就是遥控进出，此功能主要适用于狭窄垂直车位、车门不易打开的场景，见图 6-26。

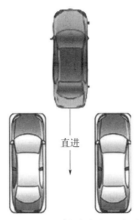

直进

图 6-26 遥控泊车起源场景

用户停车时，可首先将车停在车位前，再下车使用遥控装置控制车辆驶进车位。用户取车时，先在车外通过遥控装置启动发送机及遥控泊车系统，再控制车辆驶出车位。使用时先在车内开启遥控泊车系统，搜索并确认目标车位，下车在车外使用遥控装置发出泊入指令，遥控泊车系统控制车辆完成泊入。一般情况下遥控泊入可支持平行车位、垂直车位和倾斜车位。

（3）记忆泊车（HPP）

在全自动泊车基础上，记忆泊车（Home-zone Parking Pilot，HPP）可在相对更远距离和更复杂环境中自主完成泊入和泊出操作。它是一个从驾驶员监视泊车过程到完全无需介入泊车的一个过渡方案，可谓是将泊车辅助功能向前推进一大步的技术方案，使得车辆具备了一定的自动泊车的能力。记忆泊车建立在 SLAM（Simultaneous Localization and Mapping，即时定位与地图构建）技术基础之上，利用车身传感器学习、记录并储存用户常用的下车位置、停车地点及泊车行进路径，建立常用泊车路径的环境特征地图，车辆再次经过该地点时，系统将复现用户的泊车路径来代替驾驶员完成停车场内最后一段距离的低速驾驶和泊车。在外界环境发生较大变化，记忆泊车功能无法实现时，记忆泊车系统将要求驾驶员接管车辆或者返回原来位置，对应 SAE 分级的 L3 级别自动驾驶。记忆泊车系统应用区域不需要提前采集高精度地图，适用于高频、高重复性的泊车行为，可以有效解决家庭区域私人停车位、园区及办公场景下单位固定停车场的泊车问题。

此功能由三个子功能构成，分别是建图功能、固定车位记忆泊车功能以及流动车位记忆泊车功能。

① 建图功能：为实现记忆泊入和记忆泊出功能，需要先进行路径学习，通过特定操作，使得系统进入泊车路线学习模式。对泊入路径进行建图时，驾驶员将车辆从 A 点开至其想要停的位置（B 点），系统将通过采集视觉数据构建区域地图，并完成相应路线存储完成泊入建图。对泊出路径进行建图时，驾驶员将车辆从 C 点开至其想要停的位置（D 点），系统将通过采集视觉数据构建区域

地图，并完成相应路线存储完成泊出建图。

② 固定车位记忆泊车：驾驶员将车辆开到 A 点附近，开启记忆泊车功能，匹配路径后，通过手机 APP 操作，AVP 控制车辆停到 B 点位置，随后完成熄火、锁车等操作，并通过 APP 告知客户完成情况及车辆状态。过程中用户需要监控车辆周围环境，必要时可以通过手机 APP 进行制动。

③ 流动车位记忆泊车：驾驶员将车辆开到 A 点附近，开启记忆泊车功能，匹配路径后，通过手机 APP 操作，AVP 控制车辆在 A 点到 B 点巡航阶段实时搜索车位，就近完成泊车入位，并通过 APP 告知用户完成情况及车辆状态，随后用户可以完成熄火、锁车等操作。过程中用户需要监控车辆周围环境，必要时可以通过手机 APP 进行制动。

（4）自主代客泊车（AVP）

自主代客泊车（AVP）显著的特点是车内无人。依靠更精准的感知（需使用高精度地图）、更强大的算力、更先进的自动驾驶算法，自主代客泊车系统可自动完成智慧停车场内的低速自动驾驶、自主避障、智能搜索车位和车辆泊入/泊出，是目前业内公认的将最先实现商业化应用的 L4 级自动驾驶功能。

自主学习代客泊车（HAVP）模式多用于家或公司这种起点与终点路线都固定的泊车场景，需要人工驾驶学习泊车路线，车辆会通过毫米波雷达、摄像头及超声波雷达记录相关数据并传至云端服务器，之后便可通过手机操作自动驾驶车辆泊入、泊出车位。

当前，泊车辅助功能已经作为驾驶辅助/自动驾驶的一个重要环节，在硬件层面已经达到了可以完全支持 AVP 的能力。整车企业所需要做的就是通过 OTA 的方法对于相关软件持续进行升级，帮助消费者解锁更多的可以使用 AVP 功能的场景。

参 考 文 献

[1] 李雯雯. 基于多种传感器的自动导航小车避障的研究 [D]. 西安: 西安科技大学, 2008.

[2] 罗志斌. 异质传感器数据融合方法研究 [D]. 郑州: 河南大学, 2009.

[3] 刘霖. 基于多模生物特征的融合与识别方法研究 [D]. 成都: 电子科技大学, 2011.

[4] 贾长建. 无人驾驶汽车发展现状和前景展望 [J]. 河北农机, 2021 (02): 63-64.

[5] 张曼雯. 我国无人驾驶汽车发展现状 [J]. 产业与科技论坛, 2018, 17 (08): 18-19.

[6] 康新媚. 我国无人驾驶汽车的发展现状及趋势分析 [J]. 汽车维护与修理, 2020 (16): 59-61.

[7] 徐平. 智能传感技术是实现智能制造的关键 [J]. 智能制造, 2022 (02): 120-124.

[8] 施晓东, 杨世坤. 多传感器信息融合研究综述 [J]. 通信与信息技术, 2022 (06): 34-41.

[9] 周文鹏, 路林, 王建明. 多传感器信息融合在无人驾驶中的研究综述 [J]. 汽车文摘, 2022 (01): 45-51.

[10] 贺雅琪. 多源异构数据融合关键技术研究及其应用 [D]. 成都: 电子科技大学, 2018.

[11] 杨万海. 多传感器数据融合及其应用 [M]. 西安: 西安电子科技大学出版社, 2004.

[12] 姜文泽. 浅述计算机视觉中的图像特征及提取方法 [J]. 电脑知识与技术, 2019, 15 (16): 185-186.

[13] 黄敏杰, 于国龙, 黄荣翠, 等. 基于 opencv 图像识别的图书管理系统 [J]. 电脑知识与技术, 2019, 15 (17): 194-195, 198.

[14] 戴亚平, 马俊杰, 王笑涵. 多传感器数据智能融合理论与应用 [M]. 北京: 机械工业出版社, 2021.

[15] 邓晓亮, 蔡鹏辉, 陈寿义, 等. 基于 UWB 的自动引导车多坐标系融合方法研究 [J]. 信息与电脑, 2020, 32 (05): 158-161.

[16] 张毅, 杜凡, 宇罗元, 等. 一种融合激光和深度视觉传感器的 SLAM 地图创建方法 [J]. 计算机应用研究, 2016, 33 (10): 2970-2972, 3006.

[17] 张品, 董为浩, 高大冬. 一种优化的贝叶斯估计多传感器数据融合方法 [J]. 传感技术学报, 2014, 27 (05): 643-648.

[18] 汪霜霜, 李春贵. 融合多尺度形态和小波的边缘检测算法研究 [J]. 电脑知识与技术, 2018, 14 (32): 203-204, 207.

[19] 张琴, 康新. 联合小波变换和正交化分形编码的图像压缩算法 [J]. 莆田学院学报, 2021, 28 (02): 41-45.

[20] 蒋康康. 基于 Hessian 矩阵的地震随机噪音压制方法研究 [D]. 北京: 中国石油大学 (北京), 2021.

[21] 马东, 杨铮, 王立玲. 基于两种改进阈值函数的表面肌电信号降噪研究 [J]. 现代电子技术, 2020, 43 (01): 67-71, 75.

[22] 吴颖. 基于特征与深度图融合的行人检测算法研究 [D]. 杭州: 浙江工业大学, 2020.

[23] 程德强, 唐世轩, 冯晨晨, 等. 改进的 HOG-CLBC 的行人检测方法 [J]. 光电工程, 2018, 45 (08): 77-85.

[24] 宋相法, 吕明. 融合三维骨架和深度图像特征的人体行为识别 [J]. 计算机技术与发展, 2019, 29 (07): 55-59.

[25] 黄晴雁, 牟永敏, 崔展齐, 等. 基于遗传算法的函数级别软件错误定位 [J]. 计算机工程与应用, 2020, 56 (22): 66-73.

[26] 潘峰, 龙福海, 施启军, 等. 矩阵结构遗传算法 [J]. 计算机技术与发展, 2022, 32 (09): 121-125, 133.

[27] 戴涛, 袁树林, 欧云波. 视频智能分析技术的应用 [J]. 电力与能源, 2018, 3 (05): 613-614, 623.

[28] 舒敏, 刘华文, 郑忠龙, 等. 结合局部敏感哈希和随机游走的异常检测算法 [J]. 计算机科学与探索, 2018, 12 (12): 1950-1960.

[29] 陈思, 方振. 基于图像比对的视频检索算法的研究与实现 [J]. 电子测试, 2019 (12): 49-50, 96.

[30] 朱云鹏, 黄希, 嘉兴. 基于 3D CNN 的人体动作识别研究 [J]. 现代电子技术, 2020, 43 (18): 150-152, 156.

[31] 黄琛, 尹彤, 王建明. 高精度地图标准化建设探讨 [J]. 中国标准化, 2021 (21): 89-93.